★ GRUPO GALPÃO

SERVIÇO SOCIAL DO COMÉRCIO
Administração Regional no Estado de São Paulo

Presidente do Conselho Regional
Abram Szajman
Diretor Regional
Danilo Santos de Miranda

Conselho Editorial
Ivan Giannini
Joel Naimayer Padula
Luiz Deoclécio Massaro Galina
Sérgio José Battistelli

Edições Sesc São Paulo
Gerente Iã Paulo Ribeiro
Gerente adjunta Isabel M. M. Alexandre
Coordenação editorial Clívia Ramiro, Francis Manzoni, Cristianne Lameirinha
Produção editorial Maria Elaine Andreoti
Coordenação gráfica Katia Verissimo
Produção gráfica Fabio Pinotti, Ricardo Kawazu
Coordenação de comunicação Bruna Zarnoviec Daniel

GRUPO GALPÃO

Tempos de viver e de contar

Eduardo Moreira [org.]

edições Sesc

Preparação José Ignacio Mendes

Curadoria das imagens Eduardo Moreira e Inês Peixoto

Projeto gráfico, capa e diagramação Lúcia Nemer e Martuse Fornaciari

Revisão Silvana Vieira e Karinna Taddeo

Versão para o inglês Anthony Cleaver

Dados Internacionais de Catalogação na Publicação (CIP)

G892 Grupo Galpão: tempos de viver e de contar / Organização de Eduardo Moreira. – São Paulo: Edições Sesc São Paulo, 2021. –
352 p. il.: fotografias. bilíngue (português/inglês).

978-85-9493-194-8

1. Teatro. 2. Teatro brasileiro. 3. Companhia de teatro. 4. Teatro de rua. 5. Grupo Galpão. 6. Cine Horto. I. Título. II. Moreira, Eduardo.

CDD 792.981

Edições Sesc São Paulo
Rua Serra da Bocaina, 570 – 11º andar
03174-000 – São Paulo SP Brasil
Tel. 55 11 2607-9400
edicoes@sescsp.org.br
sescsp.org.br/edicoes
/edicoessescsp

Sumário

ENCENAR JÁ-VIVIDOS | 8
Danilo Santos de Miranda

Grupo Galpão: A UTOPIA DA POESIA NO MUNDO | 11
Eduardo Moreira

A CONVICÇÃO ARTÍSTICA ENDEREÇADA DA RUA PITANGUI | 75
Valmir Santos

UMA HISTÓRIA EM 16 ATOS

1. Tempos heroicos (1982-1987) | 100
Alma boa de Setsuan, E a noiva não quer casar, De olhos fechados, Ó pro cê vê na ponta do pé, A comédia da esposa muda, Arlequim servidor de tantos amores, Queremos praia e *Triunfo, um delírio barroco*

2. Em busca da realidade brasileira (1988-1991) | 112
Corra enquanto é tempo, Foi por amor e *Álbum de família*

3. A explosão barroca do teatro (1992-1996) | 122
Romeu e Julieta e *A rua da amargura*

4. O teatro imaginário de Molière (1997-1999) | 144
Um Molière imaginário

5. O teatro partido ao meio (1999-2000) | 154
Partido

6. A comédia popular brasileira (2000-2002) | 162
Um trem chamado desejo

7. O encontro com Paulo José (2003-2005) | 172
O inspetor geral e *Um homem é um homem*

8. Os milagres contados pelo público (2006-2008) | 190
Pequenos milagres

9. A saga cômica de um anti-herói (2009-2012) | 200
Till, a saga de um herói torto

10. A viagem a Tchékhov (2013-2014) | 210
Tio Vânia (aos que vierem depois de nós) e *Eclipse*

11. O delírio dos gigantes de Pirandello (2014-2015) | 222
Os gigantes da montanha

12. Uma ode musical à passagem do tempo (2015-2016) | 232
De tempo somos – um sarau do Grupo Galpão

13. O teatro político (2016-2018) | 240
Nós e *Outros*

14. Duas visitas à casa de William Shakespeare (2000 e 2012) | 254

15. Cinema e teatro: o encontro com Eduardo Coutinho | 264
em *Moscou* (2008-2009)

16. Galpão Cine Horto (1998 e 2019) | 272

Fichas técnicas dos espetáculos | 282

English version | 290

Créditos complementares | 351

ENCENAR JÁ-VIVIDOS | Danilo Santos de Miranda | *Diretor do Sesc São Paulo*

O teatro é uma arte que experiencia o tempo de modo peculiar. Sua efemeridade essencial coloca desafios à memória relacionada a artistas, encenadores e profissionais do palco, bem como às suas criações. Diferentemente de outras linguagens artísticas, cuja permanência permite que sucessivas gerações conheçam aquilo que foi produzido em determinado contexto, as artes cênicas dão-se plenamente no aqui-agora; posteriormente, o que resta é vestígio.

Face a essa condição, ganha ares paradoxais a constatação de que uma parte importante do patrimônio cultural brasileiro tenha sido construído por grupos teatrais de destacada longevidade. O Grupo Galpão está entre tais iniciativas, constituindo-se numa experiência fundamental para compreender as dinâmicas culturais brasileiras nas últimas décadas.

Parte dessa relevância deve-se ao lugar crucial ocupado pelo grupo: entre a rua e o palco, entre o popular e o erudito, a tradição e a contemporaneidade, o universal e o regional brasileiro. Caracterizado pela permeabilidade junto aos públicos, suas peças foram assistidas por mais de um 1,7 milhão de espectadores de 18 países. Trata-se de um conjunto de atores que trabalham com diretores convidados – como Gabriel Villela, Cacá Carvalho, Paulo José, Paulo de Moraes, Yara de Novaes, Jurij Alschitz e Marcio Abreu –, embora por vezes a direção dos espetáculos fique a cargo dos próprios componentes.

Desde sua fundação em 1982, o Galpão desenvolve uma consistente e extensa ação de registro da memória de seu trabalho, tendo publicado diversos diários dos processos de montagens de seus espetáculos, quase todos os textos encenados, assim como descrições e análises da trajetória da companhia. A presente publicação, que constitui um testemunho da profícua relação entre Sesc e Grupo Galpão ao longo das últimas décadas, tem o acervo fotográfico como fio condutor da memória, cotejando-o com uma seleção de excertos de críticas e de artigos de jornais, além de ensaios do crítico Valmir Santos e de seu diretor e ator, Eduardo Moreira.

O teatro é uma expressão cuja significação transcende o debate estético: ele ajuda a pensar a sociedade num dado tempo e espaço, suas potencialidades e contradições. Uma das estratégias do Sesc é sublinhar a dimensão sociocultural de tais processos. Isso se dá não somente por meio da realização de festivais e da difusão de espetáculos, mas também de ações formativas como palestras, seminários, cursos e *workshops*. O Centro de Pesquisa Teatral do Sesc, criado pelo encenador Antunes Filho e sob sua coordenação entre 1982 e 2019, é um exemplo destacado do envolvimento institucional com essa linguagem, tendo se tornado referência no que diz respeito à formação de atores e ao desenvolvimento de metodologias de trabalho criativo.

As publicações das Edições Sesc dedicadas ao tema atuam em sentido análogo, visando aproximar cultura e educação. Em todos esses casos, convoca-se a memória para servir ao presente, fertilizando as problemáticas relações deste com o passado e o futuro.

E a noiva não quer casar,
Praça 7, BH (1982)
Foto | Arquivo Galpão

GRUPO GALPÃO: A UTOPIA DA POESIA NO MUNDO | Eduardo Moreira

Aristóteles afirmava que a poesia é mais importante do que a história. Isso porque a história fala das coisas como foram, e a poesia trata das coisas como poderiam ter sido.

O teatro é o lugar privilegiado para falar das coisas possíveis, para tratar da utopia de forma mais contundente, no sentido de promover o encontro com o outro. Seu verdadeiro sentido é o de tornar visível aquilo que ainda é invisível. Desvendar algo que está submerso, não dito, insondável. Acordar em nós algo que nos distancie da concretude imediata, do senso prático daquilo que é "porque assim tem que ser". Achar outro lugar, novas dimensões. A possibilidade de outros caminhos, outros destinos, outros mundos. Despertar da miragem do automatismo pragmático do dia a dia e mergulhar nas múltiplas possibilidades daquilo que, mesmo não existindo, poderá sempre ter sido. Transportar-se, por exemplo, para o sonho daquilo a que Albert Camus se referia como a "magia do ofício do ator", isto é, a possibilidade de vivenciar, em pouco mais de duas horas, aquilo que levaria uma vida inteira.

Foi desse impulso, do que poderia ser, que o teatro nasceu há mais de 25 séculos na Grécia, sob o prisma de vivenciar uma experiência dolorosa e visitar a perspectiva do olhar do outro, do inimigo, do que está do outro lado do *front*, daquele que está fora de mim, daquilo que é a minha e a nossa normalidade. Quando Ésquilo retrata em cena o drama dos "bárbaros" derrotados na peça *Os persas*, ele transporta o público grego para o milagre de vivenciar a experiência dolorosa pela qual passa o inimigo. O inimigo este que é o diferente, que se distingue de mim, aquele que é sempre negado e anulado na experiência do cotidiano, do tempo histórico.

Na mesma perspectiva, o drama de Hamlet também é o despertar da capacidade de encarar algo de "podre que existe no reino da Dinamarca". Entrar em contato com a zona escura e pouco edificante que existe dentro de nós mesmos. Porque o teatro é também, por excelência, o lugar propício ao encontro com nossas experiências mais dolorosas, individuais e coletivas. Nossos fantasmas que, na calada da noite, se revelam e nos colocam diante de nossas zonas mais sinistras, nossos medos, fraquezas, preconceitos e defesas.

Isso é o teatro. Celebração catártica, entretenimento, lugar de reflexão e de encontro, que promove a reinvenção individual e coletiva, conectando-nos com nosso passado e projetando-nos, por meio da radicalidade da presença, ao futuro. Fazer disso uma missão necessária, mesmo que algumas vezes frustrada e irrealizável, transforma o teatro em projeto de vida. Individual e, pela própria natureza intrinsecamente coletiva do teatro, também de uma comunidade.

Em 38 anos de história do Galpão, sempre imaginei e concebi o relato de sua trajetória a partir da construção desse outro lugar. Do lugar do que poderia ter sido. Do lugar de algo que sempre teve tudo para não dar certo, que nasceu meio pálido e torto, mas conseguiu prosperar, gerou frutos e continua persistente, exatamente porque sempre se alimentou da possibilidade do encontro. Da capacidade de repensar seu próprio rumo e aprender com o outro. Com aqueles que nos assistem e nos acompanham, não só nas apresentações de nossos espetáculos, mas também nas inúmeras oficinas, debates e conversas realizadas pelos quatro cantos do Brasil e vários países do mundo.

Esse sentido de renovação e encontro já estava presente e marcante na gênese do projeto que se chamou Associação Galpão, antes de se transformar em Grupo Galpão. Tudo começou em 1979, a partir da criação de uma associação sem fins lucrativos, no subsolo da lendária e emblemática Fafich (Faculdade de Filosofia e Ciências Humanas) da Universidade Federal de Minas Gerais (UFMG), na rua Carangola, no bairro Santo Antônio, zona sul de Belo Horizonte. Essa associação reuniu uma geração de futuros atores, artistas plásticos, poetas, filósofos, arquitetos e professores universitários. Todos dispostos a se expressar e criar uma alternativa criativa de algo que poderia ser e que escapasse da sufocante atmosfera de opressão e violência de uma ditadura militar que já se estendia por 15 longos anos no país. Os anos de chumbo de censura, vigia e perseguição pesavam, e as pessoas procuravam desesperadamente uma válvula de escape. O silêncio e o medo se impunham, e o diferente era sempre tachado de subversivo e perigoso. O simples fato de se encontrar já representava um rompimento com aquela ordem estabelecida. Capitaneado pelo arquiteto e teatrólogo João Machado, sobrinho de Maria Clara Machado – diretora mineira radicada no Rio de Janeiro, criadora do Teatro Tablado e uma das mais importantes autoras de teatro infantil do país –, o grupo compartilhava ideias, dividia angústias, projetava esperanças.

Apesar de ter tido um período de existência bastante curto, o projeto da Associação já trazia em sua essência o desejo, um tanto difuso, de criar manifestações artísticas que rompessem com o isolamento das casas de espetáculo, galerias de arte e salas de aula. O objetivo era fazer com que a transmissão de conhecimento extravasasse o ambiente acadêmico, projetando o pensamento e as artes, especialmente o teatro, para o espaço não convencional das salas alternativas. O momento coincidia com certo afrouxamento do obscurantismo persecutório do regime, e as pessoas começavam a perder o medo de se manifestar. A própria Fafich, que ao longo da década de 1960 havia sido um dos pilares da luta contra o recrudescimento do ataque às liberdades democráticas pelos militares, tomava mais uma vez a dianteira em manifestações que pediam a anistia, o fim da censura, a volta dos exilados políticos e a retomada de eleições plenas e democráticas. Foi imbuído dessa ânsia de encontro com uma juventude universitária e secundarista que nasceu e findou o projeto da Associação. A falta de clareza de propósitos e a ausência de um foco de interesse comum fizeram murchar o projeto. Mas a semente renderia frutos. Fizeram parte da construção dois atores que posteriormente formariam o núcleo do Galpão: Chico Pelúcio, que cursava economia na mesma UFMG, e eu, que, além de cursar filosofia na Fafich, já participava ativamente do grupo de teatro do movimento estudantil.

Na mesma época, Teuda Bara circulava nua numa banheira no espetáculo *Triptolemo 17*, dirigido por Eid Ribeiro, e se apresentava pelos diretórios acadêmicos das universidades com atores como Adyr Assunção e Antonio Grassi. Wanda Fernandes, recém-formada em psicologia pela PUC-MG, ficava cada vez mais distante das questões do curso e aproximava-se aos poucos do teatro, inscrevendo-se no curso de formação de atores criado pela diretora Priscila Freire. Sua atuação política na criação da Associação dos Produtores, Artistas e Técnicos de Minas Gerais (Apatedemg) – a primeira associação de atores em Minas que buscava a regulamentação da profissão – impulsionou-a definitivamente para o caminho do teatro. Já Antônio Edson frequentava o quarto ano do curso técnico do Teatro Universitário (TU) da UFMG, comandado pela diretora Haydé Bittencourt, que reunia a nata de uma importante geração de atores e diretores nas décadas de 1950 e 1960 em Belo Horizonte, como Pontes de Paula Lima, Ítalo Mudado, Helvécio Guimarães e Otávio Cardoso. Outro componente do grupo original, que viria a compor o primeiro núcleo duro do Galpão, Beto Franco, cursava engenharia metalúrgica também na UFMG e mantinha vínculos com o teatro por meio de atividades no grêmio estudantil acentuadamente esquerdista formado nas hostes do Loyola – colégio jesuíta em Belo Horizonte – e de sua militância no movimento estudantil da universidade.

Era, por sinal, o movimento estudantil e suas manifestações culturais que conseguiam dar vazão à energia criativa represada daqueles pretendentes a artistas. O propalado "milagre econômico", embasado no modelo tecnocrático e concentrador implantado pelos militares, começava a dar sinais de falência. A fórmula de "fazer crescer o bolo para depois dividir" mostrava-se uma falácia. A classe média começava a se mostrar descontente. O movimento operário dava os primeiros sinais de organização. As greves da região do ABC Paulista começavam a pipocar e a impressionante mobilização dos metalúrgicos evidenciava a liderança de Lula. No teatro, Antunes Filho, alojado no Centro de Pesquisa Teatral (CPT), sacudia a cena paulista e nacional com a montagem de *Macunaíma*, que fez uma leitura definitiva do mito do anti-herói criado por Mário de Andrade. No Rio, o grupo Asdrúbal Trouxe o Trombone virava do avesso o cenário teatral e viajava pelo Brasil com espetáculos como a adaptação de *O inspetor geral* de Gógol e *A farra da terra*, que tiravam o teatro do pedestal, aproximando-o de uma juventude um tanto irresponsável e ávida pela vida da zona sul da cidade.

Foi nesse contexto que desembarcaram em Belo Horizonte, em março de 1982, dois diretores do Freies Theater München (Teatro Livre de Munique) para ministrar uma oficina de duas semanas no Teatro Marília. Patrocinado pelo então ativíssimo Instituto Goethe, o curso reuniu praticamente toda a nova geração de atores profissionais e aspirantes da cidade. Nos primeiros dias, o número de inscritos e participantes chegou a noventa. Os alemães, o ator Kurt Bildstein e o diretor George Froscher, não deixaram ninguém de fora. A seleção acabou sendo feita no decorrer do próprio trabalho, por meio da imposição de uma rigorosíssima carga de exercícios e um treinamento físico extenuante levado a cabo durante seis horas quase ininterruptas. A criação a partir do cansaço extremo e do esgotamento era parte do processo. Exercícios de voz em meio a fatigantes corridas e jogos de manipulação de objetos, muitas vezes feitos de maneira arriscadamente acrobática, levaram a uma inevitável seleção dos participantes. Em menos de três dias o número caiu de 90 para 40. Ao final da primeira semana, os resistentes não passavam de 27. No encerramento do trabalho sobraram apenas 16. A disciplina e o rigor germânicos marcariam, de forma indelével, os primeiros anos do Galpão e seu trabalho coletivo. A rigidez só começaria a ser vencida com a posterior chegada das crianças, filhos dos atores, que com suas mamadeiras e choros iriam desorganizar e desequilibrar o esquema um tanto militar de nossos primeiros tempos de ensaios.

A primeira oficina com os alemães aproximou os cinco atores que seriam, oito meses depois, os fundadores da primeira versão do Galpão: eu, Teuda Bara, Wanda Fernandes, Antônio Edson e o argentino Fernando Linares, ator e diretor que sobrevivia no Brasil vendendo artesanato.

Todos nós – cujo destino certamente seria nos dispersarmos e procurarmos novos elencos em que pudéssemos individualmente nos encaixar – recebemos a grata e surpreendente notícia de que os alemães voltariam, dessa vez para uma oficina mais longa, de um mês de duração, focada em técnicas de teatro de rua, especialidade do grupo de Munique, acumuladas em experiências diversas com outras companhias de atores em países como Israel, África do Sul e Venezuela.

Para a oficina que aconteceu em julho na cidade de Diamantina, dentro da grade da programação do Festival de Inverno da UFMG, nove atores do primeiro encontro foram chamados. A experiência foi ainda mais intensa, chegando a dez horas de atividades diárias. Desse trabalho resultou a montagem de uma espécie de auto medieval, fazendo uso de um boneco gigante e atores em pernas de pau, que recebeu o título genérico de *A luta do bem contra o mal*. Além dos métodos de teatro de rua, que abarcavam o trabalho com pernas de pau, manipulação de objetos e técnicas de circo como acrobacia e malabares, o grupo de atores começou os ensaios com o texto de *A alma boa de Setsuan*, de Bertolt Brecht. O espetáculo estreou três meses depois no Teatro Francisco Nunes, em Belo Horizonte, trazendo algumas inovações em relação ao teatro que era feito na época, como um jogo físico vigoroso e despojado entre os atores, além de uma interação muito viva com a natureza no entorno do parque Municipal, onde está localizado o teatro. Já na cena de abertura da peça, em que os deuses chegam à cidade em busca de uma alma boa, três atores em pernas de pau atravessavam, ao som da música-tema de *Jornada nas estrelas*, uma passarela construída no meio da plateia. Na cena em que a prostituta Chen Te se casava, as portas do fundo do teatro eram abertas, descortinando a surpreendente natureza iluminada do parque e fazendo com que o espetáculo se expandisse sobre a área externa.

Apesar do entusiasmo dos atores, que consideraram o processo da montagem como uma verdadeira escola de formação teatral, manter um elenco grande com artistas estrangeiros se tornou inviável para a produção do Instituto Goethe. As promessas de continuidade persistiram por pouco tempo e a esperança de manter o trabalho logo desapareceu. Assim, *A alma boa de Setsuan* cumpriu apenas duas semanas de temporada. Os alemães foram embora e o coletivo de atores se dispersou sem nenhuma perspectiva de trabalho. Voltamos à sina daquilo que Aderbal Freire-Filho denominou "teatro de morte anunciada", em que um grupo de atores se reúne para fazer uma determinada peça e, terminado o tempo previsto de vigência do trabalho, os envolvidos simplesmente debandam em busca de novos coletivos, agregados em função de algum novo projeto de montagem.

Contrariando essa tendência de dispersão e buscando prosseguir com o processo de construção e formação artística coletiva que havia se iniciado no encontro com os alemães, Teuda, Wanda, Toninho, Fernando e eu decidimos fundar um grupo, um coletivo que nos permitisse dar continuidade àquela caminhada. Foi quando decidi retomar o registro legal da associação que havia sido criada em 1979 no subsolo da Fafich. Nasceu daí o registro do Grupo Galpão. A cerimônia inaugural do grupo aconteceu com um brinde de cerveja e cachaça num bar no centro de Belo Horizonte, na esquina das ruas Guajajaras e Goiás.

A alma boa de Setsuan (1982)
Foto | Roland Schaffner

Nós cinco então nos mobilizamos apressadamente, sabendo que, para um grupo de teatro existir, era preciso antes de tudo ter um trabalho, um produto artístico, um espetáculo. Mal os alemães se despediram e o elenco de *A alma boa de Setsuan* se dispersou, reunimo-nos em torno de uma velha mala de figurinos e roupas que haviam pertencido à minha família e tinham sido doados para o teatro. Estavam lá um fraque e uma cartola de meu avô, um vestido de noiva de minha tia, algumas camisas sociais. Estava aberto o caminho para a elaboração de um esquete circense que ganharia o título de *E a noiva não quer casar*.

Como havíamos trabalhado exaustivamente com pernas de pau, tanto na oficina de teatro de rua quanto no processo de montagem da peça de Brecht, ficou decidido que toda a encenação do esquete também seria feita em cima dessa estrutura. O recurso foi importante para que ampliássemos nossos corpos, criando uma visibilidade que se sobressaía da dispersão da rua. A exceção ficou por conta de dois músicos – José Arthur Aguiar e Beto Franco – que, com trajes clownescos, pontuavam com sons de percussão todas as cenas e ações dos personagens. Logo após as primeiras apresentações, o Galpão começou a ser reconhecido nas ruas de Belo Horizonte como "o grupo das pernas de pau".

A trama primava pela simplicidade. Um mágico, um cuspidor de fogo e um acrobata desfilavam suas habilidades na ânsia de ganhar a mão da noiva, oferecida pelo pai. Ao final, ela se rebelava e recusava o matrimônio, decidindo se tornar passista de escola de samba. Com o tempo e a entrada de outros atores, apareceram novos personagens, como a mulher barbada e o atirador de facas. O roteiro estava longe de ser um primor de dramaturgia e o espetáculo, visto com os olhos complacentes do tempo da memória, parecia cativar as pessoas muito mais pela coragem intrépida daqueles jovens atores, atirando-se de forma destemida na rua, do que pela solidez de um texto ou uma proposta artística.

Mal havia terminado a temporada de duas semanas de *A alma boa de Setsuan* e já estávamos em processo de montagem de *E a noiva não quer casar*, desfilando com instrumentos, figurinos e pernas de pau pelo pátio da moradia estudantil Borges da Costa, no *campus* de medicina da UFMG. No final de novembro de 1982 fizemos as primeiras apresentações do espetáculo na periferia de Belo Horizonte. Logo as praças centrais da cidade também foram tomadas pela peça.

Nessas primeiras apresentações, já se moldava o caminho que viria a ser um traço marcante do Galpão ao longo desses 37 anos de existência: o de juntar, em torno de uma roda ou um semicírculo, grandes multidões ávidas por momentos de sonho, divertimento e imaginação. A vivência daquilo que poderia ter sido. Algo ancestral que refundasse o ato essencial do teatro, reafirmando em sua geometria no espaço e no tempo a celebração do encontro, da troca e da comunicação.

O encontro com o público continuava depois dos espetáculos. Como muitas vezes as apresentações eram promovidas e organizadas pela própria comunidade, a sensação que tínhamos era a de estar visitando as casas daquelas pessoas. Frequentemente a conversa entre os atores e o público seguia para o botequim mais próximo, onde todos trocavam impressões e chistes sobre a peça. Alguns espectadores mais animados vez ou outra arrumavam um violão, e a coisa se estendia numa cantoria. Isso quando não recebíamos o convite de algum morador, especialmente em cidades menores do interior, para comer e beber em sua própria casa.

As primeiras apresentações do Galpão na rua causavam assim uma estranha balbúrdia na rotina de ordem e silêncio que havia sido imposta no cotidiano das pessoas no Brasil, especialmente a partir de dezembro de 1968. Lembro-me da sensação levemente assustadora que sentíamos ao nos depararmos com quinhentas, seiscentas pessoas reunidas às quatro horas da tarde em plena praça Sete, coração de Belo Horizonte. Foi ali, naquelas primeiras apresentações do Galpão na rua, que vivenciamos integralmente aquilo que Artaud chamou de "o risco iminente da catástrofe" como um estado vital para o ato de estar em cena. Equilibrando-nos em pernas de pau, seja no asfalto, nos paralelepípedos ou nas pedras portuguesas das calçadas, vivíamos a travessia incerta daqueles anos de absoluta instabilidade política e social.

A sociedade brasileira por fim dava seus primeiros passos na busca de uma abertura democrática. Reivindicações e contestações começavam a pipocar. A pressão por melhorias salariais começava a movimentar alguns setores profissionais mais organizados e não demorou muito tempo para que alguns sindicatos procurassem "o grupo das pernas de pau". O objetivo era animar comícios, mobilizar as categorias profissionais e angariar a simpatia do público. Estávamos em 1983, e os sindicatos dos Eletricitários e dos Bancários contrataram o Galpão para fazer um esquete teatral que abria um grande comício "de repúdio à política econômica governamental do general Figueiredo e a favor da reivindicação por melhorias salariais das respectivas categorias". O esquete, criado e ensaiado durante duas semanas, ganhou o título de *Um país chamado Bombril* e apresentava, de maneira escrachada e pouco sutil, a alegoria de uma mulher com uma sumária fantasia de rendas, recheada de frutas tropicais de plástico, sendo leiloada por capitalistas inescrupulosos. Mais atentos às curvas do corpo da atriz Sonale Murta (que encarnava o papel da pátria vilipendiada) do que às mensagens políticas do nosso enredo, o público vibrava em meio àquela confusa mistura de *pop art*, programa do Chacrinha e uma boa dose de sectarismo político. Evidentemente não demorou muito para que a polícia desse as caras, deixando claro que não permitiria chacotas que desmoralizassem a ordem pública. Depois da apresentação, quando nos dirigíamos ao Teatro Marília, que então nos servia de base e camarim, fomos parados por um camburão com agentes do Dops que queriam nos levar para a famigerada sede da polícia política, na avenida Afonso Pena. Ficamos ali por um tempo, tentando contemporizar, enquanto Teuda Bara, que havia conseguido romper o cerco dos policiais em frente ao Palácio das Artes, corria para o teatro, onde se encontrou com o diretor Jota D'Angelo, que na época era secretário de Cultura. Depois de negociar muito e de juntar muita gente, inclusive um secretário da administração municipal, os policiais desistiram de nos levar para o xilindró.

Mas as nossas caras já estavam manjadas. A segunda encrenca policial aconteceria poucas semanas depois. Foi numa apresentação de *E a noiva não quer casar* no parque Municipal, em frente ao Teatro Francisco Nunes. O delito, no caso, ocorreu pelo fato de termos infringido a lei que proibia qualquer tipo de manifestação que provocasse aglomeração dentro do parque. Por conta disso, tivemos que ficar algumas horas detidos no interior do teatro, enquanto seu diretor, o ator Helvécio Guimarães, costurava um acordo com o comando da polícia para que fizessem vista grossa. Nesse vaivém de riscos nas ruas, foi se desenhando a característica fundamental de ligação do trabalho do Galpão com seu público e com os interesses coletivos. Não há dúvida de que foram naqueles anos perigosos que o grupo construiu sua conexão com a comunidade em que vive e também com as que visita, como uma espécie de imperativo de seu trabalho artístico.

Depois das manifestações sindicais, vieram as primeiras passeatas que reivindicavam a anistia, a volta dos exilados políticos e as eleições gerais no país. Durante anos as praças Sete e da Liberdade foram palcos permanentes de diferentes encenações e estreias do Galpão. Espetáculos como *Ó pro cê vê na ponta do pé*, *Foi por amor* e *Corra enquanto é tempo* fizeram estreias e cumpriram temporadas de vários finais de semana nessas e em outras praças da cidade. Isso sem contar uma série de performances, paradas e desfiles de rua que faziam com que nós fôssemos reconhecidos e nos tornássemos figuras públicas do cotidiano da cidade. O teatro de rua acabou sendo uma solução, não só de reconhecimento e de espaço para poder exercer nosso ofício, mas também de viabilidade econômica para o grupo. Se o "chapéu", religiosamente recolhido após as apresentações, representava uma compensação simbólica que normalmente bancava as comemorações etílicas pós-espetáculo, as apresentações iam sendo pouco a pouco conhecidas e divulgadas, gerando compradores interessados como prefeituras, associações de bairros, empresas, sindicatos e escolas.

Manifestação por eleições diretas (1984)
Foto | Arquivo Galpão

A regra era levar o teatro para onde fosse possível. Ao mesmo tempo que o teatro de rua era o carro-chefe que nos permitia a mobilidade de estarmos em pátios de empresas, escolas, praças e ruas, era preciso também estar no palco. Artisticamente os atores do grupo ansiavam por outro lugar. O trabalho da rua nos exigia sempre uma interpretação expandida, exteriorizada, excessivamente estilizada. Era preciso conhecer e explorar outros caminhos. As discussões, sempre coletivas, se arrastavam sem nenhuma conclusão. O Galpão não tinha e continua não tendo uma cabeça pensante que dite seus rumos. Tudo passa pelo crivo do coletivo, cujo tempo de maturação das ideias e dos projetos quase sempre é bem lento. Num cenário de incertezas absolutas, os atores tinham a única certeza de que precisavam diversificar e buscar novas experiências e espaços. Se por um lado existia a premissa básica da sobrevivência econômica, a busca de novos caminhos de experimentação e linguagem também era um fator fundamental. Na tentativa, muito conduzida pela intuição, de buscar novos desafios e experiências que ampliassem nossos conhecimentos teatrais, o grupo se decidiu pela montagem do espetáculo infantil *De olhos fechados*, do autor brasiliense João Vianney.

O texto tinha como mote a brincadeira de quatro crianças que decidem começar a andar de olhos fechados. A partir desse jogo, elas começam a descobrir um mundo novo, presente nos sentidos corporais, em que personagens mágicos, como o Cheiro e o Som, aparecem e brincam com elas. *De olhos fechados* era um espetáculo que abordava o teatro infantil sem nenhum tipo de estereótipo infantiloide. A peça ganhou o Prêmio João Ceschiatti de melhor espetáculo infantil de 1984, sendo reconhecida também com melhor direção, para Fernando Linares, e melhores atores, para mim e Wanda Fernandes. Por mais que prêmios de teatro possam ter sua relevância questionada, esse Ceschiatti representou um importante reconhecimento institucional para o Galpão, que até então ainda era um tanto marginalizado por fazer teatro de rua e também por atuar politicamente por meio de sua arte. Muitas etapas de reconhecimento ainda teriam que ser vencidas, como a possibilidade e capacidade do grupo de atuar nos mais diferentes registros de interpretação, visitando gêneros opostos à tipologia do teatro popular de rua, como o teatro expressionista de Nelson Rodrigues ou a interpretação realista das peças de Tchékhov. Mas essas e outras ocorrências de superações estão mais para frente neste relato.

A verdade é que os primeiros anos foram de absoluta precariedade e muita coragem. Os deslocamentos e viagens eram feitos nos carros dos próprios atores, que se espremiam em meio a bagageiros apinhados de malas e baús. O exercício da organização de viagem de um coletivo de teatro vai sendo construído e montado na própria prática. Nossa área de atuação começou a ser ampliada com as primeiras incursões em turnês pelas cidades do interior de Minas. O circuito de festivais nos permitiu criar uma rede de circulação que se consolidava e ampliava. O Galpão começou a criar uma teia de contatos com artistas e público de algumas cidades, como Uberlândia, que se tornou parceira do grupo, promovendo não apenas apresentações de espetáculos, mas também cursos, oficinas e encontros.

A administração improvisada do Galpão se concentrava no apartamento de Wanda, à rua Grão Pará, no bairro de Santa Efigênia, que acabou se transformando numa espécie de república do teatro mineiro, com representantes de vários grupos dividindo o mesmo imóvel. Os cenários e figurinos se dividiam ora na casa de Teuda, ora na casa dos meus pais. A luta contra a dispersão e desorganização, decorrentes da falta de um espaço que centralizasse as atividades do coletivo, se estenderia por longos sete anos, até 1989, quando o grupo conseguiu comprar sua atual sede, um galpão de 200 metros quadrados na rua Pitangui 3.413.

Apesar das dificuldades, as atividades ganhavam fôlego, e o grupo se ampliou a partir da construção de um novo espetáculo de rua que ganhou o estrambótico título de *Ó pro cê vê na ponta do pé*. O espetáculo, dividido em nove quadros independentes, explorava técnicas de manipulação de bonecos, pantomima e números circenses. O elenco ganha a entrada de Chico Pelúcio e dos integrantes do grupo de bonecos Atrás do Pano, Paulinho Polika e Sumaia Costa. A nova peça tinha uma estrutura de encenação fragmentada e extremamente ágil, com uma espécie de caixa mágica de onde saíam todos os personagens. Com *Ó pro cê vê na ponta do pé*, o grupo ampliou muito seu raio de ação, visitando várias novas cidades. Ainda que timidamente, começávamos a planejar e organizar nossas vidas em função da atividade teatral. Viver exclusivamente de teatro já nos parecia ser viável. Mesmo sabendo que continuávamos a andar no fio da navalha, a profissionalização se delineava no horizonte. Ao mesmo tempo, já percebíamos, em 1985, que o modelo de venda de espetáculos seria insuficiente e que precisaríamos conseguir um patrocinador estável, que bancasse não só as atividades da companhia, mas também sua manutenção, o que só viria a acontecer em 1994, doze anos, portanto, depois da fundação do Galpão, quando foi lançado o espetáculo *A rua da amargura*, com direção de Gabriel Villela.

Preocupados em aprofundar nossa pesquisa focada no teatro popular, era natural que acabássemos chegando no trabalho com as máscaras, especialmente as ligadas ao gênero da *commedia dell'arte*. O encontro com a pesquisadora e professora italiana Ariel Genovese viria a gerar uma série de improvisos, oficinas e um vasto material produzido em vídeo. Essa experiência acabaria por desembocar no desejo de um passo mais ambicioso, o de montar o texto clássico de Carlo Goldoni *Arlequim servidor de dois amos*, consagrado pela famosa montagem do Piccolo Teatro di Milano, com direção de Giorgio Strehler. Desavenças internas e inevitáveis dificuldades de produção inviabilizaram a permanência de Ariel, impossibilitando que ela conduzisse o processo como diretora. Os ensaios se arrastaram ao longo de nove meses, que se dividiram entre as intermináveis improvisações de *canovaccios* e as apresentações de *Ó pro cê vê* em escolas da rede pública, com a participação do grupo no projeto Arte Cênica na Escola. O ímpeto e a vitalidade das primeiras improvisações com as máscaras de Arlequim, Pantaleão, Briguela e Doutor começavam a perder o rumo, desencontradas na indefinição de uma ideia abstrata e um tanto confusa de "fazer uma releitura do clássico de Goldoni". O modelo de inspiração mais próximo que tivemos foi a montagem do Asdrúbal de *O inspetor geral*, de Gógol. Mas, na prática, os modelos acabaram se revelando uma armadilha.

Percebendo que o frescor e o entusiamo dos primeiros improvisos iam se esvaindo diante da necessidade da repetição e sem um olhar externo que tivesse noção do todo que estava sendo construído, a elaboração da dramaturgia começou a se tornar um problema. As peças montadas não se encaixavam e não encontravam liga. Começávamos a sentir que o barco tendia a naufragar. No meio de muitos palpites e uma dispersão que foi se acumulando, tentei costurar um roteiro que cumprisse o objetivo inicial do projeto, o de "fazer uma versão mais atualizada e próxima de nós mesmos do original de Goldoni". A crise – que já estava patente no desgaste e na tensão dos atores pelo excesso de trabalho para um resultado que estava longe do que se pretendia – estourou no dia em que apresentamos um ensaio geral para que o diretor Eid Ribeiro nos expusesse suas impressões. Ao final de quase duas horas de apresentação, Eid abaixou a cabeça no tampo de uma cadeira escolar e declarou sem papas na língua: "Está tudo péssimo, fora do lugar, forçado, e o Frankenstein que foi levantado não passa de um arremedo malfeito da peça do Goldoni".

As palavras sinceras de Eid só confirmaram aquilo que todos nós já sentíamos, mas não conseguíamos admitir. Pressionados pela temporada já confirmada de três meses no Teatro Marília, chamamos às pressas o diretor Fernando Linares, que nessa época já não fazia parte do grupo, para costurar uma direção da arquitetura cômica da peça. O resultado, como não poderia deixar de ser, foi um retumbante fracasso. A temporada de três meses se arrastou com pouco público, e a necessidade de nos reinventarmos todos os dias em cena a partir de uma forma teatral que não nos convencia acabava sendo um esforço vão. Era necessário entender o que tinha acontecido e por que aquele fiasco se tornou inevitável. Era preciso digerir e aprender com o fracasso. Não foi fácil. O grupo, que era composto por nove atores, ficou novamente reduzido aos quatro que haviam brindado sua fundação. O coletivo ainda tentou retomar os esquetes de *Ó pro cê vê*, mas as substituições necessárias acabaram se mostrando problemáticas. A crise parecia conduzir à inevitável dissolução do grupo.

Dizem que é no momento de crise que os milagres acontecem. Novamente sob a égide do Festival de Inverno da UFMG, os quatro mosqueteiros – Wanda, Teuda, Toninho e Eduardo – decidiram se inscrever na oficina "Caminhos da criação cênica", que foi ministrada ao longo de um mês pelo diretor paulista Ulysses Cruz. Na época, ele dirigia a companhia Boi Voador e havia montado espetáculos de grande sucesso, adaptados de obras literárias, como *Velhos marinheiros*, baseado no romance de Jorge Amado, *Pantaleão e as visitadoras*, de Vargas Llosa, e *Corpo de baile*, de Guimarães Rosa. Ulysses tinha se formado na rígida escola do CPT de Antunes Filho, tendo sido seu assistente em espetáculos memoráveis como *Paraíso Zona Norte*, uma releitura da obra de Nelson Rodrigues.

A oficina com Ulysses foi um marco na trajetória do Galpão. Montado em cima da criação de cenas que deveriam ser dirigidas pelos próprios atores – a partir da adaptação de uma série de contos de autores mineiros –, o trabalho acabou se revelando uma luz no fim do túnel naquele período tão nebuloso. A construção das cenas, denominadas *workshops*, devia ser levantada com o máximo de recursos possível e com acabamento completo de texto, marcação, figurinos, cenários e iluminação, para serem ensaiadas e apresentadas em no máximo três dias. A urgência era um elemento fundamental para que se permitisse brotar um primeiro impulso criativo sem maiores elucubrações.

A estrutura da oficina e a condução firme e clara de Ulysses fizeram com que repensássemos toda a experiência fragmentada, confusa e sem direcionamento do processo de montagem do *Arlequim*. Todas as cenas apresentadas na oficina eram exaustivamente debatidas e criticadas pelos que assistiam, e o rigor do olhar era cobrado com veemência por quem sabia que o fazer teatral também passa obrigatoriamente pela necessidade de "saber ver o teatro". Era preciso embasar o conhecimento e nosso olhar sobre aquilo que era nossa matéria de trabalho.

O encontro com Ulysses é um ponto de virada na história do grupo. Nós retornamos da oficina renovados e ávidos por reconstruir o grupo a partir de novos projetos. A ânsia foi tamanha que nos lançamos em dois projetos ao mesmo tempo.

O primeiro foi a montagem de um *canovaccio* da mesma *commedia dell'arte* – *A comédia da esposa muda* – que durante o processo do *Arlequim* havia nos cativado. O texto, trazido por mim e traduzido do inglês por Pontes de Paula Lima, fazia uma deliciosa sátira ao casamento a partir da história de um marido que, ansioso por ouvir elogios de sua mulher muda, pede a um doutor milagreiro que a faça falar. A operação é um sucesso, mas o resultado acaba se transformando numa desastrosa ameaça para o marido, que a partir dali vê sua mulher revelando todos os seus podres. Depois de muitas reviravoltas, o doutor acaba encontrando a solução para que o casal conviva em harmonia: fazer com que o marido fique surdo. Enquanto ela fala pelos cotovelos, ele não escuta mais nada, e os dois vivem felizes para sempre!

O segundo projeto foi a montagem de *Triunfo, um delírio barroco*, produzida pela Fundação Clóvis Salgado, do Palácio das Artes, e dirigida por Carmen Paternostro, um dos nomes mais importantes do movimento de fusão do teatro e da dança, que teve forte impulso durante a década de 1980. O espetáculo retratava a festa do Triunfo Barroco em Ouro Preto (MG), quando várias manifestações artísticas e festivais aconteceram na cidade durante a inauguração da Igreja do Pilar. A peça usava a festa do Triunfo como mote para falar das tensas relações entre o colonizador português e as culturas negra e indígena, da violência presente na formação cultural da sociedade brasileira e de sua miscigenação. O espetáculo foi montado pela Companhia de Dança do Palácio das Artes, com a participação do Galpão e de músicos e bailarinos convidados. Foi uma bela oportunidade para estreitarmos o contato com vários artistas que já eram parceiros e sempre estiveram presentes em nosso trabalho, como Dudude Herrmann, Gil Amâncio, Guda e Lydia Del Picchia, que anos mais tarde vai entrar para o Galpão, na segunda versão de *Romeu e Julieta*, criada em 1995.

Foi em meio a esse período de grande turbilhão criativo para o grupo, com dois espetáculos montados concomitantemente, que aportaram no Brasil, durante um Festival Internacional de Teatro de Rua, no Rio de Janeiro, os grupos italianos Potlach e Tascabile. O contato com as duas companhias, que usavam música tocada ao vivo em seus espetáculos, vai ser revelador para o Galpão da potencialidade da música como elemento de comunicação com o público. Para um grupo que vinha aprofundando sua pesquisa com o teatro popular, visceralmente voltado para o contato e compartilhamento com o público, a música passava a ser um elemento primordial. Sua execução ao vivo criava uma conexão imediata com as pessoas e era isso que buscávamos com o nosso trabalho.

O caminho não foi fácil. O primeiro passo foi aderir às aulas de técnica vocal da preparadora Babaya, que, por meio de um exaustivo e paciente trabalho, nos introduziu no exercício da afinação e da escuta, não só no canto, mas também no campo da palavra dita. Paralelamente a esse trabalho, conseguimos uma bolsa para fazer aulas de iniciação musical na Fundação de Educação Artística, com a professora Edla Lobão. As bolsas, cedidas pela pianista e diretora da escola Berenice Menegale, foram fundamentais para que nós entendêssemos algumas noções básicas de solfejo, ritmo, leitura de partitura e harmonia. O projeto de introdução da música em nosso trabalho teatral foi construído aos poucos, mostrando que a organização de um projeto coletivo de grupo permite criar metas de médio e longo prazo, muitas vezes não vinculadas a uma proxima montagem. Dos primeiros ensaios – com preparação de espetáculo com Babaya e aulas de musicalização na Fundação – em 1986 até a efetiva inclusão de uma banda de instrumentos tocados ao vivo em *Romeu e Julieta*, em 1992, passaram-se seis anos, tempo em que desenvolvemos três montagens.

Nessa caminhada, os contatos internacionais também foram se ampliando. Chegamos a participar de um espetáculo/performance de rua no Rio de Janeiro, com vários atores locais, sob a direção do grupo Farfa, da Dinamarca, que tinha à frente o italiano Eugenio Barba. Discípulo e divulgador das ideias teatrais do diretor polonês Jerzy Grotowski e criador do chamado "teatro antropológico", Barba propunha uma pedagogia da preparação e do treinamento do ator para a cena inspirada nas mais diversas contribuições das tradições teatrais, especialmente vindas do Oriente. Sua filosofia teatral e sua proposta de treinamento chegaram com muita força e exerceram grande influência no Brasil a partir da segunda metade da década de 1980, tendência que ocorreu com certo atraso em relação a outros países da América Latina.

Mantendo contato e recebendo a influência de grupos do teatro antropológico, o Galpão recebeu o convite para participar de um grande encontro que foi realizado em 1988 na cidade de Huamparí, uma pequena vila nas cercanias de Lima, onde foi idealizada uma homenagem ao encenador polonês Jerzy Grotowski. As condições para a participação não eram nada favoráveis. Não existia cachê, as passagens precisavam ser bancadas pelo grupo e, além de tudo isso, cada participante devia contribuir individualmente com cem dólares para bancar a organização do encontro. Mesmo diante de tantas dificuldades, o Galpão arregaçou as mangas e foi à luta – festas para angariar fundos foram organizadas, livros de ouro foram distribuídos, amigos e empresários foram procurados em busca de apoio. Com muito custo, conseguimos embarcar para Lima levando o espetáculo *A comédia da esposa muda*. O encontro reuniu 32 grupos da América Latina e do Norte e da Europa num congraçamento teatral com várias atividades.

Faziam parte da programação: apresentação de espetáculos, oficinas, aulas ministradas pelo próprio Barba e demonstrações de trabalho com alguns dos principais expoentes de diferentes tradições do teatro e do teatro antropológico.

Durante uma semana de trabalho, o ponto culminante foi a encenação de um processo coletivo com mais de 250 atores em pleno deserto peruano. A apresentação, denominada simplesmente *Homenagem a Grotowski*, foi construída a partir da criação de cenas curtas (de no máximo sete minutos) em que o diretor de cada companhia dirigia um grupo formado pela junção de atores de grupos diferentes a fim de possibilitar uma troca artística mais efetiva. A apresentação, feita num enorme platô natural no meio das areias do deserto, transformou-se num verdadeiro luau teatral, compartilhado apenas pelos próprios realizadores. A única testemunha de fora foi um menino peruano que, trajando um poncho típico da região, representou a figura de Grotowski, que por motivos de saúde não pôde estar presente.

O encontro de Huampaní foi outro momento importante, que nos permitiu aprender muito com os ensinamentos de Barba e dos grandes mestres do teatro antropológico. Foi também uma oportunidade de vivenciarmos um grande congraçamento teatral, representado pelo encontro das mais diferentes culturas. O evento também nos permitiu perceber como também havia uma espécie de "colonização cultural" por trás de tudo aquilo, especialmente entre grupos peruanos e colombianos, que reproduziam a forma de criação e imitavam o modelo trazido pelos europeus. Era como se estivéssemos assistindo a uma série de pastiches do Odin Teatret e do Farfa. Começava ali a se delinear com mais clareza a certeza de que o nosso caminho teria que ser construído por nós mesmos. E que – apesar de todas as influências e os modelos que encontraríamos e seguiríamos, e com os quais aprenderíamos – essa construção teria de ser fruto de nossa própria vivência e experiência. Com o Peru à beira de uma guerra civil, abalado pela ação da guerrilha maoísta do grupo Sendero Luminoso, os espetáculos, em sua enorme maioria, eram maçantes exaltações revolucionárias sem maiores nuances de forma ou conteúdo. A apresentação do Galpão em *A comédia da esposa muda* acabou sendo um contraste absoluto com tudo que era apresentado. Era a chegada de uma comédia cheia de exuberância, misturada com certo grau de irresponsabilidade e farra.

No ano seguinte, 1989, o Galpão seguiu com dois grupos peruanos (Yuyachkani e Cuatrotablas) e dois espetáculos chilenos com o projeto *Resenha Latino-Americana de Teatro*, apresentando-se em festivais de 12 cidades da Itália. Todos os eventos foram organizados pelas companhias teatrais ligadas ao chamado "Terceiro Teatro", que era vinculado às teorias de Eugenio Barba. A experiência acabou sendo uma rara possibilidade para o Galpão de conviver com a prática de grupos profundamente vinculados às comunidades em que estavam inseridos. Todos os grupos visitados – em cidades como Penne, Fara Sabina, Bergamo, Formia, Lecce, Florença, Frascati, Pescara, Avezzano, Modena, Donori e Cagliari – possuíam sede própria com teatro, biblioteca e videoteca, além de promoverem eventos abertos à comunidade. Durante os festivais, o Galpão apresentou os espetáculos *A comédia da esposa muda* e *Corra enquanto é tempo* e participou de inúmeros debates, oficinas e palestras, em que se discutiu calorosamente a situação política e econômica do Brasil, da América Latina e sua relação com o teatro e a arte.

Encontro com Jerzy Grotowsk
Foto | Waldir Lau

Outra experiência marcante foi o encontro com o grupo Ói Nóis Aqui Traveiz, de Porto Alegre, que desenvolvia uma ação política e estética junto à comunidade que nos impressionou bastante. Foi exatamente nesse momento – em que o grupo se abriu para contatos e experiências no exterior, com a participação também no Festival de Teatro de Rua na cidade francesa de Aurillac – que começou a nascer, com cada vez mais força, o desejo de falar de si mesmo, do Brasil, de nossas raízes, algo que, de alguma forma, tentasse decifrar aquilo que somos, de onde viemos e quais as possíveis perspectivas de futuro. Encontros com grupos nacionais como o Terreira da Tribo, de Porto Alegre (RS), Tá na Rua, do Rio de Janeiro (RJ), e Imbuaça, de Aracaju (SE), também foram muito significativos. O momento de inquietação coincidiu com o encontro com o diretor Eid Ribeiro, o mesmo que havia deixado explícito o caminho equivocado da montagem do *Arlequim*. Eid é o diretor mais importante atuando em Minas nas últimas cinco décadas, com montagens muito significativas desde os anos 1960. Com o Galpão, Eid montou em 1988 o espetáculo *Corra enquanto é tempo*, uma sátira divertida e demolidora. Nele, uma família de evangélicos prega na rua, com músicas de Roberto Carlos e *hits* evangélicos, até ser surpreendida pela chegada de um travesti que reivindica seu domínio sobre aquele ponto público.

espetáculo, que hoje provavelmente seria apedrejado e impossibilitado de ser apresentado em praça pública, tamanha a virulência e o radicalismo atingidos por movimentos conservadores no Brasil, rendeu ao grupo histórias muito pitorescas, que vão desde o protesto de religiosos indignados até o convite de um pastor para que fôssemos apresentar em sua igreja. *Corra* marcou a trajetória do Galpão como o início da busca de um teatro que falasse da nossa realidade. Muitos ensaios foram feitos a partir de visitas e acompanhamentos de igrejas e pregadores de rua. O discurso do pastor, sobre a concepção do mundo e a predominância do mal e do pecado, foi escrito por Eid a partir da fala do pastor José, que na época pregava na praça da Rodoviária, no centro de Belo Horizonte, em meio a várias prostitutas.

Dentro do mesmo movimento no sentido de falar do Brasil e de sua realidade mais imediata, nós criamos um esquete curto e ágil chamado *Foi por amor*, com texto meu e direção de Antônio Edson. A peça trata da típica e trágica situação dos crimes passionais, que eram – e ainda são – acobertados pelo argumento da "defesa da honra" dos maridos. O espetáculo era apresentado em locais bem inusitados, como pontos de ônibus, estações de metrô e cruzamentos de avenidas. Com uma mensagem direta e duração de apenas 12 minutos, *Foi por amor* tinha como proposta tomar de assalto o ritmo cotidiano das ruas e de seus transeuntes.

Nosso projeto de mergulhar na realidade do Brasil ganhou um novo e inusitado rumo com a proposta feita por Eid de montarmos *Álbum de família*. Um dos mais virulentos exemplos das chamadas tragédias metafísicas de Nelson Rodrigues, a peça disseca os podres de uma família tradicional do interior mineiro (Minas, sempre Minas!) com cenas de incesto generalizado, crimes, castração, numa violência explícita e ao mesmo tempo velada, bem típica da nossa cultura brasileira e, especialmente, mineira. A montagem dirigida por Eid fazia uma leitura expressionista da peça, com a presença de um narrador um tanto macabro e fantasmagórico, que manipulava os personagens e dizia textos das crônicas de Nelson Rodrigues. O fato é que o espetáculo nos colocava definitivamente num outro patamar de interpretação, com uma postura muito mais desafiadora, madura e diversificada. Algo muito além da imagem do Galpão como um grupo apenas de teatro de rua, com personagens tipificados e maquiagem carregada.

Sem dúvida, a parceria com Eid foi fundamental para que o grupo vencesse resistências internas e externas, trilhando novos caminhos e buscando rumos mais diversificados. Outro ponto extremamente importante do trabalho com Eid foi a exigência e o olhar muito mais apurado em relação à construção da dramaturgia. O texto foi incessantemente escrito e reescrito durante as longas improvisações baseadas nas situações da peça. O encontro do Galpão com Eid vai representar um distanciamento crítico da maioria dos atores com relação aos princípios e à prática do teatro antropológico e seus grupos seguidores. Ali nos distanciamos de um tipo muito específico de treinamento do ator e começamos a buscar uma diversificação permanente, com vários estilos e práticas teatrais. A partir desse momento, foi como se cada montagem passasse a representar uma nova incursão por caminhos não percorridos.

A montagem de *Álbum de família* foi a primeira a ser executada integralmente na casa própria do Galpão. Com a reserva de pouco mais de quinze mil dólares, adquirida com a excursão do grupo pela Itália e França, acrescidos de algumas dívidas corajosamente contraídas, o grupo comprou o imóvel onde até hoje funciona sua sede e onde todos os espetáculos daí por diante foram ensaiados e montados. O galpão representou uma enorme conquista que teria consequências fundamentais na qualidade artística do grupo, sem contar as questões envolvendo produção e organização do trabalho. No lugar de salas improvisadas e de cenários e peças de figurino que chegavam pouco antes da estreia para serem adaptados às pressas, o processo de *Álbum de família* já contou desde os primeiros dias de trabalho com ateliê de roupas e cenário esboçado no espaço.

O momento político do país nos dava a ilusão de que o restabelecimento de uma democracia formal, com eleições em todos os níveis, seria capaz de gradativamente ir sanando todas as nossas mazelas. Isso depois das conturbadas eleições de 1989, que Collor venceu apertado ajudado por manipulações, principalmente da mídia televisiva, e foi impedido de permanecer na presidência por falta de apoio no congresso e por pressão popular. As maciças manifestações de rua foram logo substituídas pelo mandato tampão de Itamar Franco, o vice. Ao lançar o Plano Real ele estancou a fúria inflacionária dos preços na vida dos brasileiros e acabou por inaugurar a era de Fernando Henrique Cardoso na presidência.

Foi quando vimos uma grande expansão dos movimentos sociais e da chamada sociedade civil, que buscava se organizar e expressar. No teatro, surgia com força o Movimento do Teatro de Grupo, que promoveu importantes encontros por várias cidades do país. Uma rede foi criada e a circulação entre os grupos, estimulada. Foi especialmente nesse momento que começamos a ministrar várias oficinas, em que divulgávamos o trabalho do Galpão, estimulando o intercâmbio com outros artistas e fomentando a criação de novos grupos pelas incontáveis cidades por onde passamos. O Galpão, que até então havia forjado seu trabalho e sua linguagem em oficinas e encontros com outros artistas, começava também a transmitir seus conhecimentos e sua experiência, construídos através desses anos de trabalho árduo. O resultado de uma prática artística precisava ser passado adiante. A força de um teatro popular e de rua que rompeu os limites da casa de espetáculo e conseguiu extravasar um desejo de participação e pertencimento social, premente naquele momento da história brasileira, fez com que o trabalho do Galpão fosse cada vez mais solicitado por jovens atores e grupos, sobretudo do interior do país, que sentiam a necessidade urgente de se expressar.

Júlio Maciel e alunos de oficina teatral
Foto | Arquivo Galpão

Nesses encontros, quase sempre a pergunta essencial se repetia: como fazemos para formar um grupo? Entre conselhos de perseverança, paciência, coragem, disciplina e força de vontade, havia a certeza de que não existem modelos. Ao longo de todos esses anos foram centenas de jovens que, muitas vezes vivendo sem perspectiva, frustrados, lamentando a omissão de um poder público salvador que nunca salva, vislumbraram na experiência coletiva de teatro do Galpão uma possível saída. Foram inúmeros os artistas das mais diversas áreas que, frequentemente, se dirigiram – e se dirigem ainda – a nós para dizer que optaram pela vida artística depois de encontrar o Galpão ou assistir a algum de nossos espetáculos. Ou por outro lado, pessoas comuns, que não vislumbravam qualquer perspectiva de atividade artística, mas que a partir do encontro com o teatro renovaram anseios, desejos, sonhos. Um desejo de estar menos alienado, de se entregar a algum tipo de atividade que ajude a vencer a monotonia do dia a dia. A vontade de ser mais sensível e solidário, esforçando-se para tornar-se um ser humano melhor. Prestar mais atenção ao mundo, exterior e interior. Confiar um pouco mais na autoestima. Exercer a vida com poesia e a possibilidade do que poderia ser.

Na verdade, o teatro não é lugar do sucesso, do *glamour*, dos vencedores, das grandes estrelas, mas das pessoas que buscam um fio de esperança, uma fresta de luz, para aqueles que insistem em dizer que seguem vivos e que ainda guardam expectativas e desejos. Em muitos anos, trabalhando com não atores e com possíveis futuros colegas de profissão, sempre nos atraiu, mais do que um procedimento técnico de virtudes teatrais, o encontro com seres humanos. O salto no escuro, fazer nascer algo vivo e inesperado do vazio de uma sala de trabalho. E, a partir daí, romper com nossos condicionamentos sociais e morais. A possibilidade de estabelecer o encontro entre pessoas diferentes e desconhecidas que, como crianças, recriam e reinventam o sentido da vida, mesmo que apenas por um momento.

Para mim, um exemplo emblemático desse tipo de chance que a arte e o teatro nos dão foi o caso da Divina, aluna de uma oficina de teatro de rua que ministramos em Uberlândia (MG) por duas semanas. Na época, ela trabalhava como doméstica. Era, na maior parte das vezes, dispersa e confusa. Chegava atrasada com frequência. Dizia que a patroa não queria que ela frequentasse uma oficina de teatro. Mas, ao mesmo tempo, era divertida e nos conquistava com uma alegria ingênua e infantil. Parecia ser uma daquelas pessoas que passaria pela vida sem prestar muita atenção em nada. E não é que, seis anos depois, quando voltamos à cidade para uma apresentação de *Romeu e Julieta* na praça Tubal Vilela, fomos surpreendidos pela chegada da Divina. Era outra mulher, mais centrada, respirando e falando com mais calma e clareza. Ela veio nos dizer que, depois da oficina, tinha repensado toda sua vida. Deixou o emprego de doméstica, resolveu voltar a estudar e, após algumas tentativas, tinha finalmente conseguido ingressar na faculdade de pedagogia. Estava prestes a se tornar professora e sonhava poder ensinar algo para outras pessoas. Alguns anos depois, numa outra ida à cidade, ela nos contou que havia se transformado em contadora de histórias. É claro que a vitória é dela, mas, se de alguma maneira aquelas duas semanas de jogos e exercícios teatrais ajudaram, já nos sentimos realizados. Ela nos afirmou que sim, e queremos também acreditar que sim, que o teatro tem a capacidade de modificar e transformar a vida das pessoas, ainda que seu alcance quantitativo numa sociedade de massas seja limitado.

Terminada a digressão, voltemos à história do Galpão. A primeira metade dos anos noventa seguiu fervilhante com a criação de novos grupos, movimentos e encontros, que aglutinaram diferentes artistas e companhias. O Galpão participou ativamente desse momento de articulação do teatro de grupo no Brasil, e uma das iniciativas mais importantes foi a criação do festival internacional de teatro em Belo Horizonte. As duas primeiras edições (1990 e 1992), mais modestas, ganharam o nome de Festival Internacional de Teatro de Rua (Festin) e foram totalmente organizadas pelo Galpão, com o apoio da Secretaria Municipal de Cultura. A terceira edição já foi encampada pela secretaria, que modificou o nome do evento para Festival Internacional de Teatro de Palco e Rua (FIT). O festival cresceu muito e se transformou num dos maiores eventos de artes cênicas do país. As ingerências políticas também aumentaram muito e acabamos nos desligando do festival por desavenças com a secretaria.

Encontro com Aderbal Freire-Filho
Foto | Guto Muniz

Os festivais sempre representaram um momento privilegiado de troca entre os grupos, os artistas e também o público. Nesse período, o Galpão participou de um dos mais significativos intercâmbios de sua história: a ocupação do Teatro Glaucio Gill, em Copacabana, no Rio de Janeiro, feita por meio do Centro de Demolição e Construção do Espetáculo, dirigido por Aderbal Freire-Filho. O movimento propunha uma nova forma de ocupação dos teatros públicos, com uma programação pensada e executada pelos próprios grupos e que contemplava não apenas a apresentação de uma pauta de espetáculos, mas também uma vasta gama de encontros, palestras e oficinas. A criação do Centro de Demolição e Construção do Espetáculo vai mobilizar uma geração inteira de importantes artistas da cidade. Em 1991, ocupamos por um mês o palco do teatro com *Álbum de família*, e também as praças do Rio com os espetáculos de rua *A comédia da esposa muda* e *Corra enquanto é tempo*.

É durante essas perambulações pelas ruas do Rio, com a emblemática Veraneio vinho, modelo 74, atulhada de baús, ferragens e atores, que o Galpão vai ser assistido e observado por Gabriel Villela. O diretor, cada vez mais interessado em desenvolver uma experiência de teatro de rua, encantou-se com nossa estrutura mambembe e nos convidou para irmos a São Paulo assistir a uma das últimas apresentações da temporada de grande sucesso de seu espetáculo *Vem buscar-me que ainda sou teu*, texto de circo-teatro de Carlos Alberto Sofredini baseado na famosa canção "Coração materno", de Vicente Celestino. Cativado pelo trança-trança de objetos carregados e descarregados incansavelmente daquela "carroça motorizada" que, aos olhos do diretor, remetia aos áureos tempos mambembes da *commedia dell'arte*, Gabriel se reuniu conosco e declarou que iríamos fazer uma peça juntos. Ele não sabia ainda qual seria, mas tinha certeza de que teria de ser feita com a Veraneio de cenário.

Nessa mesma época, o grupo passou por uma fase conturbada de relação interna com a reavaliação dos parâmetros de comprometimento de cada um e do coletivo com o trabalho. Foi o momento em que a atriz Maria Gastelois, que havia entrado para o Galpão com 15 anos de idade para integrar o elenco de *A comédia da esposa muda* e que também participara das montagens de *Corra enquanto é tempo* e *Álbum de família*, saiu do grupo e partiu para viver na França. Depois de muitas conversas e adaptações de cronograma e agendas, ficou decidido que o grupo iria preparar cinco oficinas com a criação de ideias cênicas voltadas para cinco possibilidades: *O grande teatro do mundo*, peça do dramaturgo barroco espanhol Calderón de la Barca; *Morte e vida severina*, poema épico de João Cabral de Melo Neto sobre retirantes nordestinos; *Primeiras histórias*, contos de Guimarães Rosa; o teatro musical brasileiro; e *Romeu e Julieta*, peça de Shakespeare, que acabou sendo a nossa única indicação.

Precisando encontrar uma nova componente que recompusesse seu elenco feminino, o grupo convidou várias atrizes da cidade para trabalharem na criação e na construção dessas oficinas. Ao longo de seis semanas de intenso trabalho, as cinco cenas, com média de quinze minutos cada uma, foram criadas usando a Veraneio das mais diferentes formas. As cinco cenas foram apresentadas num único dia para o diretor. Horas depois, nós e Gabriel batemos o martelo: a montagem escolhida seria *Romeu e Julieta* e a nova atriz do grupo, Inês Peixoto. Inês já havia participado de um curso ministrado por Gabriel na Oficina Oswald de Andrade, em São Paulo, na época em que seu teatro começava a estourar na cidade com o êxito da peça *Você vai ver o que você vai ver*. Com uma longa experiência artística, Inês participou de importantes montagens do teatro mineiro e vinha de uma recente e avassaladora carreira com a banda teatral Veludo Cotelê.

O convite para a direção de Gabriel, um diretor do sul de Minas que vinha fazendo muito sucesso na cena paulistana, ampliou o raio de interesse da mídia nacional sobre a trajetória do grupo. Se o Galpão já tinha amplo reconhecimento e participação em festivais e encontros nacionais focados na área teatral, ainda havia certo desconhecimento por parte da mídia, sempre muito restrita aos assuntos culturais do Rio e de São Paulo. Se o dilema, tão conhecido de tantos artistas de fora do eixo cultural Rio-São Paulo, de permanecer ou não em Minas ainda não estava complemente decidido, cada vez mais se desenhava a certeza de que o Galpão poderia permanecer em casa, ampliando sempre sua atuação também para fora do estado, mesmo que estivéssemos fora da vitrine.

Morro Vermelho
Foto | Arquivo Galpão

Romeu e Julieta foi, na verdade, um espetáculo que alçou o teatro de rua no Brasil a outro patamar estético. Sua construção teve um processo de muitas idas e vindas e contou com a volta de Rodolfo Vaz e a inclusão definitiva de Júlio Maciel, que haviam entrado no grupo durante o processo de montagem de *Álbum de família*. Seu marco inicial começou pelas mãos do arquiteto e filósofo Cacá Brandão (mais um dos que haviam participado ativamente da constituição da Associação Galpão nos porões da antiga Fafich), que nos conduziu, e ao Gabriel, pelo barroco e o maneirismo em aulas peripatéticas pelas ladeiras e adros das igrejas de Ouro Preto.

No começo dos ensaios com o texto, houve um momento difícil em que ficamos presos a uma maneira declamada e pouco convincente de dizer as palavras escritas por Shakespeare. Tudo soava artificial e falso. Foi quando tomamos conhecimento de alguns textos teóricos ingleses sobre a peça que a descreviam como a "tragédia da precipitação". Isso porque, em sua trama, todos os personagens sempre agem antes de pensar e tudo acaba se desenrolando de forma precipitada, como se estivessem à beira do abismo. Outro texto importante, ao longo do processo, foi o das observações do diretor inglês Peter Brook sobre sua montagem de *Sonho de uma noite de verão*, em que ele afirma que o trabalho com o trapézio de circo foi fundamental para que os atores incorporassem fisicamente o verbo shakespeariano, deixando de lado a declamação. A partir daí, Gabriel fez com que todos os textos fossem ditos numa "pinguela" (pedaço estreito de madeira) suspensa a pouco mais de dois metros de altura. A sensação de perigo fez com que nossa energia física e corporal pulsasse de maneira completamente diferente. O jogo tornou-se nervoso, vivo, como se todos estivéssemos perto da queda. A tragédia iminente professada por Artaud mais uma vez nos encontrava. Além do equilíbrio instável das pernas de pau, com os atores tocando instrumentos, a emissão do texto ganhava o corpo e o contorno das vozes alteradas pela situação de risco.

O espetáculo também conclui um ciclo de preparação musical que foi empreendido por nós a partir de 1986. O resultado foi lento e o trabalho exaustivo. Depois de cinco anos conduzido pelas mãos generosas e delicadas de Babaya, com arranjos criados por Fernando Muzzi, o Galpão finalmente conseguiu se apresentar como uma banda que tocava e cantava músicas ao vivo. As modinhas, serestas e valsas executadas por instrumentos como acordeão, violão, clarinete, sax, flauta e percussão foram um dos pontos altos de *Romeu e Julieta*.

Outra virada fundamental durante a preparação do espetáculo foram os ensaios na pequena vila rural de Morro Vermelho, distante sessenta quilômetros de Belo Horizonte. Os dez dias em que acampamos no vilarejo, montando o cenário no chão de terra batida em frente à igreja barroca, foram fundamentais para a definição da estética e dos cortes de texto que precisavam ser feitos. Foi a partir do contato com a cidade que os figurinos foram pintados com tinta misturada com cal, que remetia às casas caiadas da vila. Foi de lá também que veio a ideia das flores de plástico e das cruzes de madeira que fizeram parte da decoração do cenário. Os ensaios, ao final da tarde, eram acompanhados pelos trabalhadores rurais que chegavam da lida e por crianças da cidade. A reação daquele público, que via teatro pela primeira vez na vida, foi fundamental para sentirmos os momentos em que a atenção da plateia crescia ou decrescia. Para um espetáculo que foi, segundo as palavras do seu diretor, "montado para o interior mais profundo do Brasil", as reações do público de Morro Vermelho foram essenciais.

Ensaio de *Romeu e Julieta* em Morro Vermelho
Foto | Arquivo Galpão

Romeu e Julieta estreou sob uma chuva fina e gelada no adro da igreja de São Francisco, em Ouro Preto, mesmo local onde começaram nossas aulas e conversas sobre o maneirismo em Shakespeare e o barroco das Minas. Na apresentação, uma plateia atenta e fiel resistiu a uma hora e quarenta de chuva intermitente que deixou todos encharcados. Na semana seguinte, quando fizemos a abertura do Festival Internacional de Teatro de Rua na praça do Papa, em BH, os dois principais jornais de São Paulo já ostentavam críticas celebrando o espetáculo como um marco do teatro popular brasileiro, na junção da estética de Gabriel com o trabalho do Galpão.

A carreira do espetáculo acabou representando a explosão da celebração do teatro do Galpão, arrastando multidões impressionantes que marcaram o encontro do teatro brasileiro com o público de rua. Logradouros públicos como a praça da Sé e o parque da Independência (São Paulo), a praça dos Correios e a Cinelândia (Rio), o parque Barigui (Curitiba), o parque da Redenção (Porto Alegre), a praça do Papa (Belo Horizonte) e o pátio de São Pedro (Recife) reuniram verdadeiras multidões para receber o espetáculo. Pouco a pouco o trabalho foi conquistando espaço nos principais festivais nacionais de teatro e não demorou muito para que os convites internacionais chegassem. Em 1993, o espetáculo foi o grande sucesso do Festival de Montevidéu, no Uruguai, e a partir daí foi uma sucessão memorável de apresentações no exterior, com destaques para a temporada de uma semana ao ar livre na Plaza Mayor, em Madri, na Espanha, para a circulação por cidades da Alemanha no festival Theater der Welt e para as três temporadas cumpridas em Londres, duas delas no palco do Shakespeare's Globe.

As apresentações no palco do Globe merecem menção à parte, por sua importância e significado. Tudo começou em 1996, quando o grupo foi convidado pelo então executivo da Shell Bob Broughton – criador do prêmio Shell de teatro, promotor do inédito patrocínio ao Grupo Corpo e grande entusiasta da cultura brasileira – para participar do evento "Minas na Inglaterra", no qual apresentamos três sessões do espetáculo numa tenda de circo montada no parque de Battersea. As apresentações foram acompanhadas em sua esmagadora maioria pela comunidade brasileira da cidade, mas foram vistas também pelo *staff* pedagógico do projeto Memorial Globe, que previa a construção de uma réplica exata do que havia sido o teatro de Shakespeare e onde ele havia montado suas principais criações. O projeto, criado pelo ator norte-americano Sam Wanamaker, consistia numa verdadeira reconstituição arqueológica, usando os mesmos tipos de madeira da construção original e modelos de encaixes, sem utilização de pregos ou parafusos. As dimensões do palco e da plateia eram meticulosamente idênticas ao projeto original. Só a localização não era a mesma, mas ficava próxima ao local original, incrustada na região de Bankside, à beira do rio Tâmisa.

Os diretores do núcleo pedagógico do projeto do Globe adoraram o nosso *Romeu e Julieta* e convidaram o grupo para fazer uma visita ao teatro ainda em construção, que seria concluído quase dois anos depois. Passados quatro anos, em 1999, recebemos uma ligação do nosso amigo Paul Heritage, diretor e produtor, falando-nos de um convite para apresentarmos *Romeu e Julieta* no palco do Globe, numa programação de verão que mostraria ao público inglês "versões inovadoras da obra do bardo". Depois de várias negociações, o espetáculo cumpriu duas semanas de temporada no teatro, dividindo o palco com o *Hamlet* estrelado por Mark Rylance, na época diretor artístico do teatro, e com Vanessa Redgrave representando o papel de Próspero em *A tempestade*. Os ingleses, entusiasmados, diziam que havíamos revelado uma veia popular do teatro de Shakespeare que estava um tanto adormecida pela excessiva reverência das convencionais produções britânicas. A montagem fez tanto sucesso que, doze anos depois, em 2012, festejando os trinta anos do Galpão, remontamos a peça para participar do projeto das olimpíadas culturais de Londres, que apresentou as 37 peças de Shakespeare encenadas nas mais diversas línguas dos cinco continentes. A direção do Globe fez questão de que *Romeu e Julieta* fosse novamente representado no evento. Foi a única das 37 peças encenada em português.

Romeu e Julieta foi um sucesso tão grande que quase se transformou numa camisa de força, numa espécie de padrão ao qual deveríamos estar sempre sujeitos. Tão difícil quanto resistir a um fracasso é sair ileso das armadilhas de um retumbante sucesso.

Depois dessa primeira parceria bem-sucedida com Gabriel Villela, o grupo retomou aquela que tinha sido a primeira ideia de montagem com o diretor: a paixão de Cristo montada na rua. A ideia inicial era fazermos uma adaptação do texto *O mártir do calvário*, do autor luso-carioca Eduardo Garrido, que sempre era montado pelas companhias de circo-teatro durante a Semana Santa. Nossos estudos começaram com um mergulho teórico nos textos do padre José de Anchieta. O projeto era uma encenação em que missionários portugueses ensaiavam com indígenas uma montagem da paixão de Cristo, como forma de catequese. Para isso era usada a versão de circo-teatro de Garrido. Nossos estudos começaram com um mergulho teórico nos textos de Anchieta, feito com Cacá Brandão durante uma semana na cidade de Carmo do Rio Claro, terra natal de Gabriel. Quando tudo caminhava para fazermos uma pesquisa longa e aprofundada para o projeto – que prometia unir pontos tão díspares da cultura brasileira como o teatro de Anchieta, a cultura indígena e o circo-teatro –, a tragédia da morte da atriz e fundadora do Galpão Wanda Fernandes abortou nossos planos. Em viagem para Ouro Preto com outros integrantes do grupo, para receber em nome do Galpão a Medalha da Inconfidência, um acidente de carro tirou a vida de Wanda no auge de sua carreira, aos 40 anos de idade. O baque causado por sua perda foi enorme, e o grupo só conseguiu reencontrar um rumo pelas mãos fortes e centralizadoras de Gabriel, que conduziu, a ferro e fogo, a montagem de *A rua da amargura, 14 passos da paixão de Cristo*. O espetáculo, dividido em duas partes, tinha uma abertura musical e narrativa, apresentada na rua normalmente em frente ao teatro. Com quinze minutos de duração, essa abertura contava o nascimento de Jesus a partir da adaptação de uma folia de reis. A segunda parte, apresentada no palco, era a adaptação da peça de Eduardo Garrido, entremeada com músicas do cancioneiro popular religioso de Minas. O espetáculo marcou a primeira parceria do grupo com o maestro Ernani Maletta e também a primeira incursão dos atores nos arranjos do canto coral a quatro vozes.

Foi nesse momento que o Galpão, na esteira do sucesso das duas parcerias com Gabriel Villela, conseguiu seu primeiro patrocínio e parceria mais estável. O que era um sonho acalentado desde a fundação do grupo finalmente se concretizava. Em agosto de 1994, o grupo estreou *A rua da amargura* no Centro Cultural Banco do Brasil (CCBB) no Rio de Janeiro e, em novembro, lançou o espetáculo em Belo Horizonte, numa lona de circo especialmente montada na praça JK, zona sul da cidade. Inaugurava-se ali o primeiro patrocínio de manutenção de um grupo de teatro no Brasil, na parceria com o Banco Credireal de Minas Gerais. Depois de doze anos de existência um tanto precária, fazendo contas que muitas vezes não fechavam e dependendo de apresentações e cachês para assegurar uma quantia mínima para a sobrevivência dos seus membros, o Galpão finalmente conseguia um patrocínio que lhe possibilitava planejar, com um pouco mais de tranquilidade, sua agenda e suas atividades. Desde então o grupo vem conseguindo manter, com algumas interrupções, parcerias com empresas que têm bancado suas atividades e sua manutenção. Depois do Credireal, extinto alguns anos depois, foi a vez da Telemig, da Telemig Celular, da refinaria de Betim da Petrobras e, por fim, da matriz da Petrobras, que vem associando seu nome ao Galpão há dezoito anos.

A paixão de Cristo seguiu os passos de *Romeu e Julieta* e cumpriu uma agenda de muito sucesso, viajando por praticamente todas as principais capitais do país e por vários festivais da América Latina, do Canadá e da Europa. A assinatura de Gabriel na estilização visual do trabalho com o Galpão ficou tão marcante que o grupo passou a ser identificado como "o grupo do

Gabriel Villela". Em 1995, pouco mais de um ano depois da morte de Wanda, o grupo estreou uma nova montagem de *Romeu e Julieta*, com a entrada de Fernanda Vianna no grupo, fazendo a protagonista.

O processo de ensaio de *A rua da amargura* marcou também a entrada de mais atores no elenco, consolidando o coletivo que permanece até hoje no grupo. Procurando arejar a fase de luto e sofrimento pela qual passava o Galpão, Gabriel integrou à equipe os atores Arildo de Barros (que já havia feito assistência de direção em *Romeu e Julieta*), Simone Ordones, Paulo André e Lydia Del Picchia.

Cenário de *A rua da amargura* (Teatro Municipal de São Paulo)
Foto | Arquivo Galpão

Depois de dois anos de intensas viagens e excursões e, por isso mesmo, havia quase três anos sem montar um espetáculo novo, o Galpão decidiu fazer um processo de criação interna. A responsabilidade de conduzir o novo processo coube a mim e o tema escolhido foi a obra e vida de Molière, que se misturaria com a vida de uma trupe mambembe, representando o próprio Galpão. A ideia era falar de nós mesmos e de nossos dilemas, a partir da figura emblemática de Molière, que viveu intensamente o teatro e morreu em cena, fazendo a peça *O doente imaginário*. Cacá Brandão, que havia feito a dramaturgia de *Romeu e Julieta* e se afastara para um doutorado na Itália, retornou e assumiu, junto comigo, a construção do novo texto. As improvisações desenvolvidas pelos atores geraram uma série de situações em que o cotidiano de uma trupe, suas dificuldades e seus percalços se misturavam com cenas de algumas peças de Molière.

Nesse percurso, o dramaturgo e o diretor desenvolveram mais de quinze versões de um texto que insistia em ser uma colcha de retalhos. A falta de pulso e as desconfianças geradas por uma direção interna instauraram a crise. Como um processo de criação essencialmente coletivo, é sempre inevitável que o teatro esteja sujeito a crises, algumas mais suaves, outras nem tanto. Como foi o caso do processo de *Molière*, talvez um pouco mais intenso, fruto da insegurança da direção interna e da sombra dos dois sucessos anteriores do grupo nas parcerias com Gabriel Villela. Uma contribuição fundamental nesse processo de transição em que, de certa forma, o grupo reassume as rédeas de condução de seu próprio trabalho foi a presença da diretora Vivian Buckup, que fez um importante trabalho de supervisão geral da peça, ajudando a repensar o desenho corporal dos personagens e a amarração da sequência das cenas. Também a reorganização da estrutura da montagem, com a presença de Chico Pelúcio como assistente de direção e criador da luz, foi fundamental. Assim, o que parecia sem liga e desarticulado finalmente se amarrava a partir da ideia de começar o espetáculo com o enterro e a ressurreição do próprio Molière, que era então chamado à cena para reviver seu ato final: a morte no palco, vítima de hemoptise, durante a quarta apresentação de *O doente imaginário*. Seguindo um pouco os passos da criação da dramaturgia de *Romeu e Julieta*, em que um narrador contava trechos da trama numa prosódia retirada de *Grande sertão: veredas*, o nosso Molière trazia o caráter de Brás Cubas, de Machado de Assis, escrevendo seu texto "com a pena da galhofa e a tinta da melancolia".

Elenco e equipe de
Um Molière imaginário
(Ópera de Arame - Curitiba)
Foto | Gustavo Campos

A estreia do espetáculo, na abertura do Festival de Teatro de Curitiba em 1997, no frio e distante espaço da Ópera de Arame, recebeu uma acolhida também fria e distanciada da crítica. Uma das poucas exceções ficou por conta da crítica Bárbara Heliodora, que exaltou a revelação da alma festiva e popular do teatro de Molière encarnada pelo Galpão. Apesar dos tropeços iniciais, *Um Molière imaginário* acabou conquistando, ao longo de 12 anos, um sucesso e reconhecimento incomuns. É até hoje o espetáculo do Galpão que mais circulou por diferentes cidades do interior brasileiro.

Consolidando a tendência do grupo de buscar a multiplicidade de linguagens e novos desafios que sempre nos colocassem sob o signo do risco, chegamos à conclusão que o grupo precisava dar mais atenção ao trabalho individual de cada ator, dentro da criação do personagem e da sua relação com a descoberta de um viés individual. A conclusão de todo esse processo de autoanálise foi que o grupo deveria promover uma alteração de rumo: a criação de um espetáculo que priorizasse mais a imersão pessoal dos atores na criação de seus personagens do que uma encenação cheia de recursos que acabavam transformando os atores numa espécie de "marionetes". Foram ciclos que moveram e ainda movem o grupo, como se um novo projeto artístico devesse propor outros caminhos, que fossem ao encontro daquilo que nos é desconhecido. Abandonando os treinamentos fixados pelo teatro antropológico, o Galpão enveredou definitivamente pelo caminho que buscava muito mais a heterogeneidade do que a especialização. A opção pela direção de Cacá Carvalho para fazer *Partido*, o novo projeto do grupo, era a confirmação disso.

Cacá Carvalho e elenco (*Partido*)
Foto | Guto Muniz

A montagem do espetáculo começou com uma série de oficinas criadas por nós mesmos no intuito de levantar ideias cênicas que retratassem as situações e personagens do romance *O visconde partido ao meio*, do autor italiano Italo Calvino. A fábula, acentuadamente simbólica, conta a história do visconde Medardo, que, ao lutar nas cruzadas, leva um canhonaço e tem seu corpo dividido em duas metades, uma horrivelmente má e a outra insuportavelmente boa. Um dos principais dilemas enfrentados por nós e pela direção era "como representar teatralmente a figura de um homem partido ao meio?".

Para criar os figurinos e o cenário foi chamado Márcio Medina, que se tornaria um parceiro constante dos trabalhos do Galpão. Como solução para representar os personagens partidos, Medina e Cacá Carvalho dividiram os corpos dos atores em duas metades diferentes, com figurinos e maquiagens que partiam os atores em dois personagens. Para que o recurso funcionasse, os atores tiveram que se acostumar a representar sempre de perfil em relação ao olhar do público, o que trazia desafios complicados na questão do jogo cênico e da emissão da voz. Para a preparação física, fizemos uma imersão nos exercícios coletivos do método do místico Gurdjieff, que trabalham sequências de movimentos, exigindo concentração, afinidade e sintonia entre corpo e mente.

Partido foi um espetáculo que, comparado a outros trabalhos do grupo, teve uma vida curta. Foi um desafio em vários aspectos, especialmente na questão da adaptação de um romance para a forma dramática e dos impasses de uma criação que deu muitas voltas e sempre envolveu a pesquisa pessoal de cada ator na elaboração dos personagens. Para muitos de nós, o encontro com Cacá representou mais que simplesmente a montagem de uma peça, mas um redimensionamento do compromisso com o teatro e do entendimento da criação artística.

Nesse mesmo período, o Galpão criou o centro cultural Galpão Cine Horto, que ocupou um antigo cinema de bairro desocupado. O espaço, concebido e coordenado até os dias de hoje por Chico Pelúcio, coincidentemente, está situado a um quarteirão da sede do Grupo Galpão. Depois de uma série de reformas, o local passou a ter um teatro multiuso de duzentos lugares, duas salas de aula para ensaios e uma sala de cinema, que mantinha a função original do prédio. O projeto de reformulação do espaço foi concebido pelo cenógrafo Raul Belém Machado. As atividades no Galpão Cine Horto abriram novas possibilidades para o Galpão na troca com a comunidade artística da cidade e também com o público de Belo Horizonte, um dos eixos mais importantes da filosofia de trabalho do grupo. O núcleo principal de suas atividades se deu com o chamado Projeto Oficinão, um curso de reciclagem para atores já formados, que propôs desenvolver, ao longo de um ano, a montagem de um espetáculo a ser apresentado no teatro do espaço. O projeto de construção do espetáculo, sempre acompanhado de aulas de corpo, voz, teorias do teatro, gestão e produção, era uma maneira de também compartilhar a visão de teatro do próprio Galpão.

Encontro do Galpão
com o grupo Armazém
Foto | Guto Muniz

A criação do centro cultural também atendeu a uma demanda interna de desenvolvimento de projetos individuais dentro do grupo que, com frequência, não encontravam espaço nos projetos coletivamente assumidos pelo Galpão. As cinco primeiras montagens do Oficinão, por exemplo, foram conduzidas e dirigidas por atores do grupo que, dessa forma, podiam propor e desenvolver pesquisas próprias. Foi o caso da comédia em Shakespeare, na montagem de *Noite de Reis* e de *O homem que não dava seta*, dirigidas por Chico Pelúcio; de *Caixa-postal* e *A vida é sonho*, dirigidas por Júlio Maciel; de *In memoriam*, dirigida por Júlio, Chico e Lydia del Pichia; e de *Por toda a minha vida*, pesquisa sobre o universo do melodrama, também escrita em processo colaborativo com a coordenação de Abreu e dirigida por mim.

Além de se inspirar na experiência do movimento do Centro de Demolição e Construção do Espetáculo, ocupação de um teatro público no Rio, o Cine Horto dialogou intensamente com as atividades da Escola Livre de Teatro de Santo André, na grande São Paulo, especialmente pela presença de alguns artistas e professores como Maria Thaís, Antônio Araújo e Luís Alberto de Abreu. O chamado método de criação colaborativa, uma espécie de reelaboração mais metódica e organizada da criação coletiva que teve seu auge nos idos das décadas de 1960 e 1970, foi sistematizado pela experiência da Escola Livre. O método trazia a ideia de que cada setor envolvido num processo artístico deve colaborar intensamente com a criação, sem perder sua autonomia e deixando sempre aberto o canal do diálogo e da interação.

O processo colaborativo foi largamente utilizado na criação do espetáculo *Um trem chamado desejo*. Depois da experiência com Cacá Carvalho, nos voltamos para um novo processo de direção interna, dessa vez conduzida por Chico Pelúcio. O trabalho, em princípio, começou com a seleção de um repertório musical com as chamadas "músicas de corno", tocando no tema da fossa ligada às relações extraconjugais e à traição amorosa. O objetivo inicial era montar uma espécie de *pocket show*, em que os atores e o grupo pudessem desenvolver seus dotes musicais. Com o desenrolar dos primeiros ensaios, os atores criaram oficinas em que se esboçavam personagens de uma companhia decadente de teatro musical. Surgiram tipos como o amarra-cachorro da companhia; o ator derrotado, que sonha com a volta aos clássicos do teatro; o sambista, amante da atriz casada com o defensor dos clássicos e que sonhava criar com ela um espetáculo popular de samba; o encenador, que acumulava a função de ponto; o produtor um tanto inescrupuloso; a atriz sem talento, amante do produtor; a ingênua; e o romântico apaixonado por ela. Nesse momento, quando já havia um esboço de roteiro, o grupo convidou

Luís Alberto de Abreu para assumir o desenvolvimento da dramaturgia, e Tim Rescala, que já havia trabalhado com Chico na Cia. Burlantins, para as composições e direção musical. Pouco a pouco, o roteiro foi sendo montado, ficando mais complexo e diversificado. Além das relações amorosas da companhia, o foco se voltava para os malabarismos de uma trupe em dificuldades pela falta de perspectiva econômica e artística. O Galpão voltava ao tema recorrente de falar de si mesmo e do teatro, de fazer teatro em Minas e dos dilemas da sobrevivência, da convivência, do ficar ou ir embora, das conciliações possíveis entre o coletivo e os indivíduos.

Com uma nova parceria nos cenários e figurinos com Márcio Medina, o espetáculo remetia a uma companhia fictícia de teatro musical na Belo Horizonte do final da década de 1920, chamada Alcantil das Alterosas, que tentava a duras penas sobreviver de teatro em Minas. O espetáculo fazia a ligação do teatro com o cinema, visto na peça como uma possível saída milagrosa para o impasse da crise interminável do teatro. O produtor inescrupuloso acabava produzindo um filme mudo, convidando para protagonistas atrizes e galãs conhecidos do grande público, deixando os papéis secundários para os atores da Alcantil. Um filme mudo foi especialmente produzido com a participação de atores famosos e amigos como Maria Padilha, Du Moscovis, Cacá Carvalho e Tim Rescala. O tema do cinema não deixava também de ser uma autoanálise da relação que o grupo mantinha com a sétima arte e a esperança de desenvolver projetos próprios na área.

Ensaio com Babaya e Paulo José
Foto | Arquivo Galpão

Como um pêndulo que vai de um lado para o outro rastreando possibilidades de novas experiências, o grupo retomou as discussões internas sobre a necessidade de encontrar novos desafios e enfrentar riscos. As oportunidades também se faziam sempre importantes na hora das escolhas. Sua breve participação no filme *Pequenas histórias*, baseado nos contos de Guimarães Rosa e dirigido por Pedro Bial, em que o grupo encontrou o ator e diretor Paulo José, deu início a conversas sobre desejos artísticos e à possibilidade de uma parceria. Havia muitos anos envolvido com televisão e cinema, Paulo desejava voltar ao teatro e se interessava cada vez mais por fazê-lo dentro de um processo coletivo de grupo, como havia feito com o grupo Teatro Experiência, de Porto Alegre, e o Arena, primeiro em São Paulo e depois no Rio. Da nossa parte, havia o desejo de vivenciar um trabalho que priorizasse a questão do texto e da fala. Nesse sentido, a formação do Paulo como homem de teatro seria muito importante. Foi a junção da fome com a vontade de comer.

O processo de encontro e diálogo entre as partes foi longo. Paulo montou conosco, ao longo de quase dois meses de ensaios, várias cenas de diferentes estilos teatrais. Paralelamente produziu um documentário dirigido por sua mulher Kika Lopes e por André Amparo sobre os 23 anos de existência do Galpão. A elaboração do documentário incluiu o acompanhamento de viagens do grupo, como a turnê pela Espanha em 1998 e a temporada no Globe em 2000. Tudo foi meticulosamente registrado. Durante as viagens, as conversas artísticas foram amadurecidas e as agendas acertadas. A primeira ideia aventada pelo Paulo foi de montarmos *O círculo de giz caucasiano*, de Brecht. Ele queria voltar aos velhos tempos de Eugenio Kusnet no Arena e repensar o teatro dialético de Brecht diante de nossa época e seus desafios. O projeto acabou não vingando porque a peça precisaria de um elenco muito maior e o grupo mostrou-se pouco receptivo à ideia de convidar mais atores.

Diante do vácuo, alguns atores do grupo sugeriram a realização de um velho sonho acalentado pelo Galpão, a montagem de *O inspetor geral*, de Nicolai Gógol. Uma comédia de erros, bem naturalista, que expõe o cotidiano de corrupção e "pecadilhos" cometidos a torto e a direito pela administração de uma província longínqua da Rússia czarista. O governador e seus secretários ficam apavorados com a notícia da iminente visita de um inspetor geral que viria vistoriar as contas da administração com fins moralizadores. O efeito cômico da peça se dá a partir do momento em que eles confundem o esperado inspetor com um aproveitador endividado pelo jogo, que está preso no hotel sem ter como pagar suas contas pendentes. A princípio, Paulo não viu com muita simpatia a ideia de montar a peça. Possivelmente pelo fato de já ter participado, como figurinista e cenógrafo, numa montagem do mesmo texto feita no Arena na década de 1960. A repetição talvez o deixasse um tanto desmotivado. Para o Galpão, a peça de Gógol, além de um antigo sonho, era uma ótima oportunidade de trabalhar um clássico calcado essencialmente no jogo da palavra.

O resultado do trabalho confirmou a trajetória do Galpão como um grupo que se debruça regularmente sobre os clássicos de forma popular e com espetáculos de grande empatia com o público. Com figurinos de Kika Lopes, que remetiam a uma Rússia engalanada, a montagem situava a trama na fábula com um surpreendente efeito de crítica aos nossos tempos. O espetáculo teve uma ótima repercussão, e trabalhar com Paulo José nos deu a exata medida da importância de um incansável trabalho de mesa sobre o texto. Indicações precisas de como tirar todos os pontos das frases, a busca da pausa psicológica em contraposição à pausa lógica, o entendimento do diálogo como uma constante interrupção de discursos, a necessidade de "esquecer" o texto para que ele possa ser dito vivamente, sem dar a impressão de estar decorado, as palavras como expressão de imagens, as variações de ritmo e intensidade.

Paulo José nos ensaios de *Um homem é um homem*
Foto | Bianca Aun

O processo de trabalho era sempre conduzido de forma profundamente generosa e sem concessões. O exercício diário do ofício com o Paulo era um presente para qualquer ator. Portanto, era natural e inevitável que acontecesse uma nova parceria. Agora sim era a vez de nos debruçarmos sobre a obra de Brecht. Depois de termos começado por um Brecht com *A alma boa de Setsuan*, voltamos a ele pela escola brasileira do Arena e de Eugenio Kusnet, pelas mãos de Paulo José. Não mais o *Círculo de giz*, mas uma adaptação de *Um homem é um homem*, que o próprio Paulo havia feito na década de 1960, contando com o auxílio do tradutor Mário da Silva. O texto faz parte do período de transição do teatro de Brecht, em que ele está em pleno processo de elaboração de sua teoria do teatro dialético. É uma mistura de cabaré, teatro de rua, cenas dramáticas e algumas narrativas épicas, que se entremeiam com uma linguagem intencionalmente cartorial e bíblica em algumas de suas passagens.

A fábula da transformação de um homem comum (o estivador Galy Gay) numa máquina de guerra – que, no original de Brecht, se passa na Índia dominada pelas forças de ocupação do exército britânico – ganhava, na adaptação de Paulo José, contornos mais atuais, com o domínio de um exército ianque sobre a cidade de Dagbá, uma corruptela de Bagdá. A guerra do Iraque e as forças de dominação que derrubaram o ditador Saddam Hussein, instalando o caos e a destruição no país e na geopolítica do Oriente Médio, entravam em primeiro plano. Sem retirar a característica de fábula da obra, que potencializa seu efeito crítico sobre a realidade, a montagem ganhava figurinos, canções e referências que repaginavam seu contexto e sua percepção por parte do público. Fiel ao caráter essencialmente político do teatro de Brecht, a versão escrita pelo Paulo atualizava *Um homem é um homem*, fazendo a peça dialogar de forma direta com a realidade que vivíamos.

Ponto alto na parceria entre o Galpão e Paulo José foi a presença da música nos dois espetáculos. *O inspetor geral* começava com um *pot-pourri* de temas e canções russas, que iam se repetindo com diferentes arranjos ao longo da peça. Já *Um homem é um homem* abria com temas clássicos de Kurt Weill para as peças de Brecht (como a "Moritat") e, ao longo da peça, ganhava contornos épicos e mais vanguardistas com temas escritos por Paul Dessau, todos tocados ao vivo pelos atores. Paulo dizia que a primeira cena de um espetáculo deve sempre relaxar a plateia, passar a tranquilidade de que o público vai assistir a um trabalho de qualidade. Por isso ele gostava de abrir as peças com música, como foi feito tanto no *Inspetor* como em *Um homem é um homem*.

Nossa versão da peça de Brecht estreou num circo montado na Casa do Conde, na região central de Belo Horizonte. O espetáculo sempre guardou uma característica híbrida, sendo apresentado tanto no palco como na rua. Ao longo de sua carreira, chegou a muitas cidades do interior, cujas plateias certamente tiveram contato inédito com uma peça de teatro. Mesmo tendo a temática complexa e um tanto abstrata da transformação de um homem numa máquina de guerra, a montagem conseguia estabelecer uma impressionante comunicação com o público. A experiência de levar Brecht para pessoas que mal conheciam as convenções do teatro, em pequenas comunidades do interior, foi extremamente renovadora para nós como artistas.

O próximo passo para uma nova montagem foi outra guinada de percurso: o Galpão convidou o diretor Paulo de Moraes, do grupo Armazém Cia. de Teatro. Fundado em 1987 em Londrina, no Paraná, o grupo se instalou no Rio a partir de 1998. O Armazém e Paulo sempre tiveram uma relação muito próxima com o Galpão, apresentando com frequência seus espetáculos no Cine Horto e estabelecendo um diálogo artístico permanente com o grupo.

Analisando as últimas montagens do Galpão, Moraes sugeriu que buscássemos "um trabalho mais limpo, desprovido de muita representação e sem a composição marcada por figurinos e maquiagem". Ele queria algo que estivesse mais próximo do homem comum. Nós sugerimos a montagem de *Marat/Sade*, de Peter Weiss. Ele nos propôs a leitura e adaptação de *Maus*, HQ de Art Spiegelman. As HQs são uma referência importante na obra do Paulo e do Armazém. Novos quadrinhos foram sugeridos, especialmente os de Will Eisner. Depois de muitas conversas e algumas leituras, surgiu finalmente uma luz no fim do túnel, quando Paulo trouxe o livro *Achei que meu pai fosse Deus*, do escritor norte-americano Paul Auster. O livro traz relatos verídicos de pessoas contando casos, situações e incríveis coincidências que tratam do "milagre da vida". As histórias haviam sido coletadas para um programa de rádio que Auster comandava nos Estados Unidos. Paulo nos sugeriu que, baseados nessa experiência, também fizéssemos uma campanha em que pediríamos às pessoas que nos mandassem histórias verídicas de suas vidas em que algum acaso, encontro casual ou coincidência tivesse tido profundas consequências que gerassem o milagre de viver. Nasce daí a campanha "Conte sua história".

A campanha foi uma ótima oportunidade de, mais uma vez, renovar e estreitar os vínculos com o público. Ao final, recebemos quase seiscentas histórias, que foram lidas por todos os atores, pelo diretor e por nosso dramaturgo convidado, Maurício Arruda Mendonça – escritor, poeta e parceiro do Paulo e do Armazém em diversas montagens. O processo de seleção foi árduo e buscou encontrar formas de narrativa e temas que gerassem uma maior variedade. O formato final contou com quatro cenas, sendo que uma delas, "Cabeça de cachorro" (em que um menino vivia uma espécie de ritual de passagem da infância para a vida adulta, ao ser obrigado a levar, de sua cidade para a vigilância sanitária em São Paulo, a cabeça de um cachorro de rua que mordera seu irmão), era dividida em quatro partes, que faziam ligações com as outras histórias.

A dramaturgia – construída em sua maior parte sobre cenas apresentadas como fruto de oficinas elaboradas entre os atores, que posteriormente foram desenvolvidas e costuradas por Paulo e Maurício – acabou fazendo um grande painel da sociedade brasileira e suas transformações ao longo da segunda metade do século XX. Nesse sentido, eram nítidas as tensões entre histórias de um contexto mais interiorano, como no caso de "O vestido" (sobre a vida de uma mulher e suas transformações e peripécias contadas a partir de sua paixão por um vestido), e outras nitidamente mais urbanas, como "Casal náufrago" (em que o cotidiano miserável de um taxista e uma manicure é alterado pela possibilidade de vencer um prêmio milionário num programa de televisão). Temas históricos também foram escolhidos, como a participação do Brasil na Segunda Guerra Mundial, presente em "O pracinha da FEB" (em que um combatente da Força Expecicionária Brasileira reconhece em uma assistente social a sobrinha de seu melhor amigo no *front* de batalha, falecido em seus braços). Essas e outras temáticas atuais, como a emancipação feminina e a dissolução do núcleo familiar, geraram uma multiplicidade de formas e desfechos narrativos que sempre buscavam surpreender o público.

Tomando emprestado o título de uma das HQs mais conhecidas de Will Eisner, *Pequenos milagres* – em que são retratadas as vidas de pessoas simples ligadas à comunidade judaica de Nova York –, o espetáculo colocou os atores do Galpão num registro mais próximo do naturalismo, em que é descortinado o universo de pessoas comuns. O cenário, um imenso paredão em que armários vão sendo abertos, revelando os mais diferentes ambientes, criava uma espécie de caixa mágica comum a todas as histórias, realçando-lhes a teatralidade.

A limpeza do naturalismo na interpretação e composição dos personagens em *Pequenos milagres* vai, de certa forma, ser uma ponte para chegarmos ao teatro de Tchékhov e às teorias do método de composição realista desenvolvido pelo encenador Stanislavski. A primeira incursão efetiva pelo universo tchekhoviano se deu quase por acaso, quando o grupo recebeu a visita inesperada em sua sede dos cineastas Eduardo Coutinho e João Moreira Salles. Os dois estavam interessados em encontrar um coletivo teatral para desenvolver o tema de um novo projeto de documentário de Coutinho. A ideia era trabalhar com um grupo com as características do Galpão, no sentido de que tivesse um trabalho sólido, sem estrelas na companhia, com base no coletivo.

Coutinho acabara de lançar, com grande sucesso, o documentário *Jogo de cena*, no qual uma mesma história real era narrada pela pessoa que a havia vivido e por um ator que representava aquilo que ela tinha experimentado. O resultado da edição final foi muito surpreendente, lançando uma luz nítida sobre os limites entre ficção e realidade, num jogo permanente entre memória e representação. Agora Coutinho tinha a intenção de ir além e pensar os mesmos limites dentro do trabalho de construção de personagens e das vidas dos atores que os encarnam.

Depois de mais de seis meses de encontros e discussões, ficou acertado que o grupo ensaiaria uma peça de teatro durante três semanas e que todo o processo de ensaio, preparação e elaboração dos personagens seria filmado. Coutinho, em princípio, sugeriu que o processo fosse conduzido por alguém do próprio grupo, que assim assumiria o papel de diretor. Da nossa parte, vislumbramos aí a oportunidade de fazermos uma parceria com Enrique Diaz, diretor do grupo carioca Companhia dos Atores.

Bel Garcia, Enrique Diaz e Eduardo Coutinho em *Moscou*, de Eduardo Coutinho / VideoFilmes Foto | Bianca Aun

Enrique havia feito uma releitura com seu grupo de *A gaivota*, de Tchékhov. Coutinho, por sua vez, um tanto inseguro com a empreitada de retomar um projeto teatral, seara da qual se via distante havia muitos anos, resolveu optar pela condução de Bia Lessa, artista com quem ele tinha mais proximidade. A parceria acabou não se concretizando por questões financeiras e de agenda, e *Moscou* vai marcar a parceria breve, porém intensa, que o Galpão viveu com Enrique Diaz e Bel Garcia, também atriz e diretora da Companhia dos Atores, que foi sua assistente no projeto.

Dizendo não saber exatamente o que fazer nesse filme nem como fazê-lo, Coutinho propôs para nós, para o Enrique e para si mesmo dar um salto no escuro, afirmando que a única cena que certamente estaria no resultado final seria a do grupo de atores sentados na mesa e recebendo o texto a ser encenado. A única regra da nossa combinação era que só poderíamos saber qual peça seria encenada no primeiro dia de filmagem. Isso de fato aconteceu, e o texto que nos foi apresentado foi *As três irmãs*, escrito em 1900 por Anton Tchékhov e considerado uma das obras-primas da dramaturgia de todos os tempos.

As filmagens de *Moscou* aconteceram ao longo de dezoito dias no teatro, bastidores, camarins e área técnica do Galpão Cine Horto. Conduzido pela direção de Enrique Diaz, todo o processo de exercícios, aquecimentos, improvisações e apresentações de cenas foi filmado por Coutinho e sua equipe, gerando um material de mais de 150 horas de filmagem. Os ensaios, em alguns momentos radicalmente experimentais, revelaram uma grande gama de lembranças, memórias, sentimentos e impressões pessoais dos atores que serviram como base para a construção dos personagens. Numa atmosfera de profunda desesperança e melancolia, as três irmãs – Olga, Irina e Macha – vivem isoladas numa propriedade rural da Rússia e veem seus sonhos de um dia retornar a Moscou naufragarem irreversivelmente. Na edição final do documentário as imagens pessoais de passado, presente e futuro suscitadas pelos atores formaram um substrato significativo na construção da atmosfera de melancolia e decadência inerente à obra.

Como num ciclo que se aproxima e se distancia da verve do teatro popular e de rua, depois de *Moscou* o Galpão voltou às suas raízes. A primeira ideia foi uma parceria com o diretor suíço Daniele Finzi Pasca. A proposta era fazermos uma grande encenação operística baseada em *Pagliacci*, de Leoncavallo, cujo mote da provocação lançada pelo diretor era a pergunta: "Por que cantar nos dias de hoje?".

Daniele e o Galpão eram velhos conhecidos. Nosso primeiro encontro aconteceu no Festival Internacional de Montevidéu, em 1994, quando Daniele apresentava o solo *Ícaro* e nós encenávamos *Romeu e Julieta*. De lá para cá, foram vários encontros, especialmente com Biti (Beatriz Sayad), a integrante brasileira do Teatro Sunil, que sempre esteve muito próxima do Galpão, tendo inclusive ministrado uma oficina para os atores do grupo na nossa sede durante o processo de montagem de *Um Molière imaginário*.

Quando tudo parecia acertado e a produção se preparava para comprar as passagens internacionais das três vindas programadas do Daniele a Belo Horizonte e as várias vindas da Biti, que seria sua assistente, a crise da bolha imobiliária e do Lehman Brothers estourou nos Estados Unidos. O valor do dólar foi repentinamente para a estratosfera, e a produção simplesmente se inviabilizou. O grupo caiu numa espécie de buraco negro no fechamento do ano de 2008. A solução viria com a necessidade de voltarmos para dentro de nós mesmos. Quatro propostas apareceram. Inês se debruçou sobre *Sonho de uma noite de verão*, de Shakespeare; eu elegi *Lisístrata*, de Aristófanes; Chico, uma adaptação de *Hamlet*, proposta em processo de dramaturgia colaborativa em parceria com Luís Alberto de Abreu; e Júlio trouxe uma ideia para a peça *Till*, também de Abreu. Os atores se estruturaram ao longo de um mês de trabalho para que cada oficina fosse montada ao longo de uma semana. O grupo também decidiu que a montagem seria para a rua e que, em cada cena montada, deveríamos utilizar formas e tecnologias passíveis de ocupar o ambiente disperso da rua. Outra decisão tomada a partir das discussões internas do grupo foi que os resultados de todas as oficinas deveriam ser apresentados ao público, que seria convidado a escolher a cena de sua preferência. Mais uma vez o público esteve presente de forma efetiva na construção de um espetáculo do grupo.

As apresentações aconteceram com as mais variadas propostas, como a de um grupo de teatro decadente que é convidado por um político inescrupuloso, de um interior perdido no mundo, a encenar a peça *Esse tal de Hamlet* num evento eleitoreiro; a versão *hippie* e alucinógena de *Sonho de uma noite de verão*; e uma *Lisístrata* com a utilização de andaimes, escadas que verticalizam os atores e simulam máquinas de guerra. No final das apresentações, as duas votações – tanto a externa, do público, quanto a interna, do grupo – definiram a preferência maciça pela montagem de *Till*, a peça de Luís Alberto de Abreu, com direção de Júlio Maciel. Estava decidido o novo projeto.

A proposta da montagem foi uma reimersão na vertente do teatro popular e de rua do Galpão. A farsa do anti-herói Till Eulenspiegel nasceu do desejo de Abreu de pesquisar os heróis da tradição cômica de diferentes culturas. Till tem sua origem na Bélgica e é muito popular também na Alemanha. Trata-se de um herói pícaro que usa das mais diversas artimanhas e golpes para sobreviver, denunciando com suas tramoias a violência e exploração dos poderosos, representados sobretudo pelo poder da Igreja e dos senhores feudais. Na peça de Abreu, tudo começa com uma aposta entre Deus e o Diabo sobre a verdadeira natureza da alma humana.

Usando temas da música cigana do leste europeu arranjados pelo maestro Ernani Maletta, a montagem estabelecia, desde o início, uma festa teatral em que personagens miseráveis e grotescos desfilavam diante dos olhos do público numa Idade Média que em nada se diferenciava da realidade do Brasil atual. O grande desafio da direção era fazer com que a dimensão dramática e trágica perpassasse a camada da interpretação cômica e farsesca. Era preciso deixar viva toda a camada de algo terrível e pavoroso que existe por trás das tiradas cômicas dos cegos que peregrinam em direção à Terra Santa ou das piadas engraçadas do jogo, construídas com muita maestria no enredo da peça. A tendência exagerada de levar em conta o jogo com a plateia e suas reações, aquilo que Paulo José chamava criticamente de "publicotropismo", muitas vezes levava os atores a perder o sentido mais preciso da peça.

Assim como já acontecera no processo de montagem de *Um Molière imaginário*, o grupo se viu novamente diante do desafio de fazer um teatro de rua que se desdobrasse em várias camadas e permitisse múltiplas leituras. Como um tipo de teatro aberto a todos, sem exceção – das mais diferentes idades, níveis sociais e intelectuais –, o teatro de rua instaura essa espécie de utopia momentânea, em que todos se igualam e compartilham, com seus diferentes entendimentos e percepções, um mesmo objeto de fruição artística.

Till, a saga de um herói torto foi a terceira parceria do Galpão com Márcio Medina assinando os cenários e figurinos e Mona Magalhães, o visagismo e as maquiagens. O espetáculo refez e reelaborou todo o percurso das técnicas do teatro popular e de rua do Galpão. Foi uma revisitação do universo dos *clowns*, da *commedia dell'arte*, da farsa e do circo-teatro, numa linha de pesquisa que começou com os primeiros espetáculos de rua e passou pelo *Arlequim*, de Goldoni; *Corra enquanto é tempo*, de Eid; *Romeu e Julieta*, de Shakespeare; *O doente imaginário*, de Molière; e a comédia musical *Um trem chamado desejo*.

Era hora novamente de trocar de lugar. Tentar encontrar novos horizontes. O processo moroso e muitas vezes complicado de discussões e decisões coletivas foi mais uma vez percorrido. O que fazer? Como fazer? Com quem fazer? O que queremos dizer? E por quê? Nas conversas não existia unanimidade possível. Depois de muitas voltas, a maioria decidiu pela divisão do grupo em dois núcleos que desenvolveriam trabalhos distintos. A conclusão foi que precisávamos, de forma cada vez mais urgente, de espetáculos que fossem mais ágeis, com cenários menos volumosos, mais leves e com estruturas mais simples. A divisão se justificou como uma possibilidade interessante de os próprios integrantes do grupo acompanharem um trabalho do coletivo com o olhar de fora.

O primeiro grupo se articulou em torno do nome da atriz e diretora mineira Yara de Novaes, que há vários anos atua no teatro paulista e pertence à nossa mesma geração, que se lançou no teatro no final da década de 1970, início da de 1980. Nosso primeiro impulso foi buscar um texto contemporâneo que trouxesse uma dramaturgia "contundente", atual, e apontasse para um novo desafio na criação dos personagens e na interpretação dos atores. Yara indicou alguns textos mais ligados à tradição anglo-saxônica. Da nossa parte, a busca se direcionou para textos latino-americanos, especialmente argentinos e chilenos. Depois de várias leituras, chegamos a Harold Pinter. Ficamos entre *Festa de aniversário* e *Volta ao lar*. Novas leituras nos fizeram optar definitivamente pela segunda. O projeto, no entanto, foi abortado por conta dos direitos autorais, que já haviam sido comprados por um produtor do Rio. Voltamos à estaca zero.

O desafio passou a ser não só encontrar uma peça, mas também um fio condutor, um tema, gênero ou autor que desse uma unidade à divisão do grupo. Foi então que as coincidências do acaso começaram a agir e apontar um caminho. A primeira foi quando fizemos a leitura de uma adaptação de *Tio Vânia*, de Tchékhov, escrita pelo autor argentino Daniel Veronese para seu grupo. A adaptação tinha o título de *Espia um vulto na janela*. A versão de Veronese, que era bem interessante, acabou nos levando ao original do autor russo. Se a adaptação era boa, o original nos pareceu ótimo. A dramaturgia de Tchékhov cumpria todos os requisitos de um texto contundente, com personagens desafiadores, além de tocar na questão das ilusões perdidas pelo amadurecimento da idade e da passagem do tempo, temas caros a um grupo de atores que já haviam passado dos cinquenta anos.

A segunda coincidência viria algumas semanas depois, com a realização, em São Paulo e Belo Horizonte, do Encontro Mundial de Artes Cênicas (Ecum), inteiramente dedicado aos diretores e pedagogos do teatro russo. A melhor das coincidências ainda estava para acontecer, com a chegada de um dos maiores diretores da escola russa pós-Stanislavski, Anatoli Vassiliev (que havia sido discípulo de Maria Knebel, que por sua vez havia trabalhado com Stanislavski), que viria fazer um trabalho sobre o "método da análise ativa do diretor" com uma oficina focada em *Tio Vânia*.

No mesmo encontro de artes cênicas, algumas atrizes do Galpão – Inês, Lydia e Simone – participaram de uma oficina sobre jogos teatrais com o pedagogo e diretor Jurij Alschitz. O encerramento do Ecum se deu com a visita dos diretores russos à sede do Galpão, onde apresentamos um vídeo sobre nosso trabalho, falamos um pouco da história do grupo e trocamos ideias sobre o teatro, tanto da Rússia como do Brasil. A cachaça de Minas acabou ajudando a romper barreiras culturais e de costumes e fez com que os deuses do teatro dessem as caras. O universo da obra de Tchékhov passou a ser a tônica de nossa conversa, e Vassiliev começou a nos incentivar, reforçando o fato de

Tio Vânia
Foto | Elenize Dezgeniski

Tio Vânia ser uma peça que sempre dá certo e traz bons augúrios. Dois dias depois, após uma palestra do Jurij, os atores do segundo núcleo, ao parabenizá-lo pela fala, de supetão perguntaram: "Vamos falar sobre um possível sonho?". No dia seguinte, estávamos no hotel de Jurij para selar nossa parceria para a montagem de *Eclipse*, segundo espetáculo do projeto de divisão do Galpão em dois núcleos que, desde então, passou a chamar-se *Viagem a Tchékhov*. Estava assim, finalmente, encontrada a necessária unidade que daria uma cara ao projeto dos dois grupos do mesmo Galpão.

A primeira fase do projeto, com *Tio Vânia*, foi desenvolvida na sequência, com ensaios ao longo de todo o segundo semestre do mesmo ano de 2010. O espetáculo estreou em março de 2011, enquanto *Eclipse* ficou para o final do mesmo ano. Dando continuidade ao trabalho desenvolvido a partir da oficina de Vassiliev, Yara e sete atores – Fernanda, Teuda, Arildo, Eduardo, Paulo André, Toninho e a atriz convidada Mariana Lima Muniz – se debruçaram sobre a peça, recriando-a por meio do método da análise ativa. A peça foi dividida em vários fragmentos e, a partir daí, as ações físicas de todo o enredo foram executadas, com poucas falas decoradas. Essa primeira etapa do trabalho se encerrou com os atores encenando todo o percurso da peça, com um entendimento já bastante claro e delineado de todas as ações e intenções que movem os personagens e suas relações.

O passo seguinte, feito depois de umas férias, foi integrar o texto original de Tchékhov à partitura de ações e ao jogo entre os personagens. A entrada do texto, evidentemente, alterou tudo que havia sido feito. Ficamos numa encruzilhada entre a possibilidade de uma leitura mais contemporânea da peça, com uma adaptação mais corporal e menos textual, ou a tarefa de encarar o verbo tchékhoviano. O grupo e a diretora ficaram com a segunda opção. A conclusão foi que assim o desafio seria maior. Já que queríamos Tchékhov, devíamos fazê-lo *comme il faut*, sem barateamentos, na busca de aproximar seu universo de um jogo teatral que nos era familiar.

O desafio foi, e ainda é, grande e bem estimulante. Hoje, com quase cinco anos e mais de 130 apresentações, continua sendo um risco fazer a peça. Isso porque *Tio Vânia* sempre nos exige um estado de representação que não pode ser representado (sob o risco de virar um folhetim) nem tampouco pode vir sem a vitalidade do jogo teatral, como se estivéssemos conversando na cozinha de nossas casas. Encontrar esse "lugar" da peça sempre constitui um desafio, algo que demanda presença e jogo com o público e o espaço, sem qualquer possibilidade de atuar na base do "piloto automático".

O espetáculo fez sua estreia no mesmo festival de Curitiba em que dezesseis anos antes havíamos começado a longa trajetória de *Um Molière imaginário*.

Enquanto o primeiro grupo excursionava por várias capitais do Brasil, a segunda metade do elenco – Inês, Lydia, Simone, Chico e Júlio – dava início aos ensaios do outro Tchékhov, baseado em seus contos. Depois da preparação e apresentação de uma série de exercícios e oficinas criados pelos próprios atores, os ensaios seguiram com a assistência do ator e diretor Diego Bagagal. O Skype se tornou uma ferramenta importante para as observações do diretor e o diálogo com a equipe. Em julho de 2013, enquanto *Tio Vânia* estava se apresentando em Roma, o elenco de *Eclipse* viajou para Berlim para fazer um trabalho no estúdio de Jurij, que também contou com a diretora lituana Olga Lapina como assistente de direção.

Jurij Alschitz e elenco em *Eclipse*
Foto | Miguel Aun

O foco do diretor russo estava mais no percurso que na chegada. Mais que um espetáculo a ser montado, existia um caminho pedagógico a ser desenvolvido e exercitado. Depois da leitura de mais de 150 contos do autor russo e uma quantidade grande de improvisos e propostas de cenas elaboradas pelos atores, o roteiro não se concretizava e o diretor insistia na tecla do treinamento.

Já no Brasil para os acertos finais da montagem, os ensaios transcorreram com uma tensão entre o grupo de atores, que buscavam uma dramaturgia, e o diretor, que acreditava que o mais importante era "aprimorar uma ética da prática teatral" a partir de um treinamento e que a forma de um espetáculo era algo a ser encontrado com certa facilidade, portanto deixado para a parte final do processo.

O roteiro foi finalmente amarrado com base na ideia de um grupo de pessoas enclausuradas numa sala, num dia em que ocorre um eclipse solar. Confinados, os personagens contam histórias e situações retiradas de alguns contos de Tchékhov, como "A groselheira", "O duelo", "A descoberta" e o monólogo de Nina na peça *A gaivota*. O espetáculo traz em sua estética a limpeza e as formas geométricas do futurismo russo, inspirado sobretudo na obra de Malevich. O cenário era composto apenas por uma enorme parede com uma porta onde se via o nome "Checkov" grafado. Os objetos de cena eram cadeiras simples e geométricas que eram manipuladas pelos atores ao longo do espetáculo. Nesse sentido, *Eclipse* aposta no teatro sem qualquer resquício de representação. Os atores contavam histórias como atores e distantes da ideia de personagem. A estética do espetáculo se apresentava sem qualquer adorno. As linhas, os quadrados, os triângulos e os círculos nos remetiam sempre a uma abstração que rejeitava qualquer possibilidade de imitação da natureza.

Gabriel Villela e elenco em *Os gigantes da montanha* Foto | Guto Muniz

A proposta inicial de que as duas montagens pudessem promover um intercâmbio entre as distintas partes do grupo dividido acabou não se concretizando. Na construção de *Tio Vânia*, a direção de Yara sentiu a necessidade premente de um processo de concentração e recolhimento, que tendeu mais para um olhar para dentro do que para uma demonstração de processo. Já a construção de *Eclipse* aconteceu num momento em que o outro elenco estava viajando, cumprindo turnês em outras cidades. A duras penas alguns atores do núcleo de *Tio Vânia* ainda conseguiram acompanhar os exercícios e jogos propostos pela pedagogia de Jurij.

Depois de *Viagem a Tchékhov*, o mergulho no teatro realista e a busca de uma limpeza de formas e meios, numa interpretação mais contida e minimalista, era chegada a hora de apontar a bússola para outra direção. Para isso, a primeira decisão foi montar um novo espetáculo de rua. Algo que nos aproximasse mais uma vez da pujança de uma representação transbordante, voltada para fora. Algo alegórico, carnavalesco, impuro, miscigenado e profundamente brasileiro. As coordenadas nos conduziam para uma nova parceria com Gabriel Villela.

O reencontro, depois de mais de vinte anos, precisava buscar novas motivações, outros desafios e esfinges teatrais. Depois de pensar em *Hamlet* e *Doutor Fausto*, Gabriel acabou nos propondo o encontro com a obra de Pirandello em sua última peça, a inacabada *Os gigantes da montanha*. Na verdade, Pirandello sempre esteve na nossa mira. Quando optamos por Tchékhov, passamos antes por algumas de suas peças, especialmente *Vestir os nus*, *Esta noite se improvisa* e *Seis personagens à procura de um autor*. Sua subversão das formas teatrais, sua síntese entre popular e erudito, seu permanente questionamento sobre o lugar possível do teatro e sua existência na sociedade foram e são elementos determinantes para o nosso interesse em sua obra.

O risco mais instigante foi traduzir a obra mais filosófica e complexa de Pirandello para o público da rua. Ao mesmo tempo, o resgate da parceria com Gabriel – com quem havíamos criado os dois maiores sucessos da carreira do grupo, com um material tão distinto, estranho e provocador – nos pareceu um desafio bem importante. As primeiras leituras, no entanto, revelaram-se um tanto frustrantes para a maioria. Quase todos consideraram impossível levar uma dramaturgia tão complexa como a dos *Gigantes* para o ambiente disperso e para o público da rua. O texto dá muitas voltas, tem muitas camadas narrativas e vem carregado de uma atmosfera surrealista que assustava a todos. Como traduzir esse complexo universo para o homem da rua? Como deixar claro um enredo tão povoado de digressões e filosofia para pessoas que talvez nunca tivessem entrado num teatro e não tivessem a menor intimidade com as convenções da arte teatral, elementos que estão no centro da dramaturgia de Pirandello?

Para começar, precisávamos tornar o percurso do texto claro para nós mesmos. A primeira impressão que ficava era de uma viagem lisérgica empreendida pelo autor na construção da fábula, em que o mundo do teatro (representado pela companhia da condessa Ilse) se encontra com o mundo da magia e da imaginação (a vila governada pelo mago Cotrone). O enigma de quem seriam esses gigantes, um povo empreendedor que acaba por destruir a arte, era outra charada a ser decifrada. Outro elemento fascinante e, ao mesmo tempo, intrigante da peça é seu final em aberto, uma vez que Pirandello, depois de anos escrevendo e reescrevendo a peça, não conseguiu terminá-la, tendo apenas ditado um final para seu filho Stefano no leito de morte.

Francesca Della Monica e elenco em ensaio de *Os gigantes da montanha* (sede do Galpão) Foto | Guto Muniz

Como primeiro passo, passamos uma semana lendo e tentando decifrar toda a simbologia do texto. Quem nos conduziu nessa façanha foi Francesca Della Monica, preparadora vocal, maestrina e filósofa que nos acompanhou durante toda a montagem. Seu vigoroso trabalho, em que se busca um treinamento para a espacialização tridimensional da voz no espaço, foi de grande importância na trajetória do Galpão. Paralelamente aos estudos da peça, Gabriel – acompanhado de Francesca, Babaya e Ernani Maletta – selecionou um repertório de músicas italianas que fizeram a amarração da dramaturgia do espetáculo. A ideia era eleger alguns *hits* bem caricatos da música popular italiana, os grandes sucessos da época do festival de San Remo, como "Il mondo" e "Io che amo solo te", como uma ponte entre Pirandello e o espectador da rua.

Os ensaios aconteceram no espaço do Galpão, ocupado por várias mesas coloniais enormes construídas, na cidade de Passos, no interior de Minas, com madeira de demolição. Em meio a uma verdadeira instalação cenográfica, com panos coloridos e figurinos vistosos, o grupo realizava leituras de mesa buscando encontrar a embocadura de cada fala para cada personagem. Num dado momento do processo, cada ator desenvolveu uma oficina de apresentação de seu personagem, que deveria conter um monólogo, uma música de repertório já selecionada e uma proposta de utilização de três dispositivos cênicos distintos (italiano, elisabetano e de arena) criados pela disposição das mesas no espaço cênico. Durante o processo de criação, Gabriel foi compondo com os atores e José Rosa, seu assistente, os figurinos dos personagens e a disposição cenográfica das mesas no espaço. Para a criação da iluminação, Chico Pelúcio assumiu a função com Wladimir Medeiros.

Com a gradativa construção das cenas, a dramaturgia também foi sendo adaptada. Foi preciso em alguns momentos reiterar o fio da meada. Para isso, narrativas explicativas foram introduzidas e uma das questões fundamentais a serem resolvidas foi a de traduzir cenicamente o final da peça, não escrito pelo autor. Depois de uma série de tentativas, Gabriel optou pela utilização de uma espécie de "gromelô", em que os personagens falavam uma língua inventada. Os atores realizaram, então, mais uma oficina, em que foi criado um "gromelô", inspirado numa prosódia grega. Além disso, um texto foi introduzido depois das últimas palavras escritas por Pirandello ("Eu tenho medo!") explicando sua morte e as circunstâncias que cercaram a construção da cena final.

A estreia de *Os gigantes da montanha*, em Belo Horizonte, foi um verdadeiro fenômeno na carreira do grupo e um marco cultural na cidade. Em seis apresentações, distribuídas em dois finais de semana, na praça do Papa e no Parque Ecológico da Pampulha, o espetáculo atingiu um público de aproximadamente 40 mil espectadores, com multidões espremidas em absoluto silêncio. Só na última apresentação, realizada num domingo, na Pampulha, foram registrados, nas catracas de entrada do parque, mais de 11 mil espectadores. Seguindo a diretriz de sempre levar o teatro para regiões que estivessem fora do circuito cultural, o Galpão foi com *Os gigantes* a cidades do Vale do Jequitinhonha, em Minas, e no vale do rio Tocantins, nos estados de Tocantins, Maranhão e Pará. O encontro com um público que, em sua grande maioria, nunca tinha tido nenhum contato com o teatro comprovou a extraordinária magia do texto de Pirandello.

Enquanto *Os gigantes* circulavam pelos mais diversos pontos do país, o grupo entrou numa espécie de entressafra, em que o próximo passo a ser dado precisava ser discutido e experimentado. Oficinas teatrais foram feitas com artistas como Aderbal Freire-Filho, Newton Moreno e Diego Bagagal. Com Aderbal, trabalhamos um projeto de cena que versava sobre o universo do futebol. Com Newton, fizemos uma oficina de criação de dramaturgias em que cada ator elaborou um projeto de texto pessoal. A experiência deu espaço para que novos desejos pessoais aflorassem e ganhassem contorno. Finalmente, com Diego o trabalho se debruçou sobre o método dos "*viewpoints*", criado pela diretora norte-americana Anne Bogart.

As oficinas, que foram bastante valiosas, não conseguiram apontar uma direção clara. A necessidade da definição de um novo projeto artístico exigia uma concentração que as contínuas viagens tornavam complicadas. Normalmente o Galpão sempre se divide entre duas rotinas que se alternam. De um lado, as viagens e turnês que se estendem por boa parte do país, apresentando o repertório de espetáculos do grupo, especialmente os últimos. Por outro lado, os momentos de criação de espetáculos e experimentações, nos quais os atores se fecham na sala de ensaio, buscando restringir ao máximo a dispersão causada pela circulação. Muitas vezes as duas rotinas acabam brigando entre si.

Ensaio musical
(Galpão e Armazém)
Foto | Guto Muniz

Com relação à circulação, o grupo se ressentia cada vez mais do peso de uma estrutura grandiosa que, muitas vezes, arriscava se tornar inviável. A crise econômica que se abateu sobre o país a partir de 2013 instaurou um clima de insegurança. Alguns atores foram convidados para trabalhos na televisão, que inviabilizaram a conciliação com a agenda do grupo. Diante de um cenário de incertezas, decidimos que era preciso diversificar e tentar criar projetos alternativos. A primeira atitude nesse sentido foi cada ator desenvolver uma cena, por meio da montagem de uma oficina de quinze minutos. O conteúdo apresentado foi uma espécie de proposta de um possível próximo projeto para o coletivo. Vários projetos dos mais diversificados foram apresentados. Os atores perceberam que seria difícil encontrar um denominador comum.

Nos momentos de vácuo o grupo se reunia para desenvolver algum exercício musical. A música sempre funcionou como um elemento agregador para o Galpão. Foi quando começou a ficar mais claro que finalmente havia chegado o momento de realizar aquilo que tinha sido um projeto sempre conversado e acalentado: uma montagem que fizesse uma viagem pelo repertório das músicas utilizadas nos espetáculos do grupo. O projeto de um *pocket show* que esteve na origem da criação de *Um trem chamado desejo* recomeçava, ganhando contornos mais claros. Nas turnês com *Os gigantes* eram frequentes as cantorias em que os atores confraternizavam com o público, especialmente nas pequenas cidades do interior. Numa dessas ocasiões bem especiais, numa noite de lua cheia, num rancho à beira do rio Jequitinhonha, na cidade de mesmo nome, os atores sentiram uma espécie de premonição e decidiram, informalmente, pela ideia de reunir aquele repertório e costurá-lo com alguns textos resultando num sarau poético-musical. As músicas precisavam ser recontextualizadas e a seleção, sequência e natureza dos textos escolhidos teriam que trazer o sentido da peça que queríamos construir. Estava lançada a semente para a criação do espetáculo *De tempo somos*.

Contrariando a agenda de produção do grupo, que não previa nenhuma montagem naquele ano, os atores decidiram fazer um espetáculo sem dinheiro. Para isso era fundamental que tudo fosse resolvido internamente, sem a presença de artistas convidados. A partir daí ficou decidido, por sugestão de Chico Pelúcio, que a direção caberia a Lydia Del Picchia e Simone Ordones, a dramaturgia teria minha supervisão, os arranjos musicais seriam de Luiz Rocha e os figurinos de Paulo André. Seguindo uma tendência da produção teatral brasileira diante da crise, deliberou-se pela produção a custo próximo de zero. O Galpão reafirmou ali seu pacto de continuidade e permanência.

Como de praxe na trajetória do grupo, o trabalho começou com a experimentação por meio da construção de oficinas, de cenas criadas pelos próprios atores com o objetivo de encontrar possíveis caminhos para as montagens. Júlio Maciel dirigiu a cena em que um grupo de atores/músicos de um asilo é homenageado numa festa beneficente, em comemoração aos cem anos de fundação de uma companhia que fez grande sucesso em tempos áureos e já parecia um tanto esquecida. O tema é divertido e faz alusão ao próprio Galpão. No entanto, seu humor cáustico e um tanto escatológico tinha limites, ao retratar de maneira um pouco debochada a questão da velhice depauperada. Simone Ordones propôs uma cena de quadros vivos, em que músicas de temática feminina foram apresentadas.

Paralelamente a esses experimentos cênicos, algumas canções do repertório foram recuperadas. As primeiras a serem resgatadas foram as de canto coral a quatro vozes de *Partido*. As músicas foram pouco a pouco sendo agrupadas em blocos, e os novos arranjos, montados por Luiz Rocha, fizeram com que ganhassem novo sentido. A questão que logo se impôs era: qual o tema do espetáculo? Era importante considerar que a recuperacão das músicas que pontuaram a trajetória do grupo pudesse imprimir novos sentidos que ultrapassassem a mera homenagem autorreferente. Simone propôs a ideia de um movimento cíclico das quatro estações do ano como um parâmetro para a organização das canções e dos textos. Alguns textos trazidos pelos atores, como o "Embriagai-vos", de Baudelaire, e a descrição de Tchékhov pedindo uma taça de champanhe no momento de sua morte, lembrado por sua esposa (a atriz Olga Knipper), apontavam para o tema da criação artística como um estado de embriaguez.

Como um quebra-cabeça em que as peças vão sendo experimentadas e encaixadas de diferentes formas, as músicas e os textos foram se organizando na procura de possíveis sentidos. O significado não estava no ponto de partida, mas no de chegada. O mergulho na história de tantos anos e espetáculos acabava nos remetendo à inevitável passagem do tempo. Tateando sentidos, era inevitável que chegássemos também a uma celebração da passagem do tempo. Com algumas crises de condução, conflitos e deserções típicas de processos internos de direção, o espetáculo foi levantado em três meses de ensaios.

De tempo somos – um sarau do Grupo Galpão estreou em dezembro de 2014 na sala Wanda Fernandes, do Galpão Cine Horto.

Marcio Abreu e elenco em ensaio de *Nós*
Foto | Gustavo Pessoa

Com um repertório de dois espetáculos de rua (*Till* e *Os gigantes*) e um musical apresentado em palcos, com algumas escapulidas para a rua, cabia ao grupo montar agora um novo espetáculo para dentro do teatro. Entre muitas tentativas, extensa troca de mensagens e buscas de conciliação de agendas, conseguimos finalmente marcar uma reunião com Marcio Abreu, diretor da Companhia Brasileira de Teatro, de Curitiba.

Marcio também é um parceiro de longa data do Galpão, tendo apresentado seus espetáculos e ministrado oficinas no Galpão Cine Horto, além de ter acompanhado boa parte de nossa trajetória. No encontro, celebrado na mesa de reuniões do salão de ensaios do grupo, Marcio afirmou que "sim", faríamos o trabalho, e que ajustes de agenda sempre são possíveis quando existe o mútuo desejo de fazer as coisas acontecerem. Perguntado por mim sobre que tipo de trabalho imaginava fazer com o Galpão, ele foi taxativo: "Um trabalho político!". Nesse momento, o país ainda não havia entrado na ciranda política que nos conduziria à forte polarização que culminou com o impedimento da presidente e a chegada ao poder, por via indireta, de uma corrente acentuadamente neoliberal. Depois das fortes e inusitadas manifestações sem causa objetiva de 2013, o país havia passado pela eleição apertada de Dilma Rousseff e a crise econômica dava os primeiros sinais de que estava chegando com força. Foi dentro desse contexto que Marcio nos enviou, por escrito, algumas "provocações" que propunham pensar cenicamente questões como o fora e o dentro, o comportamento público e o privado, a oposição entre o indivíduo e o coletivo e uma situação de um grupo de pessoas que prepara uma refeição coletiva.

No começo de 2015, nos encontramos com a atriz e diretora Miwa Yanagizawa, que ministrou em Belo Horizonte uma oficina chamada "A escuta para o ator". Os exercícios propostos ao longo do trabalho foram improvisações livres de meia hora (marcada no relógio), nas quais três atores recebiam um título ou tema, que era do conhecimento de todos, e uma motivação individual (chamada de "dispositivo") que era revelada em segredo a cada um dos improvisadores sem o conhecimento dos outros. Cada ator precisava cumprir um objetivo coletivo e outro pessoal. O jogo da improvisação, proposto e praticado na oficina de Miwa, caiu como uma luva na abordagem que fizemos das "provocações" sugeridas pelo Marcio.

O primeiro passo dado pelos atores foi a criação de um improviso em que o coletivo expulsava um indivíduo e revertia essa situação, impedindo esse mesmo indivíduo de sair. Ambas eram executadas com violência. Por sugestão de Paulo André, esse indivíduo seria encarnado por Teuda, uma espécie de grande mãe e bode expiatório da construção coletiva chamada Galpão. Tanto o "fora" (o coletivo que expulsa) quanto o "dentro" (o coletivo que não deixa sair) funcionavam com uma grande força teatral. Além desses dois improvisos, apresentamos para Marcio a cena da preparação de uma sopa, na qual cada um expôs seus motivos para que aquela fosse a última refeição feita com o coletivo. A tensão entre o que é público e privado, individual e coletivo gritava por todos os poros do trabalho. Estava lançada a base a partir da qual seria construída a dramaturgia do espetáculo *Nós*.

Paralelamente, Marcio pediu que cada ator desenvolvesse um manifesto que expressasse "como eu reajo diante da ação do mundo em mim". Um novo horizonte bastante amplo se abriu para o trabalho. Temas do cotidiano, como o terrorismo, a violência urbana, a tragédia do rompimento da barragem de minério da cidade de Mariana, o racismo, o preconceito social, a solidão e o individualismo da nossa sociedade, apareceram com força. Depois de um período de silêncio e observação, o diretor começou a intervir de maneira mais efetiva, elegendo dois princípios determinantes para o trabalho: a permanência e a convivência.

A permanência era uma ideia que aproximava o ato teatral da performance, no sentido da vivência radical do aqui e do agora. Viver a radicalidade do momento sem querer se projetar no ponto de chegada, na conclusão. Um ato teatral profundamente comprometido com a presença. A convivência, por sua vez, buscava trazer um teatro totalmente engajado no encontro com o público a construção de uma cena em que o espectador estava indissociavelmente dentro do seu contexto e da criação. Por conta desses dois princípios norteadores, decidimos abrir o trabalho para o público em quatro sessões.

O material levantado foi testado e discutido com o público, que compareceu aos quatro dias de apresentações na nossa sede. A prática dos ensaios abertos mais uma vez se fez presente nos processos de criação do Galpão. Mais que um processo pedagógico e de formação de plateia, foi o próprio grupo e o espetáculo que ganharam com esse intercâmbio.

Já a partir dos ensaios abertos tínhamos a convicção de que o material levantado era bastante sólido e suficiente para a criação do espetáculo. Aproveitando o recesso do período de férias, escrevi um primeiro esboço com diálogos entre um grupo de pessoas que compartilhavam a preparação de uma refeição. Num tom bem cotidiano e risível de conversa, temas como o preconceito racial, a violência contra a mulher e o pânico da vida moderna começavam a aflorar com mais força. O material era levantado na cena e a determinação mais recorrente da direção era: "não queiram dizer nada, simplesmente digam". Na verdade, não devíamos pensar naquilo que estava sendo pronunciado a partir de intenções, mas como uma partitura musical que estabelecia um ritmo muito preciso para todos os diálogos, construídos como discursos interrompidos, que se entrecruzavam de forma simultânea e intermitente. O jogo demandava precisão absoluta. Por trás da atmosfera que aparentava um diálogo sem maiores consequências, em que os assuntos se cruzavam e interrompiam, era necessário encontrar o preciosismo de uma partitura musical. Pouco a

Ensaio de *Nós*
Foto | Fernando Lara

pouco, o diretor foi introduzindo as repetições e reiterações que davam à banalidade dos diálogos uma aura de forma teatral.

Além da preparação da refeição, era preciso encaixar, na estrutura da dramaturgia, os manifestos dos atores, a cena em que Teuda era expulsa e aquela em que ela era impedida de sair. O bordão da canção "Lama", de Aylce Chaves e Paulo Marques, grande sucesso na voz de Núbia Lafayette ("Se eu quiser fumar, eu fumo, se eu quiser beber, eu bebo, não interessa a ninguém"), que foi usada pelos atores na preparação das oficinas, entrou também de forma recorrente, como vinhetas de ligação entre as cenas. O texto não foi pensado como estrutura única, com começo, meio e fim, mas como cenas estanques, independentes do todo.

Durante a fase final dos ensaios, Marcio insistiu muito na questão da "permanência", um estado de presença plena, em que o ator que diz o texto permanece radicalmente no ato presente daquilo que é dito. Os monólogos foram os lugares privilegiados para que esse estado de presença acontecesse. Mais importante que a chegada era estar plenamente presente no percurso. A peça não podia ter um fluxo contínuo. As repetições e interrupções estabeleciam um estranhamento que rompia com qualquer naturalismo ou realismo. A banalidade daquilo que era dito se quebrava com a estranheza criada por lugares de suspensão e expectativas. O título *Nós* dava a ambiguidade de algo que concerne a todos e também aos entraves que destroem a harmonia das convivências. *Nós* estreou no teatro do Galpão Cine Horto, em Belo Horizonte, em abril de 2016, cumprindo temporadas de muito sucesso por várias capitais do Brasil.

A alquimia resultante do encontro do trabalho do Galpão com a direção de Marcio Abreu trouxe tantas indagações, questionamentos e possibilidades de caminhos e pesquisas que tornou inevitável uma segunda parceria, que nos permitisse dar sequência a novas investigações.

Depois do lançamento de *Nós* e de sua circulação pelas principais capitais brasileiras ao longo de 2016, o ano de 2017 foi marcado pelos 35 anos de existência do Galpão. O marco nos exigiu o cumprimento de uma extensa agenda de espetáculos (foram 112 apresentações em mais de 40 cidades), com a apresentação de um repertório de cinco espetáculos.

Mesmo assim, alguns encontros esporádicos com Marcio aconteceram no período. A primeira ideia que surgiu foi a de montarmos uma peça já escrita.

No intuito de encontrar o texto que contemplasse tais desejos, passamos nossas brechas de excursões e turnês lendo textos. Ao final de quase vinte peças lidas e relidas, chegamos a duas que mais nos agradaram: *A câmara fria*, do francês Joel Pommerat, e *Os embebedados*, do russo Ivan Viripaev. As obras dos dois autores nos foram apresentadas pelo próprio Marcio, que já havia montado *Esta criança*, de Pommerat, e *Oxigênio*, de Viripaev.

Mesmo diante de um texto pronto, os princípios do trabalho teatral do Marcio se impuseram. Segundo ele, é preciso reescrever as palavras sem mudá-las. Pensar a leitura como evocação, como algo que precisa revelar alguma coisa que está por trás das palavras. A possibilidade de, a partir da escrita pronta, encontrarem-se novos territórios. Pensar o teatro e a peça em questão como veículo de possibilidade de se acessar o real e não uma verdade. Mostrar e não interpretar. Não querer se esconder como ator na carapuça de um personagem. Para isso, buscar se concentrar muito mais em estar em cena do que "querer dizer algo através da cena". Estar simplesmente, sem querer transmitir mensagem alguma.

Passando por todos esses temas e questões, terminamos 2017 debruçados em leituras de *Os embebedados*, o texto de Viripaev, numa versão que eu havia traduzido do francês. A conclusão a que chegamos era que a peça em que todos os personagens estão bêbados, que revela uma profunda desilusão com as relações humanas e um abismo de solidão e de busca por um outro que nunca se concretiza, não seria suficiente para traduzir nossos desejos em cena naquele momento. Assim, ficou decidido que 2018 começaria com alguns encontros e oficinas para pensarmos na criação de mais um espetáculo com dramaturgia própria.

A retomada se deu com uma série de encontros com intelectuais e ativistas para pensarmos em temas e questões prementes de nossos dias. Newton Bignoto falou sobre apatia e identidade; Leda Martins discorreu sobre a herança negra no Brasil e o estereótipo do embranquecimento promovido pelas classes dominantes; Juarez Guimarães tratou do neoliberalismo e a ameaça à democracia; a militante feminista Marlise Matos fez um panorama sobre a luta das mulheres por direitos e igualdade; e o sociólogo Marco Aurélio traçou um painel da realidade LGBT e sua reivindicação por reconhecimento. No mesmo encontro, a militante travesti Duda Salaberti nos impôs provocações e desafios sobre como tratamos travestis no dia a dia.

As conferências e os debates geraram questões e abriram lugares para novas narrativas. A pergunta que pairava no ar era: como o teatro seria capaz de dar conta de tudo isso? Tantas mudanças e alterações de paradigmas fazem com que o discurso convencional e universalista pareça incapaz de abarcar a realidade. As chamadas pautas identitárias criam fissuras e impõem uma fragmentação. O mundo parece estar de ponta-cabeça, e o próximo espetáculo deve necessariamente refletir esse momento de inquietação.

Paralelamente ao debate de questões atuais, finalmente conseguimos agendar uma oficina com Eleonora Fabião sobre performance, que vinha sendo pensada desde o início da parceria com Marcio. Eleonora é professora de artes performáticas na Unirio e na Universidade de Nova York, e querida amiga desde os tempos em que circulamos pelo Centro de Demolição e Construção do Espetáculo, ao longo da década de 1990, no Rio. Na verdade, somos todos crias desse momento delirantemente criativo, depois de passarmos mais de vinte anos sob as trevas da censura e da mordaça representadas pelo regime dos militares. É assustador perceber como, trinta anos depois, voltamos a enfrentar o ovo da serpente do autoritarismo, que parece se desprender aos poucos e ocupar espaços na sociedade brasileira.

Eleonora trouxe um programa sobre a arte da performance e alguns de seus expoentes mais significativos. Ela nos mostrou e discutiu trabalhos de artistas como o do chinês Sam Hsieh, do americano William Pope e do belga Francis Alÿs, realçando em todas essas ações "a capacidade desses artistas em transformar seus próprios corpos em arenas públicas". E ainda nos provocou, trazendo a proposta de um "rolé Galpão", em que deveríamos fazer uma espécie de compartilhamento de vivências e de experiências "desse coletivo que irradia teatro há mais de 35 anos". A evocação de uma história não na perspectiva de exaltação nostálgica de um passado, mas na perspectiva de futuro, de transgressão e da busca de novos limites. A partir de situações como "levar os instrumentos musicais para passear" e executar três tipos de ações – algo que sabemos fazer, algo que nunca fizemos juntos e tentar realizar algo impossível –, Eleonora nos convidou a visitar um não lugar, um hiato que está entre a representação e a performance, entre a dança, o teatro e a música.

Em suma, o trabalho buscou uma atuação concentrada no presente do presente. Algo que "escape da ansiedade do futuro do presente e da dispersão do passado do presente". A busca por um corpo conectivo em que o ator esteja sempre preparado para se deixar levar pela vibração do acaso. Nesse sentido, o erro é mais que bem-vindo; ele é necessário. A importância de entrar numa zona de indiscernibilidade. A sala de ensaio deveria, assim, transformar-se "num lugar de produção de memória e de reatualização de acasos. Um espaço de experiências em que as convenções ficam suspensas e onde buscamos o ser-no-mundo, o devir, numa permanente vibração entre ficção e realidade. Um *topos* (lugar) de aprendizagem por tentativa, rito de passagem".

Performance de rua
Foto | Fernando Lara

O encontro com Eleonora terminou com a apresentação de um "rolé Galpão". Ao longo de mais de duas horas de um programa executado sem interrupções, passamos por alguns personagens e pelo processo de construção inerente a suas criações. Ao final, em volta da nossa mesa de trabalho, cada ator fez um relato de uma cena ou situação que gostaria que fizesse parte do próximo espetáculo. Curiosamente, algumas cenas descritas no desfecho do "rolé" acabaram fazendo parte do resultado final de *Outros*.

A sequência dos ensaios com Marcio apontou para a radicalização da performance. Diante de um quadro político cada vez mais sufocante e polarizado, com uma forte tendência conservadora, nossa resposta apontou para um trabalho que tem como norte a busca pelo outro e a necessidade da poesia como lugar essencial da arte. Nessa busca pela alteridade, Marcio nos pediu que cada um criasse uma performance individual de rua, cujo mote deveria ser uma ação privada a ser realizada no espaço público. A proposta, instigante, provocou os atores do Galpão a voltarem à rua de uma forma bem distinta. Na verdade, as performances nos colocaram muito mais como ouvintes e provocadores de uma escuta daquilo que vem desse outro da rua do que como atores em estado de representação.

Assim, durante uma semana, nos espalhamos por diversos pontos de Belo Horizonte, criando situações que intervêm no cotidiano das pessoas.

As performances nos colocavam em outro lugar e abriram novas perspectivas e desafios na nossa postura como atores. O encontro com o público tornou-se muito mais aberto e desprotegido. Não havia nada marcado ou ensaiado, mas apenas um programa que precisava ser cumprido de forma bem objetiva. No último dia desse ciclo de atividades, fizemos uma performance coletiva que era levar nossa mesa de trabalho para passear na rua, convidando os passantes a compartilhar conosco a mesa para conversarmos sobre temas que iam desde o transporte público e o trabalho até o direito ao lazer e o cuidado com o espaço público. Numa das paradas, em frente à prefeitura, encontramos com uma manifestação de professoras do ensino básico da rede municipal. Em volta da mesa, elas fizeram um relato comovente sobre as péssimas condições de trabalho que enfrentam e suas reivindicações, protestando contra a brutal repressão de que foram vítimas havia dois anos.

Paralelamente a essas ações públicas, o grupo foi desenvolvendo *workshops* de algumas cenas que foram sendo esboçadas com Marcio – as aulas e a apresentação de uma valsa coletiva que descamba em caos e pancadaria, a tentativa frustrada de um grupo que tenta começar uma cena, mas não consegue, uma vez que todos estão completamente embriagados (uma reverberação do texto *Os embebedados* proposta por Fernanda). Cada ator desenvolvia e apresentava uma aula. Improvisamos uma série de conferências coletivas. As entrevistas também foram largamente utilizadas para a criação de materiais cênicos. Aos poucos, a apreensão de uma alteridade foi se revelando impossível. A dramaturgia se constituiu como impossibilidade, a realização de algo que não se concretizava. Ideias de sobras, retalhos, rastros se confundiam com imagens de desmoronamento, ruína, soterramento, imobilidade, e foram se tornando cada vez mais recorrentes.

Marcio insistia na necessidade de colocarmo-nos em situação radical de performatividade e evitou até o limite qualquer tipo de formatação. Ele acreditava que não deveríamos "fechar" a peça, mas ampliá-la, instaurando, assim, uma experiência que se renova dia a dia. Criamos um *show* com músicas compostas pelos próprios atores. Os temas feministas e de direitos de minorias dominaram as letras das canções. Teuda, que passava por um complicado processo de recuperação de uma cirurgia no joelho, ficou ausente, mas acabou tornando-se tema constante do trabalho. Todos escreveram cartas para ela, que estava no hospital, e as missivas acabaram virando tema do trabalho. A ideia de uma aula gaguejante dada por Toninho, que desembocava num silêncio, deu o tom de um espetáculo que apontava para a impossibilidade de a palavra abarcar o mundo e a realidade em que vivemos.

O elemento físico do trabalho foi se corporificando com cenas em que os corpos de Teuda e Toninho "flutuam" no espaço, conduzidos e sustentados pelos outros atores. Fernanda faz uma dança em que resume todo o desenrolar da peça. A fisicalidade da peça fica ainda mais presente na cena de uma orgia coletiva, em que os corpos se entrelaçam e se sustentam. A estrutura da dramaturgia vai sendo levantada como uma espécie de quebra-cabeças, em que as peças vão sendo trocadas de posição até que se encontre o melhor formato.

Ensaio de *Outros* na sede do Galpão
Foto | Fernando Lara

Os diálogos curtos, entrecortados e extremamente fragmentados acabam constituindo um painel em que dez solilóquios são proferidos ao mesmo tempo. O cruzamento dos textos de cada um com o todo imprimem um sentido coletivo, que vai aparecendo aos poucos, como uma espécie de sinfonia polifônica. Grande parte das situações foi extraída de improvisos em que o tema era falar de alguém que não estava presente.

O conflito entre performance e encenação foi levado até o paroxismo, e tivemos pouco mais de três semanas para levantar o espetáculo como forma (forma que, para Marcio, deve sempre ser deixada de lado em prol da vivacidade performática do momento). Foi nesse momento que apareceram o cenário de Marcelo Alvarenga, a luz de Nadja Naira e o desenho sonoro de Felipe Estorino, que deu forma final aos arranjos criados e ensaiados por Ernani Maletta.

Outros estreou no dia 19 de outubro de 2018, no teatro Wanda Fernandes, no Galpão Cine Horto. Num período conturbado, em meio a uma campanha eleitoral fortemente acirrada, que marcou uma profunda divisão no país e acabou conduzindo à presidência um candidato de extrema direita, que usou e abusou do discurso de ódio e de desprezo aos oponentes, às minorias e à incipiente e frágil democracia brasileira. Por mais que um dos princípios mais determinantes da montagem tenha sido a opção pela poesia como lugar primordial da arte e do nosso estar no mundo, acabou sendo inevitável que fôssemos fortemente afetados por todo esse contexto e que isso se refletisse no material de cena. O retorno do público em nossa primeira temporada em Belo Horizonte confirma a ressonância desses dias de apreensão e angústia em que sentimos o país cair numa espiral de regressão fortemente marcada pelo ressentimento e pelo recalque

Outros agora segue seu caminho, transformando-se no encontro com o público. Assim como o próprio Galpão segue sua estrada, sempre marcada por experimentações e incertezas. Ao longo dessa história, foram 24 montagens, mais de 3 mil apresentações circulando por mais de setecentas cidades de todo o Brasil e 18 países da América Latina, do Norte e da Europa.

O trabalho do Galpão tornou-se uma referência para várias gerações de artistas, não só nos grandes centros, mas também em muitas cidades do interior, muitas vezes deslocadas dos circuitos culturais. Foram inúmeros os relatos de grupos e de artistas que se decidiram pela carreira depois de assistir aos nossos espetáculos ou de encontrar com os atores do grupo em oficinas, *workshops* ou bate-papos.

A trajetória desses 38 anos é uma verdadeira profissão de fé no teatro e na sua extraordinária capacidade de tocar e transformar as pessoas, o público e nós mesmos, numa metamorfose que se faz presente a cada novo encontro. Nesse percurso não faltaram crises, brigas, fracassos e falta de perspectivas, mas sempre foi possível reencontrar o rumo a partir da premissa de que mais importante que cada um de nós é o próprio trabalho, que sempre se pautou por uma ética de grupo. Numa construção coletiva em que todos se fazem igualmente importantes, o resultado reflete o esforço no qual o coletivo sempre se sobressai como a forma mais poderosa e agregadora. Passando por diferentes tipos de organização do trabalho coletivo, o Galpão começou de maneira anarquicamente ingênua, que acabou sendo devorada por suas próprias limitações. Não éramos talhados para uma organização coletiva, sem um comando e uma divisão de funções mais definidas. Isso não impediu que nós, enquanto atores, tivéssemos sempre uma postura ativa, autoral e determinada diante da criação em todos os seus níveis e meandros. O Galpão tem a característica única de ser um grupo de atores que vêm envelhecendo juntos em cena. Assistir aos espetáculos do grupo ao longo dessas quase quatro décadas é testemunhar a experiência de um conjunto que amadureceu montando seus inúmeros espetáculos. A conformação dos doze atores que compõem o Galpão nos dias de hoje data de 1995.

A prática das montagens acabou configurando o Galpão a ser um grupo de atores sem diretor fixo, que, em consequência disso, convida outros diretores e artistas para conduzir suas aventuras teatrais. Isso não impossibilitou, em vários momentos, que os próprios atores do grupo assumissem o comando da direção. Isso, necessariamente, deu à nossa pesquisa teatral uma característica mais próxima da diversificação que da especialização. Não existe um único caminho, e sim muitas e diferentes possibilidades, estilos, práticas e maneiras de enxergar o teatro. Essa característica um tanto vira-lata de encarar o teatro seria mesmo inevitável para um grupo de atores que forjou sua matéria de vida a partir da confusão impura das ruas. Essa capacidade de ser influenciado, travestir-se, transformar-se a partir do outro, devorar e ser devorado por tantos encontros e diferentes escolas fez o teatro do Galpão ser profundamente brasileiro em sua vocação volátil para estar em permanente transformação.

Final da peça
Corra enquanto é tempo
Foto | Gustavo Campos

Essa história não se encerra aqui. Ela segue, sabe-se lá até quando. Que seja intensa enquanto dure. A partir de certo período, as pessoas passaram a nos questionar, com certa frequência, sobre a questão da continuidade e da necessidade de deixar um legado. Por vezes, é muito difícil enxergar e traçar um futuro numa arte transbordante de presença, no aqui e no agora, como o teatro. Não há nenhum sinal de terra à vista. As incertezas são muitas e cada novo espetáculo significa sempre o encontro com o espaço vazio a ser preenchido por nossas presenças. A única certeza que fica é que, mais importante que esse enorme trabalho que nos moldou como artistas e nos permitiu espalhar pelos quatro cantos do mundo a chama da arte e do teatro, esses 37 anos do Galpão nos possibilitaram viver primordialmente a utopia do lugar da poesia no mundo e em nossas vidas, daquilo que poderia ter sido em contraposição àquilo que é ou ao que tem que ser. A luz da sempre inútil poesia que, ao contrário da aridez do dia a dia da história, nos alça a outro lugar, o lugar da imaginação, do sonho e, por que não dizer, da liberdade absoluta.

Integrantes do Galpão em frente à sede (2017)
Foto | Guto Muniz

A CONVICÇÃO ARTÍSTICA ENDEREÇADA DA RUA PITANGUI | Valmir Santos

– Como é que você encara o problema da maturidade?

– Tem um verso do Drummond que diz: "A madureza, essa horrível prenda"...

Não sei, Clarice, a gente fica mais capaz, mas também mais exigente.

Tom Jobim entrevistado por Clarice Lispector[1]

O Grupo Galpão nasceu sob o signo manifesto do poder da arte popular. Esse aspecto é constitutivo da visão de mundo dos atores que lhe dão liga e do fazer teatral pensado e exercido desde novembro de 1982. Filho do tempo histórico nacional premido pela decretação da controversa Lei da Anistia (1979) e pelo civilizatório movimento das Diretas Já (1983-1984), o conjunto de Belo Horizonte exibiu seus primeiros espetáculos em praças e parques em pleno período de redemocratização do país. A trágica derrota da emenda parlamentar por eleições livres para a Presidência da República – numa Câmara dos Deputados deveras acovardada – tampouco arrefeceu o princípio ativo que levou os componentes a nutrir uma dimensão humanista e antever ações para democratizar, aí sim, o acesso à cultura.

À luz desses 38 anos fica mais evidente o quanto o projeto estético segue ancorado nos desígnios técnicos, formais e temáticos do teatro popular forjado segundo as especificidades da cultura regional mineira, mas não só, transversal a tradições de outras regiões do Brasil e do mundo. Independentemente da pesquisa, da linguagem ou do procedimento criativo, toda obra gestada no Galpão traz, em gradações combinadas ou isoladas, a pregnância barroca de

1. Clarice Lispector, "Minhas sinfonias estão inéditas", *in*: Claire Williams (org.), *Entrevistas/Clarice Lispector*, Rio de Janeiro: Rocco, 2007, p. 110. Reprodução de diálogo com o compositor Tom Jobim publicado na revista *Manchete* em 21 de setembro de 1968.

cores, sonoridades, volumes e outras emanações corporais, sensoriais, imagéticas, musicais e verbais. Mesmo o mais formalista dos espaços cênicos vazados é imbuído dessa aura única.

Esta pensata espera contribuir para dissipar um preconceito corrente na cena contemporânea nacional de confinar o teatro popular a um repertório vulgar, mesmo quando a memória do Galpão evidencia robustos exemplos contrários. O desprezo salta das entrelinhas da recepção crítica jornalística ou das investigações acadêmicas; pode ser entreouvido junto aos parceiros artísticos; e inclusive afeta a autoestima do grupo. Afinal, por que distinguir as peças, se popular ou erudita, a essa altura de notável biografia artística? O *site* do grupo reafirma a origem "ligada à tradição do teatro popular e de rua" e, por analogia, o comprometimento em dialogar "com o popular e o erudito, a tradição e a contemporaneidade, o teatro de rua e de palco, o universal e o regional brasileiro"[2]. O binarismo latente talvez tivesse nexo nos primeiros passos de autoafirmação, mas não para mais em pé.

Dado o grau de maturidade dos atuais sete atores e cinco atrizes, classificar o que é erudição ou popular não se coaduna com as fronteiras estéticas e temáticas já transpostas, por um lado, e o reconhecido talento para amalgamar as mais díspares áreas de interesse e expressão, por outro. A porosidade virou a prova dos nove no percurso das concretudes poéticas da cena, pulsando o desenvolvimento e a alteridade individual e coletiva. Que a narrativa a seguir dê conta do aperfeiçoamento técnico permanente e da perseverança na excelência artística independentemente do material, do formato ou do gênero sobre o qual a equipe criativa se debruça.

Antes, convém brevíssima contextualização histórica. Em sociedades divididas em classes, o desdém da chamada alta cultura pela cultura popular é objeto de estudos e discussão desde pelo menos o final do século XVIII. Transformações socioeconômicas irradiadas da Europa a partir da Revolução Industrial (quando delineadas as classes operária e empresarial) e a eclosão da Revolução Francesa (ascensão da burguesia e fim da monarquia absoluta) sedimentaram o capitalismo, estendendo-o a países colonizados como o Brasil. Os reflexos por aqui são conhecidos desde a transição dos quase setenta anos de regime monárquico para os atuais 130 anos de vigência republicana.

2. Extraído da aba "Apresentação". Disponível em: <www.grupogalpao.com.br>. Acesso em: 10 nov. 2019.

Em 1954, o escritor e ensaísta Roland Barthes (1915-1980) foi instado a definir o teatro popular numa publicação que circulou durante o Festival de Avignon daquele ano. O papa das teorias semiológicas assim *resumiu a ópera*: "Direi de imediato, e numa palavra, que o teatro popular é aquele que obedece a três obrigações concorrentes, cada uma das quais, tomada à parte, por certo não é nova, mas de que só a reunião pode ser inteiramente revolucionária: um público de massa, um repertório de alta cultura, uma dramaturgia de vanguarda"[3]. As três obrigações do autor de *Fragmentos de um discurso amoroso* são, em alguma medida, verificáveis nos trabalhos do Galpão. O resguardo da centelha do amadorismo – nenhum artista deveria abandonar a condição daquele que ama o ofício, apelava o pensador Jacques Copeau (1879-1949); a singularidade na apropriação de *Romeu e Julieta* em profícua relação com o diretor Gabriel Villela, obra-prima que culminou em temporadas londrinas no Shakespeare's Globe Theatre; e a pré-infância brechtiana, especialmente realinhada na vida adulta pelas mãos e pelos *insights* do ator e diretor Paulo José, esses três fatores esmiuçados linhas adiante já embasam razões de sobra para referendar o caráter popular expansivo da identidade artístico-cultural do Grupo Galpão.

A partir do oitavo ano, ou do nono espetáculo, contando de *Álbum de família* (1990), houve sensível progresso no assumido tripé formado por rigor, pesquisa e busca de linguagem na ocupação de salas ou espaços ao ar livre. As montagens não necessariamente "possuem grande poder de comunicação com o público", como informa seu *site*, atribuindo valor absoluto à recepção das obras. Em vez disso, presumimos que o espectador constante da cidade natal – termômetro mais aferível – foi como que reeducando sua percepção na presença de procedimentos inovadores descortinados a cada processo, independentemente da pegada clássica ou contemporânea – eis a dicotomia novamente grudando em nossos calcanhares. As abordagens do Galpão que tivemos a chance de acompanhar desde *Romeu e Julieta*, exercendo o jornalismo, jamais renunciaram a avançar sobre territórios desconhecidos, princípio incontornável à arte.

Vale abrir aqui uma inspiradora janela dionisíaca. Um dos programas político-culturais que o incansável diretor José Celso Martinez Corrêa há décadas ambiciona para o Teatro Oficina, em São Paulo, consiste em ver brotar no terreno lateral um "teatro de estádio" com assentos

---

3. Roland Barthes, *Escritos sobre teatro*, São Paulo: Martins Fontes, 2007, p. 109.

para milhares de espectadores – já se falou em 2 mil ou em 3,5 mil pessoas. A ideia, projetada pela arquiteta Lina Bo Bardi (1914-1992), mas jamais executada no quarteirão da rua Jaceguai, no bairro do Bixiga, é tributária do pensamento antropofágico do escritor modernista Oswald de Andrade (1890-1954), à maneira das edificações gregas da Antiguidade que valorizavam o espaço aberto. Pois em Belo Horizonte a praça do Papa, no bairro de Mangabeiras, costuma receber público acima desse teto em apresentações do teatro de rua do Galpão. Tem sido assim desde a estreia local de *Romeu e Julieta* em 12 de setembro de 1992[4]. Aos olhos de hoje, um registro em branco e preto daquela sessão, pelas lentes da fotógrafa Magda Santiago, nos acorre ao materializar a convicção popular da prática e do pensamento artístico que pautam essa caminhada de fôlego.

Naquela foto vemos dezenas de rostos em sobreposição, como no quadro *Operários*, de Tarsila do Amaral (1886-1973). Em vez dos olhares cansados, porém, o que desponta é a expressão vivaz das pessoas sentadas no morro circundante. Em primeiro plano, postada na plataforma de madeira sobre o capô da Veraneio "Esmeralda", Julieta acarinha Romeu, que se achega montado em perna de pau. Vinte anos depois, a imagem protagonizada por Wanda Fernandes (1954-1994) e Eduardo Moreira inspirou o documentário em média-metragem *Flor, minha flor* (2012). Testemunhas oculares rememoraram as impressões guardadas da primeira apresentação oficial, conforme roteiro concebido pelo ator Chico Pelúcio, integrante do Galpão e codiretor com o

Wanda Fernandes e Eduardo Moreira em *Romeu e Julieta* na praça do Papa, Belo Horizonte (1992)
Foto | Magda Santiago

4. A montagem de *Romeu e Julieta* teve pré-estreia em 4 de setembro de 1992, sob frio e chuva, ao lado da Igreja de São Francisco, na cidade de Ouro Preto, acompanhada por cerca de 500 pessoas abrigadas no entorno do adro sob guarda-chuvas e marquises. Antes, em julho do mesmo ano, aconteceram ensaios abertos em frente à Igreja de Nossa Senhora de Nazaré, em Morro Vermelho, vilarejo da cidade de Caeté.

cineasta Rodolfo Magalhães. Em tempo: modelo 1974, de cor vinho, "Esmeralda" mambemba desde 1987 em bom estado de conservação. Incrível a sacada dos criadores ao subverter o uso do modelo de carro de quatro portas que podia levar até nove pessoas e era associado às viaturas policiais nos anos 1970 e 1980.

Os suportes da cena ao vivo, do fotograma e do filme citados há pouco refletem a capacidade de desdobramento espaçotemporal nas ações do grupo, traquejo adquirido na escola da rua, e a diligência para com a roda espontânea de público desde o primeiro espetáculo, *E a noiva não quer casar*, estreado em novembro de 1982, em pleno regime civil-militar que assombraria por mais três anos. Circunstância que não esfriou o ímpeto dos atores-fundadores em ousar ocupar o espaço público, em tese interditado pela ditadura. Levado à praça Sete, no Centro, *E a noiva não quer casar* foi considerado o primeiro espetáculo de rua escalado para a Campanha de Popularização do Teatro, uma tradição de quase meio século na cidade.

Essa peça nasceu do improviso com figurinos desgastados que Eduardo Moreira trouxe numa mala, herança do fundo do guarda-roupa da família. O vestido de noiva de uma tia logo serviu de mote para a farsa dos pretendentes de Floribela. Na criação coletiva com texto final de Moreira, a moça interpretada por Wanda Fernandes contraria as ordens do pai e diz não ao matrimônio de cabresto, preferindo ser feliz como passista de escola de samba. Para além da mirada feminista do roteiro, as soluções fruíram imantadas pelo pretexto de se colocarem em prática conceitos e técnicas do universo circense assimilados durante treinamentos técnicos e jornadas criativas a cargo de dois artistas alemães do Teatro Livre de Munique, o Freies Theater München (FTM), intermediados pelo Instituto Goethe da capital mineira.

Duas oficinas permeadas por técnica de voz, expressividade corporal, ritmo, improvisação com objetos, jogo com malabares, acrobacia e equilíbrio sobre pernas de pau serviram de arrimo à preparação do espetáculo *A alma boa de Setsuan*, de Bertolt Brecht (1898-1956), encenado no palco do Teatro Francisco Nunes, situado no parque Municipal. O pacote pedagógico foi desfrutado com suor e disciplina em três diferentes etapas, entre março e outubro de 1982, à guisa de um prólogo extraordinário para o quinteto promissor que daria corpo inicial ao Galpão, ao lado de outros colaboradores eventuais ao longo da história, como em qualquer movimento evolutivo de uma experiência artística gregária.

O coreógrafo George Froscher (1927-2015) trouxe na bagagem atuação com o compatriota Kurt Jooss (1901-1979), precursor da dança-teatro e professor de Pina Bausch (1940-2009), bem como a experiência de três anos com o lendário grupo estadunidense Living Theatre (1959-1962). Quem o acompanhou nas incursões por Belo Horizonte foi o *performer*, diretor e arquiteto Kurt Bildstein. Ambos fundaram o FTM em 1970, companhia e espaço ativos em Munique até hoje, com mais de sessenta produções no currículo. Pode-se imaginar o quanto os oficinandos viram-se impactados pelas atividades formativas do intercâmbio internacional em casa. Implicou choques culturais não apenas em termos de idioma, mas principalmente quanto aos pressupostos do fazer artístico para Antônio Edson, Eduardo Moreira, Wanda Fernandes, Teuda Bara e Fernando Linares (este, argentino recém-radicado, não pôde participar da versão de *A alma boa de Setsuan*, mas viria a atuar em *E a noiva não quer casar*). Como anota o professor da Escola de Arquitetura da UFMG, Carlos Antônio Leite Brandão, no livro em que alinhavou os primeiros quinze anos do grupo:

> Aprender a andar na perna de pau é a própria metáfora dessa necessidade de conviver e superar situações de limite e risco. Despertava-se nos jovens atores a vontade de viver *do* teatro e *para* o teatro, de conferir ao seu trabalho uma permanência mais fértil do que a imediaticidade requerida em cada montagem e mais sólida do que o desemprego iminente que ameaça um elenco quando este se dissolve ao final de um trabalho[5].

A alma boa de Setsuan (1982)
Foto | Roland Schaffner

É instigante a travessia involuntária pela dramaturgia de Brecht e pelo seu respectivo campo teórico numa peça que colocava em xeque a noção de bondade, ainda por cima numa adaptação mediada pelos artistas e pedagogos originários do mesmo país do autor. A parábola, que teve apenas nove sessões, versava sobre a dupla personalidade de

5. Carlos Antônio Leite Brandão, *Grupo Galpão: 15 anos de risco e rito*, Belo Horizonte: 1999, p. 23.

Shen Te, prostituta agraciada pelos deuses com a oportunidade de abrir uma tabacaria. Tamanha generosidade atrai pedintes de toda ordem à cidade chinesa de Setsuan. Com o assédio desembestado ela decide travestir-se de um primo distante incumbido de colocar o negócio em ordem. Embaralham-se medos, desejos, fraquezas e anseios, sentimentos caros aos jovens artistas, que de fato aprenderiam a contracenar com todo tipo de adversidades e encantos em paisagens urbanas ou rurais.

Após o espírito amador seminal, o reencontro com a obra de Brecht só se daria aos 23 anos de atuação profissional do Galpão, em 2005, com a adaptação de *Um homem é um homem*, segunda parceria com o diretor Paulo José. Em tempos politicamente conturbados, esse artista formado na aproximação da arte teatral com a realidade brasileira trabalhou em dois agrupamentos-chave. No Teatro de Equipe (1958-1962), em Porto Alegre, foi um dos fundadores e contracenou com Paulo César Pereio, Ítala Nandi e outros. E no Teatro de Arena (1953-1974), em São Paulo, na primeira metade da década de 1960, esteve ao lado, entre outros, de José Renato (1926-2011), Augusto Boal (1931-2009) e Gianfrancesco Guarnieri (1934-2006), sentindo no cotidiano os efeitos do golpe militar.

"A verdade é que estamos sempre à beira do precipício"[6], disse Paulo José numa conversa com os atores do Galpão, em 2002, sobre a angústia na hora de definir um próximo trabalho: adaptar uma prosa literária, criar uma dramaturgia a partir de um tema ou encarar uma peça pronta. Era o pontapé para as trocas de quatro anos consecutivos (2002-2005), compreendendo a imersão de dois meses no estudo de textos e o experimento na criação de cenas curtas e performances – colagem que desaguou em rara sessão única para trinta convidados, à qual voltaremos mais adiante –, uma espécie de "esquenta" para as encenações de *O inspetor geral* (2003) e *Um homem é um homem*. Paulo José declarou admirar o grupo por aderir à manutenção de repertório, pela maneira como "conciliava pesquisa, sobrevivência, teatro popular, longevidade"[7], virtudes por meio das quais tem se destacado no panorama das artes cênicas do Brasil.

---

6. Eduardo da Luz Moreira, *Grupo Galpão: diário de montagem – Encontro com Paulo José*, Belo Horizonte: Edições CPMT, 2014, v. 5, p. 15.

7. *Ibidem*, p. 15.

Natureza ou condição do que é outro

Entre os anos de 1988 e 1990 houve particular concentração de acontecimentos que alargaram os horizontes do Galpão relativos às ideias do teatro, à infraestrutura e ao autoconhecimento. O tronco enraizado nas artes da rua e do circo ganhou novos galhos, fortalecendo a árvore para as estações de folhas frondosas ou ressequidas, pois que a vida é ciclo. Em 1988, os atores aportaram no Peru como participantes do 8º Encontro Internacional de Teatro de Grupo, ou Reencontro Ayacucho, realizado entre 19 e 27 de setembro no povoado andino de Huampaní, a 35 quilômetros de Lima. Tendo como anfitrião o coletivo limenho Cuatrotablas, dirigido por Mario Delgado (1947-2016), o evento contou com forte articulação do diretor do grupo dinamarquês Odin Teatret, o italiano Eugenio Barba, cujo pensamento, sobretudo na perspectiva da antropologia teatral, influenciou teatreiros da América Latina e do Caribe desde meados da década de 1970. Naquela época Barba cunhou o conceito de "terceiro teatro" (por associação ao Terceiro Mundo) para designar a perspectiva sociopolítica dos modos de produzir, pesquisar e criar em grupo, o que deu margem a supor mimetização das próprias técnicas do Odin Teatret. Seguindo a tônica de então, a cultura do terceiro teatro seria diversa da dos chamados teatro comercial (circuitos nova-iorquino da Broadway e londrino do West End, por exemplo) ou teatro de vanguarda (anticonvencional, inclinado à inovação, vide a obra do irlandês Samuel Beckett, 1906-1989; mas, pensando bem, seria plausível usar a mesma régua para medir o legado do inglês William Shakespeare, 1564-1616).

O Galpão ficou ressabiado com certo viés eurocêntrico e a recorrência da atuação com pendor ritualístico e ênfase no trabalho físico em espetáculos, performances ou intervenções apresentados naqueles dias por mais de trinta grupos, em meio à diuturna agenda de práticas formativas e reflexivas. Eduardo Moreira observou que *A comédia da esposa muda (que falava mais que pobre na chuva)*, produção de 1986, quinta na linha do tempo, saracoteou os corpos e mentes de quem compareceu ao retiro artístico em Huampaní: "O público, provavelmente esgotado de tanto teatro 'cabeça' e cheio de trejeitos e técnicas antropológicas, chegou ao delírio com as *gags* e palhaçadas. Lembro-me do transbordamento de festa e alegria, com várias pessoas se manifestando ruidosamente"[8].

8. Eduardo da Luz Moreira, *Grupo Galpão: uma história de encontros*, Belo Horizonte: DUO Editorial, 2010, p. 75.

Mentor do conceito de "teatro pobre", reduzido às essências do ator e do público, despojado de outros elementos, o diretor e pensador polonês Jerzy Grotowski (1933-1999) – de quem Barba foi assistente na Polônia antes de fundar o Odin Teatret em 1964 – seria o homenageado do Reencontro Ayacucho, mas as condições de saúde o impossibilitaram de comparecer. Em 1989, no ano seguinte, finalmente aconteceu o *tête-à-tête* de Grotowski e do Galpão. E em dobro. Após uma turnê de dois meses pelo interior da Itália, percorrendo ao menos quinze cidades a convite de uma associação de teatros de grupo do país, os atores foram recebidos por ele no Centro per la Sperimentazione e la Ricerca Teatrale di Pontedera, cidadezinha da região Toscana que havia três anos o abrigava, e também ao seu instituto internacional de pesquisa avançada, inicialmente intitulado Workcenter of Jerzy Grotowski e, desde 1996, Workcenter of Jerzy Grotowski and Thomas Richards. Como ocorreu com os demais grupos presentes, os atores o homenagearam com um *pot-pourri* de músicas folclóricas puxado por "Peixinhos do mar".

"A récita foi estranha. Na verdade, sentimo-nos como peixes fora d'água. Ao final, aplausos e certo olhar colonialista dos velhos europeus diante de um grupo de teatro de rua do Brasil"[9], interpretou Eduardo Moreira. A segunda troca presencial, apesar de distanciada e ainda mais formal, se deu duas semanas depois, em Modena, quando foi possível acompanhar uma conferência do diretor inglês Peter Brook dedicada a Grotowski, ali presente. Brook chamou uma das últimas fases da trajetória do teatrólogo polonês de "arte como veículo", em que as artes dramáticas seriam consideradas como canal para o autoconhecimento.

Nesse sentido, as investidas peruana e italiana do Galpão serviram-lhe de contraface ao que se sabia a respeito de organizar, administrar e produzir teatro em grupo[10]. Escancarou-se assim um admirável mundo novo capaz de viabilizar a verticalização do fazer e do saber artísticos.

---

9. *Ibidem*, p. 77.

10. Em diferentes momentos de sua história, o Grupo Galpão articulou-se a outros pares da cidade, do estado ou do país no fortalecimento do teatro de grupo como uma das categorias mais relevantes da produção brasileira contemporânea. Esteve presente no 1º Encontro Brasileiro de Teatro de Grupo, em 1991, em Ribeirão Preto (SP), ciceroneado pelo grupo local Fora do Sério, ao lado dos icônicos Grupo Imbuaça (SE), Tribo de Atuadores Ói Nóis Aqui Traveiz (RS) e Grupo Sobrevento (SP), entre outros. No mesmo ano, participou da criação do Movimento de Teatro de Grupo de Minas Gerais. O centro cultural Cine Horto sediou as duas primeiras das cinco edições dos encontros do Redemoinho – Movimento Brasileiro de Espaços de Criação, Compartilhamento e Pesquisa Teatral (2004-2008).

Sob tal ótica, aliás, "o que mais nos encantava era a maneira como alguns grupos conseguiam manipular cenicamente a música em seus espetáculos"[11], admitiu Eduardo Moreira. Logo, é a afetação que move as interseções grupais, olho no olho ou institucionais, independentemente das afinidades ideológicas, estéticas. Como relatou a produtora Daniele Sampaio em sua dissertação[12], Grotowski não se avexava de negociar pessoalmente com representantes da Fundação Rockefeller para financiar sua pesquisa fora dos Estados Unidos. Valia-se de seu reconhecimento e reputação, contrastando a imagem sacrossanta do gênio artístico monástico.

O estado de bem-estar social de parte da Europa, indissociável da valorização cultural, deu o que pensar na volta. Como driblar o desalento das políticas públicas da área no Brasil? Vingou o bom e velho impulso autossustentável desde a gênese. Quem faz teatro de rua também quer casa, por que não? A conquista de uma sede se impôs ao Grupo Galpão. Ainda em 1989, os cachês da turnê internacional permitiram financiar parte da compra de um galpão onde funcionava um depósito de madeira à rua Pitangui 3.413, no bairro residencial Sagrada Família, região leste de Belo Horizonte. Pitangui é o nome da cidade do centro-oeste de Minas Gerais onde o ator Antônio Edson cresceu. Na língua tupi-guarani, "pitangui" pode significar "rio vermelho" ou "rio das crianças". E mais para o final da mesma rua, no número 3.613, foi inaugurado em 1998 o centro cultural Galpão Cine Horto, instalado no mesmo endereço onde funcionara uma sala de cinema nos anos 1950. Pois uma década após conhecer a relevância das artes cênicas em países desenvolvidos, com equipamentos públicos integrados e os próprios núcleos criativos à frente de ações culturais e socioeducativas, a equipe brasileira empreendeu um lance incomum, encampado pelo ator Chico Pelúcio, que viu a oportunidade de sublimar a vocação paralela de gestor e produtor[13].

---

11. *Ibidem.*

12. Daniele Sampaio da Silva, "Agentes invisíveis e modos de produção nos primeiros anos do Workcenter of Jerzy Grotowski", dissertação de mestrado, Universidade Estadual de Campinas, 2018.

13. Como esta pensata circunscreve a dimensão artística do grupo, optamos por não prospectar uma das ações mais bem-sucedidas do conjunto de atores, que foi a criação do centro cultural Galpão Cine Horto. Isso exigiria espaço e fôlego ensaístico à altura. Trata-se da administração de espaço aberto aos artistas, aos estudantes e à comunidade em geral do entorno. Compromisso com a pesquisa, a formação, o fomento e o estímulo à criação em teatro. Cotidiano instigador e alimentador dos fazeres e pensares do grupo. Polo multiplicador de talentos e interlocutor decisivo na produção cênica da cidade em suas diferentes esferas.

E por falar em condição paralela, o grupo peruano Yuyachkani estava no Reencontro Ayacucho em 1988[14] e também circulou pelo interior da Itália, no ano seguinte, assim como o Galpão. Fundado em 1971 e uma das referências do teatro de grupo na América do Sul – seu nome em quéchua quer dizer "estou pensando, estou recordando" –, o Yuyachkani foi lapidando sua identidade e autonomia no que tange à construção de repertório, à preparação continuada dos atores-criadores e ao estabelecimento de uma sede própria para guardar o acervo material e imaterial, treinar, ensaiar, oferecer oficinas, apresentar-se. Especificamente sobre a reunião no Peru, o diretor e cofundador Miguel Rubio Zapata reconheceu os estímulos e procurou esquivar-se do preconceito ao mirar o espelho e impulsionar o espaço de trabalho do seu grupo cultural no bairro Magdalena del Mar, em Lima, como escreveu:

> O teatro de grupo não pode ser associado a uma só corrente nem tem nada a ver com homogeneização; ao contrário, propicia, mediante intercâmbio, o conhecimento das diferenças: nesse sentido, a abertura do Reencontro Ayacucho de 1988, ao ventilar as contradições e discrepâncias, resulta num estímulo para continuar o diálogo entre nossos teatros de grupo. O Reencontro não apenas nos demonstra que esse diálogo é necessário, como começa a tornar possível superar o preconceito e as exclusões antecipadas[15].

De acordo com Zapata, os fundamentos históricos da moderna tradição do teatro latino-americano passaram por muitos estágios sem deixar de levar em conta seu público, os contextos

---

14. Uma segunda criação brasileira participou do Reencontro Ayacucho em 1988, *Kelbilim, o cão da divindade*, dirigida por Luís Otávio Burnier e atuada por Carlos Simioni, do Lume Teatro.

15. "El teatro de grupo no puede ser asociado a una sola corriente ni tiene nada que ver con la homogeneización; todo lo contrario, propicia, mediante el intercambio, el conocimiento de las diferencias: en este sentido, la apertura del Reencuentro Ayacucho '88, en ventilar las contradicciones y discrepancias, es un estímulo para continuar el diálogo entre nuestros teatros de grupo. El Reencunentro no sólo nos demuestra que ese diálogo es necesario, sino que empieza a ser posible superar el preconcepto y las exclusiones anticipadas". Miguel Rubio Zapata, *Notas sobre teatro*, Luis A. Ramos García [ed.], Lima: Yuyachkani, 2001, p. 65 – tradução nossa.

e as diversidades. Para tanto, a dificuldade em assumir o ativo e o passivo dessa memória não deve levar à pretensão de ser "moderno", incluindo aí o custo da história recente, como se fosse possível construir o novo omitindo o vivido. Os grupos fizeram de sua experiência comum um modo de produção, "uma categoria", como certa vez ouviu do diretor colombiano Enrique Buenaventura (1925-2003), que sistematizou o procedimento da criação coletiva a partir da experiência do Teatro Experimental de Cali, o TEC. "O grupo foi a célula-mãe em que nos organizamos para gerar essa nova teatralidade que reclamávamos aos gritos"[16], diagnosticou Zapata sobre o tempo no qual predominava um sentimento aglutinador e a arte do teatro fazia par com o chamado *boom* da literatura, dança, cinema, fotografia, artes plásticas, enfim, todas as instâncias criativas "inventando auroras", como dizia uma canção popular nicaraguense.

Na esteira das movimentações do final da década de 1980 e início da seguinte – período de transições e provações que testaram a solidez dos trilhos que conduziram o grupo à atual quadra do século XXI –, o Galpão se permitiu obter a primeira simbiose desde a zona de segurança das formas populares. Interlocutor dileto em processos de criação anteriores, o diretor e dramaturgo Eid Ribeiro já havia assinado *Corra enquanto é tempo* (1988) – espetáculo de rua focado na ascensão das igrejas pentecostais, antevisão do fenômeno conservador que recrudesce no cenário brasileiro – quando propôs aos atores o desafio de encenar *Álbum de família*, uma das peças míticas de Nelson Rodrigues. Foram nove meses de pesquisa e criação para adaptar o texto e rastrear toda a obra do autor, inclusive trechos de crônicas e entrevistas devidamente enxertados. Aplicou-se com afinco a tática do *workshop* individual ou em núcleos para levantar cenas concebidas e exibidas pelos respectivos atores, assimilação de

Antônio Edson em *Álbum de família* (1993)
Foto | Guto Muniz

16. Miguel Rubio Zapata, *Raízes e sementes: mestres e caminhos do teatro na América Latina*, trad. Léo Kildare Louback e Ana Carneiro, Jundiaí: Paco, 2017, p. 13.

oficina que parte do elenco fizera com o diretor Ulysses Cruz no âmbito do Festival de Inverno da UFMG, em 1986, na cidade de São João del Rei. Por conseguinte, Eid Ribeiro encontrou terreno fértil para imprimir tons expressionistas tanto na visualidade como no registro de interpretação, chegando a pinçar Nelson Rodrigues como narrador e comentarista da ação.

Conquanto tenha afirmado que os puristas odiaram a versão de *Álbum de família* pelo Galpão, o crítico Marcelo Castilho Avellar (1961-2011), frequentador contumaz das plateias do grupo em três décadas de jornalismo cultural, descreveu a montagem como "um dos poucos momentos de verdadeira expressão neste 1990", ano, segundo ele, de produções "rígidas" e "pouco criativas"[17].

Foi a partir da predisposição consciente ao risco que o Galpão conquistou um norte poético que nunca mais perderia de vista, quer a bússola apontasse para a rua ou o palco, se popular ou... Um risco em aberto, em suma, como não poderia ser diferente. Sua magnitude está na orientação para teatralidades que comportem o teatro do mundo, como na ventura de *Romeu e Julieta* (1992). Gabriel Villela tomou pelas mãos as mulheres e os homens ávidos pela arte convertida em razão de vida e no auge da juventude no tocante à espiritualidade, não ao relógio biológico. O diretor considerou aquele um encontro dos mais fecundos da carreira, "uma experiência radical e gratificante, um banho virtuoso de cultura das Gerais"[18]. E completou, a respeito de um dos achados conceituais e práticos:

> Aprendemos que *Romeu e Julieta* é, na vasta obra do bardo, uma *tragédia da precipitação*, em que os personagens agem de forma sempre vertiginosa, jogando-se o tempo todo em situações de desequilíbrio. A linguagem de circo cabia então à perfeição. Criamos uma trave de mais de dois metros de altura e colocamos o elenco para atuar nas alturas, equilibrando-se com a ajuda de sombrinhas coloridas à mão[19].

---

17. Júnia Alves e Márcia Noé, *O palco e a rua: a trajetória do teatro do Grupo Galpão*, Belo Horizonte: Editora PUC Minas, 2006, p. 45.

18. Dib Carneiro Neto e Rodrigo Audi [org.], *Imaginai! O teatro de Gabriel Villela*, São Paulo: Edições Sesc SP, 2017, p. 46.

19. *Ibidem*.

Sem o disruptivo *Álbum de família*, não teria havido o maravilhamento de síntese das culturas regional e universal no Shakespeare abrasileirado. E não teria havido a desconcertante e obsessiva encenação de *Partido* (1999) pelo ator e diretor Cacá Carvalho, outro divisor de águas. No processo colaborativo de *Partido*, a dramaturgia de Cacá Brandão costurou uma livre adaptação do romance *O visconde partido ao meio*, do cubano naturalizado italiano Italo Calvino (1923-1985). Nessa alegoria, a personagem-título participa de uma guerra entre turcos e cristãos quando é atingida no peito por um tiro de canhão, vindo a sobreviver com uma parte associada à maldade, e a outra, à bondade. As reações aos desequilíbrios dessa identidade dupla são narradas sob a ótica do sobrinho, um menino. O espetáculo teve recepção de público e crítica das mais refratárias (em que pese a carreira curta), de fazer par, talvez, com *Eclipse* (2011), dirigido pelo russo Jurij Alschitz, ele mesmo responsável pelo enfeixe de contos e pensamentos filosóficos do escritor russo Anton Tchékhov (1860-1904). Para tratar do sujeito que não se reconhece como inteiro, Cacá Carvalho conclamou os atores a se dizerem também por eles mesmos em cena, incorporando relatos e documentos como valioso subtexto. As ações físicas e as partituras gestuais foram aplicadas à exaustão para instaurar o duplo em faces, corpos, objetos e cenografias sob o auxílio do desenho de luz e da maquiagem, especialmente o visagismo (delineamento do rosto). As únicas personagens que não estão partidas no espaço dominado pela penumbra são a do visconde e a do menino narrador.

Eduardo Moreira relatou que ele e os demais colegas de ofício referiam-se, naqueles tempos, à sensação de esgotamento do modelo de encenador "que manipula os atores em cena como peças de um jogo de xadrez"[20]. O trabalho com Cacá teria retomado os sinais vitais. Sem abrir concessões e radicando entrega incondicional aos experimentos, "nos ajudou a desconfiar das emoções e desconstruir certa idealização romântica do mundo do teatro"[21], comentou Moreira, considerando que a experiência minou um pouco da ingenuidade teatral de todos os envolvidos.

---

20. Eduardo da Luz Moreira, *Grupo Galpão: uma história de encontros*, Belo Horizonte: DUO Editorial, 2010, p. 101.

21. *Ibidem*, p. 105.

> Cacá nos provou que o teatro é feito sempre de coisas concretas e que não adianta "interpretar" coisas como a bondade, é preciso concretizar a bondade a partir de uma ação. Como toda experimentação de valor, a ficha demorou algum tempo para cair e, vendo a montagem nos dias de hoje, acho que o *Partido* nos ajudou a ser mais simples nas coisas, a querer interpretar menos e ser mais. A própria dramaturgia, muitas vezes confusa e cheia de metalinguagens obscuras, poderia ter sido melhor apropriada pelos atores, o que foi acontecendo com o passar do tempo e com as apresentações[22].

Com efeito, o nível de consciência crítica e a firmeza de propósito em explorar outros mundos possíveis em artes da cena foram amplificados do final da década de 1990 em diante. É sintomático que alguns dos seres-galpão agarraram firmemente as rédeas da direção, revezando-se no leme que costumavam delegar a outros profissionais. Decerto, o chamado para dirigir, em paralelo, ações pedagógicas no Cine Horto corroborou a lapidação. Remotamente, Eduardo Moreira havia dirigido *Arlequim, servidor de tantos amores* (1985) e Antônio Edson, *Foi por amor* (1987), como se tateando os estilos pessoais. Foi a partir da década posterior que as encenações internas ganharam corpo. Sucederam-se as direções de Moreira em *Um Molière imaginário* (1997); Chico Pelúcio em *Um trem chamado desejo* (2000); Júlio Maciel em *Till, a saga de um herói torto* (2009); e Lydia Del Picchia e Simone Ordones em *De tempos somos – um sarau do Grupo Galpão* (2014). A autonomia de voo no cultivo da linguagem denotou um espectro intergeracional se considerarmos artistas icônicos predecessores, como os grupos Giramundo (criado em 1970), Corpo (1975), Oficcina Multimédia (1977) e Ponto de Partida (1980), para lembrar outros paradigmas da tradição cênica em Minas.

---

22. *Ibidem*, p. 104-5.

Os efeitos transformadores da música e do ruído

Dando um salto cronológico para compor nosso recorte – almejar a totalidade do planeta cênico em análise seria vão –, as duas criações mais recentes demonstram, emblematicamente, a liberdade operada sobre o sistema poético do conjunto, à mercê do convite ao diretor ou à diretora da vez, bem como dos atores que se revezam na função[23]. Em *De tempos somos – um sarau do Grupo Galpão* e *Nós* (2016) as camadas acumuladas da pessoa-artista e do coletivo se realimentaram. O chamado eu lírico, voz que expressa a subjetividade do poeta, possibilitou ao elenco contrabalançar instantes representativos e performativos. A *dançar conforme a música*, como se diz, elegendo como material de partida a própria existência ressignificada.

Em *De tempos somos*, a música tornou-se elemento estruturante, já celebrada e onisciente em tudo que diz respeito ao Galpão. Em sua maioria em arranjo original, as 25 canções despertaram a memória do espectador capturado por um tema ou outro das encenações antigas ou do repertório – de *A comédia da esposa muda* a *Tio Vânia – Aos que vierem depois de nós* (2013), passando por uma miscelânea de *Romeu e Julieta*. Nas intervenções em prosa diminutas no sarau lítero-musical, as saudações engataram o itinerário afetivo, lembranças de gente que contracenou com algum trabalho de rua e conheceu transformações de perto, por meio do contato com o teatro, sejam elas efêmeras ou duradouras. A direção de Lydia Del Picchia e Simone Ordones, que já haviam feito assistências em outras peças, consegue estender o manto sensível das sonoridades e dos cantos até o lugar da audiência.

De tempo somos (2017)
Foto | Guto Muniz

23. Entre 1982 e 2017 os 23 espetáculos do Grupo Galpão tiveram como diretores: Fernando Linares, Paulinho Polika, Carmen Paternostro, Eid Ribeiro, Gabriel Villela, Cacá Carvalho, Paulo José, Paulo de Moraes, Jurij Alschitz, Yara de Novaes e Marcio Abreu, sendo que Linares encenou quatro peças, Villela, três e Ribeiro, duas. Seis atores assinaram direções: Eduardo Moreira, Antônio Edson, Chico Pelúcio, Júlio Maciel, Lydia Del Picchia e Simone Ordones, sendo que Moreira encenou dois trabalhos.

Luzes em resistência suspensas sobre as cabeças dos atores e de parte do público, além da ribalta à boca de cena, conferiram um acolhimento fraterno.

O cancioneiro promoveu uma súmula biográfica da arte do Grupo Galpão. Manifestação cultural de teatro popular à base de canção popular, residindo aí, quem sabe, a quintessência das pulsações que o movem e igualmente mobilizam plateias atentas à presteza e à sofisticação estética empregadas nos mínimos detalhes da cena. Fruímos o legado poético dessas partituras inscritas na tessitura da voz e na estrutura corporal do elenco, sentidos entranhados em letra, música e melodia. Desfilam paisagens instrumentais, o entrecho de um esquete cômico e algumas coreografias sutis que fazem do musical *De tempos somos* um espetáculo consciencioso do seu canto no mundo. Uma muito bem-vinda senda na seara do gênero musical por um coletivo que tem na capacidade de escuta um trunfo.

Nós, por sua vez, fez ecoar a voz de Cacá Carvalho nos embates criativos de *Partido*, 17 anos antes. "Temos que ver mais do que historieta... É preciso que a gente se diga na peça"[24], vaticinou o diretor, num dos primeiros ensaios, com a frase que quase virou um mantra. A pessoalidade que Carvalho reivindicava transbordou no que o elenco foi capaz de propor a outro diretor convidado, Marcio Abreu, da companhia brasileira de teatro (PR). Estamos diante de um quadro dramatúrgico dos interstícios e idiossincrasias reelaborados como devir cênico. São perceptíveis nessa trama de fios intencionalmente soltos os atritos e desgastes típicos de qualquer relação. Quando ela se dá no cotidiano de meia dúzia de atores, as rusgas passam ao largo da família de comercial de margarina. Relator obstinado, autocrítico e fazendo as vezes de diretor artístico numa casa acostumada a convidar encenadores de variadas gerações, é Eduardo Moreira, mais uma vez, quem examina a negociação diária diante da "natureza excessivamente coletiva"[25] do Galpão. Na hora de tomar decisões sobre o futuro, a engrenagem emperra. As deliberações costumam ser postergadas em razão de que "todos os atores têm direito de opinião e de voto, mesmo que o grau de participação seja muito diferente

---

24. Carlos Antônio Leite Brandão, *Diário de montagem: Partido*, Belo Horizonte: Editora UFMG, 2003, p. 18.

25. Eduardo da Luz Moreira, *Grupo Galpão: diário de montagem – Um homem é um homem*, Belo Horizonte: Edições CPMT, 2014, v. 7, p. 18.

e desigual"[26]. Dinâmica de convívio comum a qualquer grupo heterogêneo. O problema é quando os poros da percepção estão embotados.

Como forasteiro às avessas, bem recebido e calejado no equilíbrio do contraditório, dentro e fora de cena, Marcio Abreu fez aflorar documentos autobiográficos dos componentes sem deslizar para psicologismos. O "si mesmo" em *Nós* surge à flor da pele. Não tem o distanciamento da metalinguagem de que *Um trem chamado desejo* (2000) lançou mão. Naquele texto de Luís Alberto de Abreu, a decadente companhia Alcantil das Alterosas resistiu à ruína por meio de sua arte. Mas as pelejas da convivência não tiravam a casca da ferida como confrontada na última peça. O substrato da dramaturgia a quatro mãos, por Marcio Abreu e Moreira, coloca no centro da roda a atriz Teuda Bara, a "tiazona" que tinha 41 anos quando os demais fundadores mal ultrapassavam a metade. "Aquela gordinha despudorada era a própria encarnação da felicidade em cena. Alegria de estar ali e sabedoria para, no meio de todas as dificuldades, rir de si própria. Acabou sendo identificada como uma imagem muito forte do Galpão, que se mantém até hoje"[27], narrou o jornalista João Santos na biografia dela. Esses enunciados não estão lá, no palco, mas a assembleia ficcional para discutir sua saída do grupo mostra o quanto a presença de Teuda é notória[28] e não deixa ninguém indiferente entre os pares, zelosos pela saúde dela, a obesidade, a infecção no osso de uma das pernas que dificulta andar. Situações delicadas, no limite, também extrapolavam o campo íntimo para a realidade como ela é, as tensões sociais ao rés da calçada. A incidência do momento brasileiro e a polarização das intolerâncias após o melancólico processo de *impeachment* da presidenta Dilma Rousseff, do Partido dos Trabalhadores, acabaram se tornando uma das conexões indiretas flagrantes – qualidade de uma obra polissêmica.

---

26. *Ibidem.*

27. João Santos *Teuda Bara: comunista demais para ser chacrete*, Belo Horizonte: Javali, 2016, p. 173.

28. Que a cofundadora Teuda Bara tenha sido convidada, aos 65 anos, para atuar num espetáculo épico da companhia canadense Cirque du Soleil, o *Kà* (2006), em Las Vegas, e sob a direção do também canadense Robert Lepage, artista cênico dos mais singulares da segunda metade do século XX, à frente do coletivo Ex Machina, em Quebec, eis um roteiro dos mais irônicos de saudável promiscuidade do teatro popular com o chamado teatro de vanguarda.

Quase tudo em *Nós* se passava no espaço da cozinha cênica. Como sabemos do enredo, sete sujeitos destilam inquietudes e dissabores enquanto preparam aquela que seria a última sopa, alimento que rende algum caldo de esperança, mesmo quando se tenha anunciado que o mundo ia ou vai se acabar. Mote para um *flashback*. Na noite de 15 de agosto de 2002, os fazedores do Galpão apresentaram um ensaio ou espetáculo de improviso que emergiu do trabalho de dois meses com o ator e diretor Paulo José. Apenas cerca de trinta espectadores testemunharam a sequência de cenas de conflitos familiares, esquete de pantomima, trecho de conto de fadas, arroubo poético, evocação da composição *Pour Élise*, humor do comediante alemão Karl Valentin (1882-1948), enfim, um amontoado propositalmente precário. Em meio a essa feira de variedades era preparado um *gazpacho* andaluz, uma sopa de vegetais compartilhada ao cabo com o público. "Tomando *gazpacho* ao final da apresentação, ficamos pensando nos próximos passos. Será que as cenas apresentadas podem ser transformadas num espetáculo?"[29], perguntou Eduardo Moreira no diário dessa experiência. Sincronicidade do eterno retorno em *Nós*, ou um *delay* de catorze anos.

Acredito que os espetáculos cotejados até aqui subsidiam suficientemente o argumento de que o Grupo Galpão pode prescindir de autoenquadramentos entre as variantes do que é popular ou erudito. Para um grupo funâmbulo por vocação, o viés antípoda pouco o define. Não traduz a complexidade de cada processo de criação que prima pelo concílio dos contrários. Tampouco a plenitude da aventura artística de engajamento integral cumprida tijolo por tijolo nas demais interfaces de sustentação artístico-cultural, agregando múltiplos profissionais, estudantes e amadores em suas ramificações.

Miremos o exemplo do artista Helvécio Izabel. Ele é o cenotécnico titular desde 1994, quando convidado a trabalhar no espetáculo *A rua da amargura – 14 passos lacrimosos sobre a vida de Jesus*. Autodidata, assumiu a tarefa dessa produção assim que ela encerrou a temporada de estreia no Rio de Janeiro e entrou em cartaz em Belo Horizonte. Mas seu primeiro contato com os fundadores aconteceu na oficina com os artistas alemães, em 1982, que resultou em *A alma boa de Setsuan*. Helvécio também é ator, engatou na Cia. Sonho & Drama e só na década seguinte reaproximou-se do Galpão. Para montar as traquitanas cenográficas no

29. Eduardo da Luz Moreira, *Grupo Galpão: diário de montagem – Encontro com Paulo José*, Belo Horizonte: Edições CPMT, 2014, v. 5, p. 64.

espaço público, por exemplo, disse orientar-se pelo vento de modo a que tudo se encaixe perfeitamente. Ele e um assistente respondem também pelos atos de desmontar e guardar os equipamentos ou materiais. Helvécio faz parte do time de agentes que colabora continuadamente com os artistas da rua Pitangui. A cantora e preparadora vocal Babaya é parceira desde 1988, com *Corra enquanto é tempo.* A coordenadora de produção Gilma Oliveira chegou com *Um Molière imaginário*, em 1996. E entre os criadores constantes estão o preparador musical e arranjador Ernani Maletta, o diretor musical Fernando Muzzi, o cenógrafo Márcio Medina, a antropóloga da voz Francesca Della Monica e o consultor e gestor cultural Rômulo Avelar.

Já a parceria artística com Luís Alberto de Abreu desaguou no texto de *Till, a saga de um herói torto* (2009) e na dramaturgia de *Um trem chamado desejo* (2000). A afinidade com esse escritor paulista não se deu por acaso. Seu currículo inclui trabalhos com o Grupo de Teatro Mambembe, do diretor Carlos Alberto Soffredini (1939-2001); o Teatro Popular do Sesi, de Osmar Rodrigues Cruz (1924-2007); o Grupo de Teatro Macunaíma/Centro de Pesquisa Teatral, de Antunes Filho; e a Fraternal Companhia de Artes e Malas-Artes, de Ednaldo Freire, com quem desenvolveu o projeto Comédia Popular Brasileira por mais de dez anos. A publicação de antologia com quatro peças dessa safra foi assim lida pela crítica Mariangela Alves de Lima, no prefácio: "Este teatro não quer ser revelação, mas antes confirmar e exaltar a riqueza e a legitimidade da cultura do público. Não ensina a viver (como o fizeram os grupos ideológicos), mas celebra a inteligência de como se vive"[30]. Nuance certeira para conhecer a fundo a alma do Galpão.

Por outro lado, a condição de grupo alicerçado somente por atores é outra peculiaridade. O Galpão começou a conquistar seu lugar ao sol do imaginário brasileiro em plena década na qual a função do diretor ou diretora era considerada hegemônica – ainda que as mulheres fossem minoria; aliás, das 23 peças montadas até aqui, apenas quatro foram assinadas por encenadoras. No livro *Teatro sem diretor*, o russo Jurij Alschitz pensou os desafios de como viver juntos, construir uma casa para além da metáfora, concretizar uma linguagem em companhia ou *ensemble*, termo francês que designa conjunto, equivalente ao nosso mais usual grupo.

---

30. Mariangela Alves de Lima, "Apresentação", *in:* Luís Alberto de Abreu, *Comédia popular brasileira*, São Paulo: Fraternal Companhia de Artes e Malas-Artes, 1997, p. 11.

Para o diretor-pedagogo radicado em Berlim, que ensaiou o Galpão em *Eclipse*, inspirado em peças e contos de Tchékhov, a natureza de todo grupo e de cada ator tem uma significação própria, algo na fronteira entre o teatro e a vida:

> A natureza de uma companhia se coloca sempre como segundo autor do espetáculo e como seu dono, já que somente ela exercita alguma autoridade sobre os laços particulares que se transformam gradualmente e se intensificam sem pausa durante o espetáculo. Suas leis não escritas, seus ritmos particulares, inimitáveis, serão percebidos pelo espectador como arte de direção da montagem e maestria na interpretação, mas isso é uma meia verdade porque o espectador simplesmente observará a vida da companhia como um ato artístico[31].

Criador do método de atuação estudado e praticado mundialmente, o ator, diretor e pedagogo russo Constantin Stanislavski (1863-1938) anotou palavras que o futuro patenteou oportunas ao espelhamento pela equipe mineira: "Se durante o primeiro ano o grupo de vocês for formado por cinco ou seis pessoas que compartilham o mesmo objetivo, se dedicam de todo coração e se ligam ideologicamente e de maneira indissolúvel, alegrem-se e saibam que já estão na metade da obra"[32].

Em texto reflexivo de 2013, o ano das Jornadas de Junho com manifestações espalhadas Brasil afora, o ator-escrevinhador Eduardo Moreira argumentou que o grupo vivia, de praxe, uma espécie de pêndulo artístico entre quebras, expansões e aprofundamento de suas linguagens, coerente com a filosofia de pensar seus projetos artísticos a partir "daquilo que nos falta" ou "daquilo de que somos carentes"[33].

---

31. Jurij Alschitz, *Teatro sem diretor*, tradução de Graziella Schettino Valente, Belo Horizonte: Edições CPMT, 2012, p. 47.

32. *Ibidem*, p. 28.

33. Eduardo Moreira, "Teatro, crise e renovação", *Subtexto – Revista de Teatro do Galpão Cine Horto*, n. 10, dez. 2013, p. 120.

Corte para avançar dois anos. Durante uma passagem pela 69ª edição do Festival de Avignon, em julho de 2015, na condição de curador do Festival Internacional de Teatro Palco & Rua de Belo Horizonte, o FIT-BH[34], Eduardo Moreira descreveu no *blog* do Galpão os bastidores de ruas apinhadas no verão escaldante em que artistas entusiasmados distribuíam panfletos e filipetas atrás de espectadores ávidos por assistir algo entre as centenas de sessões ofertadas. Seu olhar de pronto o remeteu à lida no Galpão:

> Tudo isso me faz pensar sobre a natureza absolutamente antiburguesa da atividade teatral. Não somos celebridades e sim, ao contrário, estamos sempre atrás do público, procurando chamar sua atenção, trazê-lo para dentro daquilo que fazemos, num permanente jogo de sedução em que nos irmanamos com os prestidigitadores, os vendedores ambulantes, as prostitutas. Sempre correndo atrás da sedução dos olhos de quem possa vir a nos assistir. Os atores nas ruas de Avignon buscando avidamente capturar o público me faziam todo o tempo me lembrar dessa essência absoluta do teatro[35].

Em abril de 2005, a seis meses de estrear a brechtiana *Um homem é um homem*, sob lona de circo[36], Paulo José despachou de Paris uma carta para o elenco, comovido após visitar o espaço do Théâtre du Soleil, a Cartoucherie, no suburbano bosque de Vincennes. A missiva convidava

---

34. O Galpão foi precursor do FIT-BH, que teve sua 14ª edição em 2018. Antes dele, criou e organizou o Festin, Festival Internacional de Teatro de Rua, com apoio da gestão de Berenice Menegale na Secretaria Municipal de Cultura, em 1992.

35. Blog do Grupo Galpão, "Avignon ou a urgência da política". Disponível em: <www.grupogalpao.com.br/blog/index.php/avignon-ou-a-urgencia-da-politica/>. Acesso em: 29 maio 2018.

36. A temporada de estreia de *Um homem é um homem* (2005) aconteceu numa lona de circo estruturada na área externa da Casa do Conde, patrimônio histórico do final do século XIX. O espetáculo *A rua da amargura* (1994) também chegou a ser encenado em circo montado à praça Juscelino Kubitschek, sempre em Belo Horizonte.

à meditação sobre o lugar do teatro e como arregimentar forças para dar a vê-lo, não raras vezes navegando contra a maré:

> O teatro sempre está próximo do sagrado e tem também sua liturgia. Não é uma religião, talvez seja exatamente seu oposto, pois enquanto a religião quer elevar o espírito, desligando-o do corpo, o teatro quer trazer o espírito para tudo que é físico, carnal, e mistura ao sublime os sentimentos chamados baixos, nossas fraquezas, vilanias, paixões. Nada do que é humano nos é indiferente[37].

Ótima deixa para evocar a experiência do diretor francês Jean Vilar (1912-1971), fundador do Festival de Avignon e do Teatro Nacional Popular (TNP). Artista, pensador e agitador cultural pródigo na conciliação de autores clássicos ou da atualidade no repertório, ele ambicionou um teatro destinado ao maior número de pessoas e ao mesmo tempo amparado por alta exigência artística. Influenciou evoluções estéticas, transformações institucionais e a renovação ou surgimento de grupos como o Teatro de Arena e o Teatro Popular do Sesi (que nos últimos anos lamentavelmente apagou o "Popular" de sua certidão de nascimento), ambos em São Paulo, ou o Théâtre du Soleil, para ficar num exemplo caseiro de Vilar.

Numa entrevista realizada no contexto de um festival no interior da França, em 2013, a diretora Ariane Mnouchkine, do Soleil, afirmou que "um espetáculo popular é um espetáculo belo, legível, que fala de algo importante e que concerne às pessoas"[38]. Para a biógrafa do grupo francês, a professora e pesquisadora Béatrice Picon-Vallin, não se pode analisar a relação do Soleil com o texto sem ter em conta o trabalho físico e manual parateatral desde o início, corpo e espírito engajados do mesmo modo e coletivamente na vida cotidiana. "Isso dá uma

---

37. Eduardo da Luz Moreira, *Grupo Galpão: diário de montagem – Um homem é um homem*, Belo Horizonte: Edições CPMT, 2014, v. 7, p. 30.

38. Béatrice Picon-Vallin, *O Théâtre du Soleil: os primeiros cinquenta anos*, São Paulo: Edições Sesc SP; e Editora Perspectiva, 2017, p. 47.

abordagem totalmente diferente no palco", avaliou. Essa correlação nos parece clara quanto ao conjunto brasileiro em tela. Outro aspecto congruente, por extensão, é o entendimento objetivo por parte da fundadora do Théâtre du Soleil do que significa o horizonte popular em sua prática e pensamento. Essa atitude não está necessariamente ligada a uma ideologia, mas mantém laços calorosos com um público numeroso e muito diversificado. Como esclarece Béatrice Picon-Vallin:

> Mnouchkine utiliza hoje a fórmula de Antoine Vitez, um teatro "elitista para todos". O que significa acessível a todos financeiramente e também intelectualmente, porém no mais alto nível. Um teatro que seja ao mesmo tempo simples, daquela simplicidade adquirida ao termo de um longo e complexo percurso, e não daquela da qual se partiria, e refinado, no qual cada um, em função de sua idade e origem, encontre aquilo que lhe é necessário[39].

A convergência do Grupo Galpão e do Théâtre du Soleil no final desta narrativa passa ao largo de arrivista. Independentemente dos modos de produção e criação que os distinguem – de largada, nas condições de subsistência: de um lado, a manutenção sistemática pelo governo francês que reconhece a relevância cultural da companhia; de outro, o patrocínio direto da Petrobras desde 2001, não sem o enfrentamento de incertezas –, ambos tangenciam o campo inventivo da utopia cênica em transições pelas vias do teatro popular. A vinda de dois espetáculos da trupe ao Brasil, *Os efêmeros* em 2007 e *Os náufragos do Louca Esperança* em 2011, nos convenceram dessas afinidades em suas complexidades estilísticas e filosóficas, mas absolutamente capazes de dar sopro às incongruências ou aos sentidos, sejam os mais diáfanos, vívidos e sublimes da arte e dos seus artífices.

---

39. *Ibidem*, p. 318.

Público da rua
Foto | Gustavo Campos

Capítulo 1

Tempos heroicos (1982-1987)

Alma boa de Setsuan, E a noiva não quer casar, De olhos fechados, Ó pro cê vê na ponta do pé, A comédia da esposa muda, Arlequim servidor de tantos amores, Queremos praia e Triunfo, um delírio barroco

O cotidiano estava parado num sinal da Savassi, acelerando seu carro de vez em quando, enquanto uma chuva fina caía de leve, quando deparou com o absurdo cruzando a avenida à sua frente, vivificado na figura de cinco "grandes atores", dos quais ele só viu os joelhos, e dois palhaços-músicos seguidos por vários curiosos, na sua maioria crianças. Esse momento mágico atraiu a curiosidade de cerca de 80 pessoas, que se aglomeraram nas proximidades da kombi da Campanha de Popularização do Teatro para assistirem à peça *E a noiva não quer casar*, com o Grupo Galpão, que trabalha com pernas de pau. [...]
Dentre as inúmeras situações em que se envolveu, o Grupo Galpão viveu uma experiência, no mínimo, curiosa. Quando foram se apresentar no Parque Municipal, no dia 19 de dezembro, surgiu um funcionário da portaria do parque que, alegando a existência (comprovada) de uma lei que proíbe a execução de manifestações artísticas na área do parque, pediu o auxílio da PM para impedir a apresentação. Sem entrar no mérito da arbitrariedade da lei, cerca de 25 policiais deteram [*sic*] os sete membros do grupo dentro do Teatro Francisco Nunes, onde eles forneceram seus nomes completos, endereços e telefones. Até que chegou um advogado e negociou a liberação do grupo, já que não havia razão para a detenção.

Luiz Carlos Bernardes,
"O teatro, na rua e na periferia, acontece".
Estado de Minas, coluna Pano Aberto, 16 jan. 1983

Encontramos a turma do Galpão na Casa de Paschoal da Fundacen (Fundação Nacional de Artes Cênicas) em Santa Teresa, o alojamento que hospeda os artistas de todo o país que precisam permanecer no Rio para participarem de cursos, seminários, conferências ou resolver algum problema relacionado com as artes cênicas. [...] O Grupo Galpão chegou ali para fazer o curso de teatro de rua, dramaturgia e dança hindu com o grupo Tascabile da Itália. O fantástico grupo mineiro que há dez anos vem realizando espetáculos de rua no sentido de levar o teatro ao povo diretamente estava voltando do encontro de teatro de Canela, no Rio Grande do Sul.

Magda Lenard, "Grupo Galpão em alta".
Diário da Tarde, 6 nov. 1987

Com recursos de arte circense, o grupo mineiro Galpão passa a realidade pelo crivo da fantasia e transforma o cotidiano em bom motivo de riso. O espetáculo, depois do sucesso com a peça *E a noiva não quer casar*, estreou ontem em São Paulo, sob o título sugestivo de *Ó prô cê vê na ponta do pé*. Trata-se de uma criação coletiva com dez cenas curtas, todas puxando para o lado cômico, com personagens como o repórter de TV, o camelô, o político, os *punks*, a bailarina e vários outros. O grupo está se apresentando no Centro Cultural São Paulo em sessões ora no picadeiro montado em seu interior, ora nas salas teatrais.

"Galpão traz o cômico para o picadeiro".
O Estado de S. Paulo, 13 out. 1984

Páginas 100-101
Wanda Fernandes,
Eduardo Moreira, Fernando
Linares e Mauro Lúcio Xavier
em *E a noiva não quer casar*
Praça 7, BH
Foto | Arquivo Galpão

Acima e ao lado:
A alma boa de Setsuan
Fotos | Roland Schaffner

Eduardo Moreira, Wanda Fernandes,
Teuda Bara e Nabo Vidigal
em *De olhos fechados*
Foto | Arquivo Galpão

Chico Pelúcio e Wanda Fernandes
em *Ó pro cê vê na ponta do pé*
Foto | Gilson Ferreira

É de um esquete de *commedia dell'arte* que surge *A comédia da esposa muda (que falava mais que pobre na chuva).* Com esse espetáculo, a trupe, agora com Beto Franco e Maria Gastelois em seu elenco, apresenta-se neste final de semana em Porto Alegre. Depois de Canela, onde obteve verdadeira consagração popular, o Galpão prepara-se para iluminar novamente as crianças de todas as idades. Uma grande festa vai acontecer às 11:30 de domingo, quando estes teatreiros, vindos de pontos diferentes das ruas, encenarão no Bric da Redenção a história de Briguela, que sonha em escutar a voz de Vesúvia, sua esposa muda. O roteiro, alinhavado coletivamente a partir de um texto de autor anônimo, tem na direção Paulinho Polika. Trata-se de uma crítica humorada à relação conjugal.

Glênio Póvoas,
"Recuperando o vocabulário dos circos no meio da rua".
Diário do Sul, 2 nov. 1987

Tradicional ponto da cultura mineira – no local existiram o Teatro Municipal e o cine-teatro Metrópole, mais tarde demolidos –, de repente o lugar foi invadido por artistas, que reivindicam espaço para suas manifestações. A abertura do ato ficou por conta do Grupo Galpão (teatro de rua), que, surpreendendo transeuntes atentos ao neurótico trânsito do centro, iniciou sua apresentação no terraço de edifícios, colorindo o ambiente. Em cena, *A comédia da esposa muda*, mais uma vez aplaudida por todos.

Ailton Magioli, "Certeiros disparos de sensibilidade".
Tribuna de Minas, 6 ago. 1987

A Praça Sete, no centro de Belo Horizonte, ontem virou praia. Não faltaram coqueiros, sombrinhas, boias, sal – em saleiros –, petecas, bolas e pessoas com roupas de banho. Até mesmo o Bateau Mouche IV esteve no Posto Sete, transportando os espectadores para a Ilha do Pirulito. O tumultuado trânsito da cidade parou, porque as pessoas queriam saber o que estava acontecendo e muitos esqueceram seus problemas e juntamente com os atores do Grupo Galpão reivindicaram "Praia já!" [...] "Eles estão querendo praia", disse o gráfico Afonso Luís, dando apoio à reivindicação. Eles acreditam que em Belo Horizonte pode-se construir praia "porque há muitos locais abandonados". Ele, sua mulher Maria Lúcia Machado e o filho Leandro estavam se divertindo. O auxiliar de distribuição José Raimundo dos Santos também parou para ver a encenação e estava gostando da praia. "Com essa crise, nós temos mais é que nos divertir." O estudante Waltencir dos Santos teve receio que chovesse. "Mineiro quando vai à praia sempre chove", lembrou o estudante depois de dar uma olhada para o céu e ver que estava nublado. Toda a movimentação dos atores, que estão participando do Festival de Inverno, chamou a atenção da balconista Sônia Maria Rodrigues: "Achei estranho, mas bem que Minas poderia ter uma praia".

"Festival transforma praça Sete em praia".
Hoje em Dia, 6 jul. 1989

Wanda Fernandes em
Ó pro cê vê na ponta do pé
Foto | Gilson Ferreira

Elenco de *Arlequim servidor de tantos amores*
Fotos | Arquivo Galpão

A comédia da esposa muda
em Canela, RS
Foto | Chico Pelúcio

Teuda Bara em
Queremos praia
Praça 7, BH
Foto | Eugênio Sávio

Triunfo, um delírio barroco
Foto | Gustavo Campos

Antônio Edson e Eduardo Moreira
em *A comédia da esposa muda*
Aurillac, França
Foto | Chico Pelúcio

Elenco de *A comédia da esposa muda*
Aurillac, França
Foto | Waldir Lau

Capítulo 2

Em busca da realidade brasileira (1988-1991)

Corra enquanto é tempo, *Foi por amor* e *Álbum de família*

EU

Com a participação de trinta e um grupos da América Latina e da Europa, o oitavo encontro internacional de teatro de grupo realizado em Lima, Peru, foi uma verdadeira lição de solidariedade e intercâmbio cultural entre os povos, tendo como ponto alto as aulas de Eugenio Barba sobre seu "teatro antropológico" e a homenagem aos habitantes de Chaclacayo, quando os grupos se uniram num desfile coletivo pelas ruas da cidade, que se transformou num estranho e emocionante carnaval. Com o encontro apresentando uma média de 5 montagens diferentes por dia, num clima que oscilava entre a desesperança apocalíptica europeia e a paranoia da repressão política latino-americana, o espetáculo do Grupo Galpão acabou tornando-se a grande surpresa, encantando a todos pela sua alegria, humor debochado e criatividade.

Eid Ribeiro, "O teatro sai de cena e vai à rua".
Estado de Minas, 4 jan. 1989

Une image pas toujours reluisante dénoncée sans concessions par la compagnie théâtrale Galpão, à l'instar de *Corra enquanto é tempo* (Cours tant qu'il est temps), spectacle présenté vendredi à 16 heures au jardin des Carmes et samedi à 14 heures en Centre-Ville. Ce sketch est le reflet de l'exploitation actuelle de la foi par la prolifération des sectes religieuses au Brésil. Eid Ribeiro, le metteur-en-scène, précise: "Nous avons voulu mettre le doigt sur le processus d'aliénation que subit la population de notre pays, et particulièrement les plus pauvres. L'invasion vient des États-Unis et elle pourrait tout aussi bien corrompre un jour l'Europe".

"Réalité sud-américaine à la dimension universelle".
Auvergne, 24 ago. 1989

O Grupo Galpão, de BH, viajou para a cidade de Aurillac, no sul da França, onde participou do Festival Europeu de Teatro de Rua. Depois dessas apresentações, o grupo estende sua excursão à Itália, como único participante brasileiro da Rassegna Latino-americana di Teatro em Pontedera. [...] Não é a primeira vez que o Galpão viaja ao exterior. Em dezembro participou do Encuentro Ayacucho 88 e do festival internacional de teatro de Lima.

Macksen Luiz, "Viagem mineira".
Jornal do Brasil, coluna Entreato, 28 ago. 1989

Festival européen, allions écrire [...] mais cette expression est aujourd'hui un peu dépassée puisqu'une troupe brésilienne, le Grupo Galpão, a décidé de venir, elle aussi, à Aurillac, pour présenter des sketches de rue inspirés de la réalité sud-américaine.

"Les trois coups de demain".
La Montagne - Centre France, coluna *Les actualités régionales*, 22 ago. 1989

Páginas 112-113 e ao lado:
Corra enquanto é tempo
Memorial da América
Latina, São Paulo

Apresentação em
Ouro Preto, (MG)
Fotos | Gustavo Campos

Beto Franco e
Eduardo Moreira
em *Foi por amor*
Foto | Gustavo Campos

Elenco de *Álbum de família*
Foto | Guto Muniz

Este *Álbum de família* vindo de Minas (geralmente estado aliado ao tradicionalismo) incorpora elementos tipicamente contemporâneos que, seguramente, iriam agradar Nelson Rodrigues. A encenação caminha pela redundância, pelos climas densos, pela fragmentação, pelo expressionismo. Há, na encenação, um dedo nítido do destino, ao qual ninguém escaparia. Como a maldição que caiu sobre Édipo, a origem. O diretor conseguiu dessacralizar a obra de Nelson Rodrigues, conferindo à montagem um espírito que permeia pessoa e procução do autor e caminha pelo provocador, trágico, violento, poético, maldito. Tirou o caráter de banalidade e obscenidade que, muitas vezes, é conferido à obra rodrigueana.

Carmen Moretzson, "Nelson e a neura".
Jornal de Brasília, 11 dez. 1991

A nova versão condensa a brutal poética do autor: foram eliminados falas e personagens e privilegiado o potencial de teatralidade. Como um espetáculo de marionetes, em que o titereiro é o próprio autor (um Nelson de cavanhaque e cabelo de fígaro à Beaumarchais, explicando seus possessos segundo o determinismo trágico que os leva a chafurdar na lama), o cenário está dividido em planos escalonados, nos quais se agitam mãos ou trafegam cabeças aparentemente sem troncos. Atrás dos panos pretos, os personagens não andam, deslizam e observam. E, uma vez na arena, entregam-se ao delírio expiatório do incesto, do estupro e da castração, entre fragmentos de cenografia cristã, como o altar e a cruz. Compasso binário: a cada explosão dramática, segue-se um quadro estático. Os atores urram, esbravejam, jogam-se uns sobre os outros e, de repente, imobilizam-se como se o pecado erigisse estátuas sujas. [...] Finalmente, também o *Álbum* está digerido. Resta *Dorotéia*, a tragicomédia do pecado exantemático.

Armindo Blanco, "O álbum do incesto".
O Dia, 6 abr. 1991

Álbum de família traz à atual temporada do Rio uma força expressiva que permite à plateia usufruir do prazer da interação teatral como há muito não se vivencia por aqui. A adaptação de *Álbum de família*, mesmo modificando o texto original, não trai o espírito de Nelson Rodrigues: provocador, trágico, violento e poético.

Macksen Luiz, "Poética desagradável".
Jornal do Brasil, 27 abr. 1991

Teuda Bara e Antônio Edson
Foto | Guto Muniz

Foto | Guto Muniz

Acima: Eduardo Moreira e
Maria Gastelois;
ao lado: Chico Pelúcio e
Wanda Fernandes
Fotos | Guto Muniz

Wanda Fernandes,
Beto Franco, Eduardo
Moreira e Rodolfo Vaz
Foto | Guto Muniz

Capítulo 3

A explosão barroca do teatro (1992-1996)

Romeu e Julieta e *A rua da amargura*

Se William Shakespeare tivesse nascido no interior de Minas Gerais, é bem possível que seu *Romeu e Julieta* saísse assim como o Grupo Galpão o apresentou neste último fim de semana na praça do espaço cultural dos Correios, no espetáculo concebido e dirigido por Gabriel Villela, que transborda de mineirice ele mesmo. É claro que essa encenação não constitui uma leitura purista do texto de Shakespeare, mas é ótimo ver uma montagem na qual as – digamos – infidelidades não são resultado de presunção, de querer ser melhor do que Shakespeare, mas apenas uma amorosa brincadeira na qual as músicas, o colorido, a ingenuidade plástica e até mesmo os jogos de infância como as pernas de pau são convocados para apresentar ao público (que pode não ter qualquer preparo como espectador de teatro) a trágica história dos amantes de Verona.

Bárbara Heliodora, "A imperfeição na infidelidade".
O Globo, 12 jul. 1993

Esse *Romeu e Julieta* lírico e popular é um dos trabalhos mais belos de assimilação. Toma Shakespeare dos ingleses, muda sua roupa e o transforma num autor brasileiro, dentro das nossas tradições mais populares.

Carmelinda Guimarães, "*Romeu e Julieta*, mineiro e imperdível".
A Tribuna, 30 jan. 1993

Roupas rasgadas, um carro, pernas de pau e uma tocante música sublinhando a ação resgatam, com a força da simplicidade, o impacto do trágico. Com o Grupo Galpão de Minas Gerais, *Romeu e Julieta* reinventa o teatro de rua, eliminando aquela desagradável concessão que a maioria das montagens do gênero faz ao imediatismo e ao improviso.

Macksen Luiz, "Shakespeare no circo".
Jornal do Brasil, 22 mar. 1993

É imperdível. É grátis. É o melhor espetáculo de toda a onda Shakespeare. *Romeu e Julieta* estreia hoje nas escadarias da Sé, no lusco-fusco. A estreia nacional foi quatro meses atrás, em Ouro Preto, Minas. O diretor mineiro Gabriel Villela mostrou que é bom mesmo. O grupo mineiro Galpão mostrou que é grande, que pode ser universal.

Nelson de Sá, "Villela e o Galpão põem Shakespeare na rua".
Folha de S.Paulo, 21 jan. 1993

Páginas 122-123 e acima:
elenco de *Romeu e Julieta*
Fotos | Guto Muniz

Chico Pelúcio
Foto | Gustavo Campos

Beto Franco e
Inês Peixoto
Foto | Gustavo Campos

Apresentacão na
praça da Estação, BH
Foto | Eugênio Sávio

Antônio Edson
Foto | Glenio Campregher

Wanda Fernandes,
Antônio Edson e
Eduardo Moreira
Foto | Gustavo Campos

Fernanda Vianna
e Eduardo Moreira;
abaixo: Rodolfo Vaz
e Teuda Bara
Fotos | Gustavo Campos

O elenco demonstra que pode sofisticar-se sem perda de identidade. O Galpão de Belo Horizonte tem história de dez anos e seu destino é ousar, como agora nesse lance consagrado com um diretor talentoso. Hoje eles iluminam a cidade em mais uma sessão. Grandes mineiros.

Jefferson Del Rios, "Shakespeare ousado e iluminado".
O Estado de S. Paulo, 25 jan. 1993

Eduardo Moreira, o Romeu, foi de um amor tão triste e uma consciência trágica tamanha que virou o espelho da própria peça shakespeariana. Mas foi Julieta, ou Wanda Fernandes, quem mais emocionou. O espetáculo era muito engraçado, de levar as crianças e até os loucos da rua às gargalhadas, mas bastava um verso expresso por Julieta, falando de seu amor inconsolável e de seu medo, para quebrar o riso e engasgar. O amor de Julieta era indefeso demais para que ela sobrevivesse.

Nelson de Sá, "Nem a chuva atrapalha *Romeu e Julieta*".
Folha de S.Paulo, 15 set. 1992

O grupo teatral Galpão conseguiu ontem arrancar sonoras gargalhadas de cerca de 3 mil belo-horizontinos que assistiam na praça do Papa à montagem da peça de William Shakespeare *Romeu e Julieta*.

"Galpão leva 3 mil à praça do Papa".
Hoje em Dia, 21 set. 1992

Este *Romeo y Julieta* propuesto por Brasil no es una simple referencia al clásico shakespeariano, es su actualización, cargada de un profundo respeto por la agresión ritualizada del amor y la libertad. Ciertamente, las intenciones de Gabriel Villela, su director, es transcender el mero plano de historia clásica de los amantes hacia una gran metáfora de la libertad, lo ha logrado, y con creces.

Wilson Escobar Ramírez, "*Romeo y Julieta*".
La Patria, Manizales, 3 set. 1995

Apresentação na
praça do Papa, BH
Foto | Guto Muniz

Eduardo Moreira e
Fernanda Vianna
Praça do Papa, BH
Foto | Guto Muniz

Apresentação no parque
da Independência, SP
Foto | Arquivo Galpão

Eduardo Moreira e Lydia Del Picchia
em *A rua da amargura*
Foto | Guto Muniz

A rua da amargura do Grupo Galpão é um belíssimo espetáculo teatral que, no teatro I do Centro Cultural Banco do Brasil, consegue mostrar às desencantadas e indiferentes populações urbanas não só a força como também a enorme alegria e até o humor que existem na fé religiosa autêntica e acrítica.

Bárbara Heliodora, "Uma delicadeza feérica".
O Globo, 29 ago. 1994

Mesmo quem é ateu (o próprio ator que faz Jesus, Eduardo Moreira, é um deles) acaba se emocionando com o jeito inventivo do Galpão contar a história. Religiões à parte, *A rua da amargura* dá um banho de cultura popular.

Dib Carneiro Neto, "Galpão dá banho de cultura popular".
O Estado de S. Paulo, 6 jan. 1995

O compromisso do espetáculo com o prazer tem ainda uma virtude maior. *A rua da amargura* é pascal. Os panos roxos acetinados, típicos de Semanas Santas interioranas que ainda se prezem, dão lugar à festa. O "Aleluia" de Haendel irrompe, sem ares de oficialismo burocrático. Ganha sentido. Um povo que ousa se vestir com flores, e que sabe festejar, tem nas próprias raízes culturais uma arma contra o fatalismo da dor.

José Carlos Fernandes, "E a palavra se fez teatro".
Gazeta do Povo, Curitiba, 23 maio 1995

É difícil sintetizar em poucas palavras o colorido, a alegria, a comunicação e a emoção que o Galpão partilhou com o auditório. Mas o que não se pode deixar de referir é a liberdade e a irreverência com que foi traduzida a Paixão de Jesus Cristo. As mágicas, o circo, a ópera chinesa, as danças hindus, o teatro *kabuki*, o teatro de fantoches – tudo passou por essa função desenfreada em que as lágrimas eram lantejoulas, Judas um palhaço, Madalena era lapidada com bolas de borracha, o peludo Jesus tinha um brinco, Jerusalém saía em miniatura de sua mala de viagem, a música de *western* sublinhava a epopeia e a Última Ceia era regada a caipirinha antes do *Ecce homo* subir sozinho a Rua da Amargura. E que Jesus se tenha mostrado na sua dimensão mais humana neste espetáculo semi-acrobático só faz pensar quão distante esteve a Inquisição deste portentoso e sincrético imaginário cultural.

Eugénia Vasques, "Olha lá, galera".
Expresso, Lisboa, 22 abr. 1995

A magia do teatro permeia tudo. E Villela segura essa química com recursos simples, de grande efeito. O mais impressionante é o piso de espuma do palco, que torna o andar dos atores oscilante, leve, quase a caminho do voo.

Alberto Guzik, "Viagem à brasilidade".
Jornal da Tarde, 13 jan. 1995

Foto | Guto Muniz

Eduardo Moreira e
Teuda Bara
Foto | Gustavo Campos

Fotos | Guto Muniz

Acima: Arildo de Barros;
ao lado: Rodolfo Vaz
Fotos | Gustavo Campos

Foto | Gustavo Campos

Inês Peixoto, Antônio Edson
e elenco
Fotos | Guto Muniz

Inês Peixoto, Júlio Maciel
e Fernanda Vianna
Foto | Guto Muniz

Foto | Guto Muniz

Foto | Guto Muniz

Capítulo 4

O teatro imaginário de Molière (1997-1999)

Um Molière imaginário

Molière, Machado de Assis e Marc Chagall se equilibram na corda bamba do teatro de rua. Traçando um paralelo entre a farsa do dramaturgo francês e a ironia do escritor brasileiro e dando algumas pinceladas com as cores lúdicas do pintor russo, o Grupo Galpão, uma das principais companhias de teatro de rua do Brasil, se prepara para comemorar seus 15 anos de estrada com uma adaptação de *O doente imaginário*, última peça de Molière. O espetáculo ainda não passou pelo batismo – pode vir a se chamar *Um Molière imaginário* ou *Molière, uma comédia imaginária*, além do título original – mas já tem data para subir ao palco: faz uma pré-estreia no início de março, no interior de Minas Gerais, e depois segue para a estreia nacional no festival de teatro de Curitiba, antes de fazer temporada pelas praças e ruas de Belo Horizonte. Infelizmente, deve passar pelo Rio só no segundo semestre.

Roberta Oliveira, "Um Molière machadiano".
Jornal do Brasil, 3 fev. 1997

Os melhores espetáculos deste ano foram vitoriosos na opinião da crítica especializada: *Um Molière imaginário* (do Grupo Galpão) e *Viva o povo brasileiro* (do grupo Ponto de Partida).

Paulo Campos, "Um Molière vencedor".
Jornal Pampulha, 13 dez. 1997

O texto, apesar de impuro, tem uma construção fabulosa e todas as licenças poéticas são felizes. O ritmo perfeito, a direção de arte impecável, a trilha sonora e a precisão cirúrgica nas intenções dos atores merecem registro. Todos estão bem em cena. A considerar, somente, o prólogo e o epílogo, piegas e fora da atmosfera cênica da encenação.

João Luiz Vieira,
"*Um Molière imaginário* foi uma grata surpresa".
Jornal do Commercio, Recife, 1º dez. 1997

É ou não é uma paixão esse encontro sempre feliz entre o Grupo Galpão e o público belo-horizontino? As apresentações de *Um Molière imaginário*, segunda e terça-feira, na praça do Papa, mostraram claramente isso. Belo Horizonte ama o Galpão, sente saudades de seus saltimbancos mais famosos e se delicia quando eles voltam à rua com sua alegria e competência. A estreia foi a celebração esfuziante desse reencontro: multidão pelas encostas da praça, em volta da trupe, até atrás do palquinho. Uma hora e meia de aplausos e risos, culminada pelo "bravo" sincero de quem adorou tudo.

Clara Arreguy, "Encontro encantado com o público".
Estado de Minas, 14 maio 1997

Páginas 144-145
Detalhe de cenário de
Um Molière imaginário;
acima: elenco
Tiradentes, MG
Fotos | Gustavo Campos

Simone Ordones,
Júlio Maciel, Teuda Bara,
Rodolfo Vaz, Inês Peixoto
e Paulo André
Fotos | Bianca Aun

Rodolfo Vaz, Teuda Bara,
Antônio Edson e Inês Peixoto
Fotos de cima | Zé De Boni
Fotos de baixo | Guto Muniz

Acima: Júlio Maciel;
ao lado: Fernanda Vianna
Fotos | Guto Muniz

Rodolfo Vaz e
Júlio Maciel
Foto | Zé De Boni

Chico Pelúcio, Paulo André
e Simone Ordones
Foto | Gustavo Campos

Arildo de Barros e
Eduardo Moreira
Foto | Bianca Aun

Foto | Gustavo Campos

A companhia fundiu o texto clássico de *O doente imaginário* com o hipotético velório de Molière, tentando discutir a natureza do fazer teatral. Mas só o que conseguiu foi entremear uma comédia pastelão (mistura de Cartoon Network com "Sai de baixo") com discursos beatificantes e panfletos piegas sobre a grandeza do ofício do teatro.

Jotabê Medeiros, "*Um Molière imaginário* agrada ao público".
O Estado de S. Paulo, 15 mar. 1997

O festival de Curitiba estreou lindamente sob o signo do encantamento teatral, graças à contagiante alegria de *Um Molière imaginário*, que o Grupo Galpão apresentou na Ópera de Arame [...] Pensando em seu grande público de cidades do interior, ao lado da tradução de Edla Van Steen de *O doente imaginário*, Cacá Brandão elaborou textos originais (e, por questão de duração, fez alguns cortes) de modo a falar um pouco de Molière, do teatro. Sendo mambembes o autor e os intérpretes, a opção cenográfica foi pela criação de um palco como talvez usassem os mambembes nos tempos idos, e o cenário de Paulo Pessoa é, além de charmoso, funcional e evocativo. Os figurinos de Wanda Sgarbi criam com irrevogável gosto a estreita identificação entre o universo de Molière e o do circo brasileiro do interior [...] Juntando todos esses elementos está a direção de Eduardo Moreira, membro nato do grupo e portanto com domínio total sobre o universo e as linguagens típicas do longo trabalho do Galpão: o resultado é ótimo, com a leve caricatura circense contribuindo para tornar clara a história a ser contada, cheia de momentos inesperados e plena de carinho para com Molière e o mundo dos mambembes. Não poderia ser mais positiva e inspiradora a estreia do festival: um espetáculo como este é realmente uma festa para o teatro.

Bárbara Heliodora, "Um exemplo de encanto com alma mambembe".
O Globo, 15 mar. 1997

Tudo funciona na montagem do Grupo Galpão. Os atores estão ótimos em seus papéis, a começar pelo principal, Rodolfo Vaz, que faz Argan. As citações extemporâneas – a calculadora na mão do tabelião, o saxofone, que não existia à época de Molière, até Machado de Assis (Argan escreve uma carta com "a pena da galhofa e a tinta da melancolia") – provocam reconhecimento na plateia e, claro, diversão.

Paulo Paniago, "Galpão faz sucesso com Molière irreal".
Correio Braziliense, 15 nov. 2001

Es la capacidad lúdica lo que el Grupo Galpão utiliza como nexo entre los actores y el público, sirviéndose de la concepción más primaria del teatro. Utiliza elementos y recursos de la comedia del arte y del circo para entregar un espectáculo rico en vestuarios, accesorios, texturas y colores donde el poder de la música – ejecutada y cantada por los propios artistas – es un factor de la seducción que este grupo ejerce.

Carola Oyarzún, "Brillo, frescura y simpatía".
El Mercurio, Santiago do Chile, 24 jan. 1998

Capítulo 5

O teatro partido ao meio (1999-2000)

Partido

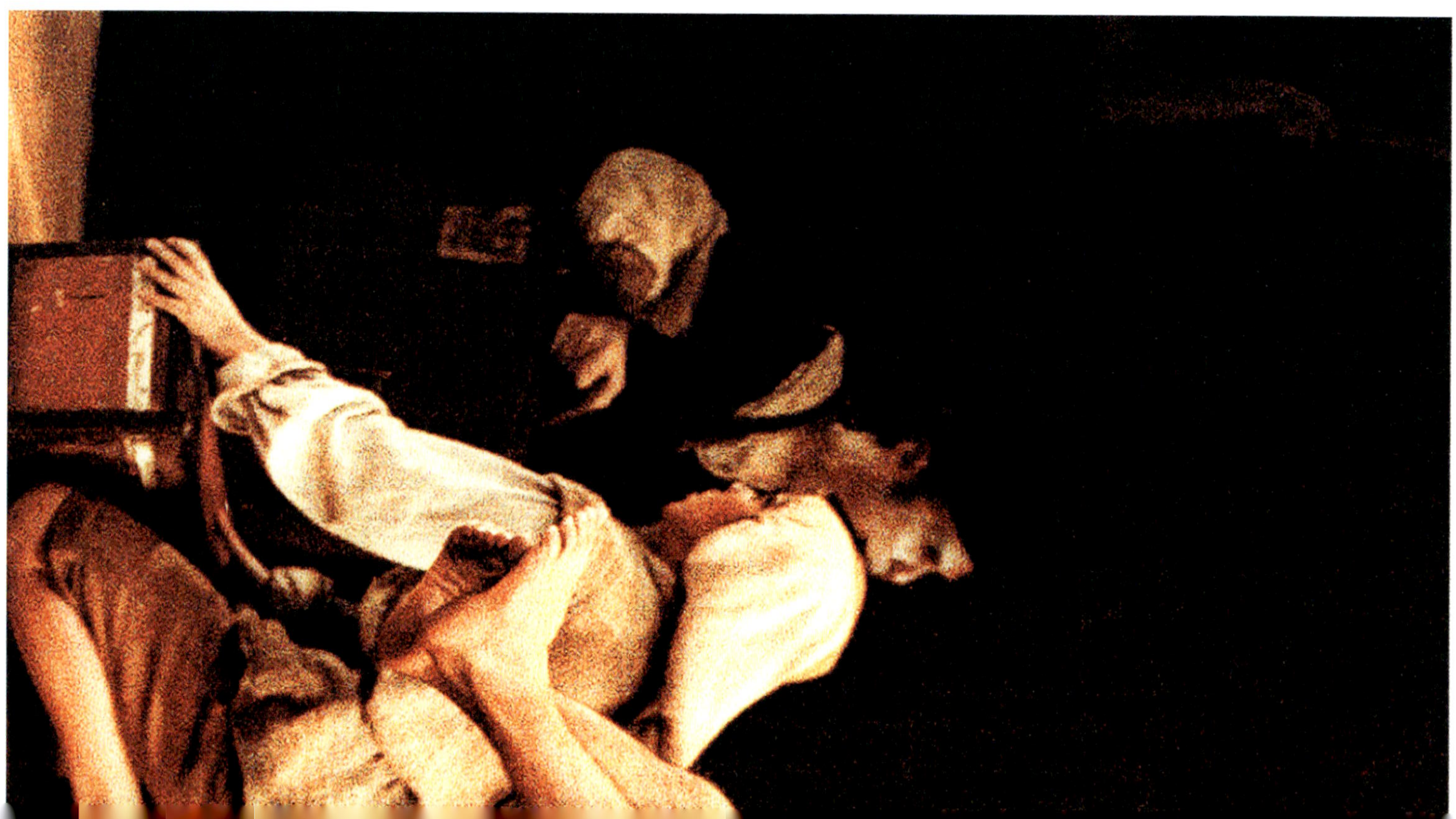

Páginas 154-155 e ao lado:
elenco de *Partido*

Antônio Edson e
Lydia Del Picchia
Fotos | Guto Muniz

Esta é uma conquista da evolução estética do grupo, de sua credibilidade e do amadurecimento da própria audiência, que cada vez mais se capacita para acompanhar desempenhos e propostas rigorosas e sem concessões ao digerível.

Clara Arreguy, "Divisão e integridade".
Estado de Minas, 22 jul. 1999

Dificilmente a qualidade cênica de *Partido* poderá ser superada: mas é uma pena que se perca tamanho esforço num texto literário impossível de ser transportado para o palco.

Bárbara Heliodora, "Montagem bela mas confusa".
O Globo, 9 ago. 1999

É raro um artista, ou um grupo de artistas, alcançar um momento sublime em sua carreira. O Galpão já tivera o seu, no instante da morte de Julieta em *Romeu e Julieta*. Conseguiu a façanha de repetir a dose. O desnudamento material e simbólico do ator Paulo André no final de *Partido* é sublime, um despojar-se completamente de qualquer orgulho, pudor, ornamento, é revelar algo essencial, permitir ao público a graça da iluminação. Em seus últimos espetáculos, o Galpão alcançara outros patamares menos valiosos – o patético em *A rua da amargura*, na *"pietà"* a que a encenação conduz e, na morte do Judas, o equilíbrio perfeito entre humor e reflexão sobre o humor, entre forma livre e rigor da encenação em *Um Molière imaginário*. Mas o sublime é algo mais valioso, o que coloca *Partido* lado a lado de *Romeu e Julieta* como a maior contribuição do Galpão à arte nacional.

Marcello Castilho Avellar, "Um instante sublime".
Estado de Minas, 8 maio 1999

Finamente burilado, quase encantatório para ouvir, *Partido* é um espetáculo para gostar do que se vê. São notáveis as partituras, os cenários, os figurinos, os objetos de cena, as caracterizações dos personagens, a luz precisa e deslumbrante. É menos visível, mas bastante perceptível, a rica prospecção teatral que realiza. Como ali se escreve cuidadosamente nas entrelinhas, com aguçada e resoluta caligrafia. Com a tremida de artista. Tudo isso o torna um espetáculo imperdível.

Miguel Anunciação, "*Partido* é imperdível".
Hoje em Dia, 29 jul. 1999

Me aventuro, con *Partido*, a pensar que, primero, se trata de la negación de nuestra propia esencia; segundo, que nos convertimos en hombrecillos tristes; y tercero, que mientras no nos aceptemos como somos – seres finitos – cualquier escapatoria será imposible. El montaje con el que Galpão se está presentando en el FITC 2000 es, en definitiva, una invitación a abrir las maletas que los personajes de *Partido* cargan con los restos de unas vidas que no tiene sentido atesorar. Un espectáculo que sobresale por la precisión de su puesta, por la calidad interpretativa y vocal de sus actores y por el impecable diseño escenográfico que, pese a su sencilla espectacularidad, no irresuelta el denso texto de Calvino. Seguimos en busca del hombre completo.

"O teatro partido ao meio".
El Nacional, Caracas, 29 mar. 2000

Fotos | Guto Muniz

Antônio Edson e
Paulo André
Foto | Guto Muniz

Antônio Edson
e Teuda Bara
Foto | Guto Muniz

Eduardo Moreira,
Arildo de Barros e
Paulo André; abaixo:
Inês Peixoto e Paulo André
Fotos | Guto Muniz

Capítulo 6

A comédia popular brasileira (2000-2002)

Um trem chamado desejo

Páginas 162-163
Arildo de Barros em
Um trem chamado desejo

Beto Franco e Inês Peixoto;
abaixo: elenco
Fotos | Guto Muniz

Fernanda Vianna, Simone Ordones, Eduardo Moreira e Chico Pelúcio; abaixo: Beto Franco, Eduardo Moreira e Antônio Edson
Fotos | Guto Muniz

O desejo de falar sobre as angústias e desejos de uma trupe teatral sediada fora do eixo Rio-São Paulo foi o ponto de partida dos atores do Galpão. Juntos, criaram os argumentos, improvisaram cenas e depois convidaram Luís Alberto de Abreu para escrever o texto final. Diferentemente de muitas outras companhias – cuja criação gira em torno de um diretor – o Galpão é um grupo essencialmente de atores, que trabalha com diretores convidados – como Gabriel Villela em *Romeu e Julieta* – ou revezam-se na direção de seus espetáculos. Talvez por isso a decadente companhia teatral Alcantil das Alterosas seja o principal personagem da comédia musical *Um trem chamado desejo*.

Beth Néspoli, *"Um trem chamado desejo"*.
O Estado de S. Paulo, 28 nov. 2000

Não se pode falar de *Um trem chamado desejo* sem citar o filme produzido para integrar uma de suas passagens, "Cenas de um casamento". Dirigido por André Amparo, o interessante curtinha traz Tim Rescala, Maria Padilha, Eduardo Moscovis e Cacá Carvalho em ritmo de anos 20, com aqueles trejeitos, legendas, recursos de corte e aceleração, "defeitos especiais" e fotos de Belo Horizonte distante no tempo. [...] A canção em homenagem às curvas da avenida do Contorno é um achado.

Clara Arreguy, "Um trem movido a desejo".
Estado de Minas, 30 nov. 2000

Márcio Medina, responsável por cenografia e figurinos, retoma a parceria iniciada em *Partido* e faz profissão de fé no trabalho de grupo, como tem sido com a Cia. do Latão, de São Paulo, ou o Centro de Pesquisa Teatral do italiano Roberto Bacci, em Pontedera. "O desafio de produzir para uma companhia é maior; é outro nível de inquietação artística."

Israel do Vale,
"Galpão embarca teatro e cinema no mesmo trilho".
Folha de S.Paulo, **28 nov. 2000**

A estreia de *Um trem chamado desejo* no Festival de Curitiba, que se encerra no domingo próximo, estava cercada de grande expectativa, tanto que os organizadores programaram quatro apresentações, duas a mais que os outros espetáculos da mostra. A ampliação do número de sessões se justifica pela tradição que o grupo mineiro Galpão estabeleceu no festival, onde obteve excelente respeito do público ao longo das dez edições do evento curitibano. [...] Mas o público, na segunda-feira, aplaudiu entusiasticamente a montagem do Galpão, o que confirma a sintonia da organização do festival para espetáculos populares e justifica o aumento de apresentações de *Um trem chamado desejo*.

Macksen Luiz, "Homenagem à resistência".
Jornal do Brasil, 28 mar. 2001

Teuda Bara, Inês Peixoto, Lydia Del Picchia e Fernanda Vianna; abaixo: Antônio Edson e elenco
Fotos | Guto Muniz

Paulo André
Foto | Guto Muniz

Acima: Antônio Edson;
ao lado, Teuda Bara,
Lydia Del Picchia e
Chico Pelúcio
Fotos | Guto Muniz

Acima: Lydia Del Picchia e Teuda Bara; ao lado: Fernanda Vianna e Chico Pelúcio em *Um trem chamado desejo*
Fotos | Guto Muniz

O Grupo Galpão serve de referência para outras companhias, pela proposta sólida no cenário teatral brasileiro, pela pesquisa de linguagem e pelo teatro de alto nível. Enquanto os pós-modernos tentam deletar o tradicional, o Galpão preserva, luta pelo tombamento de um patrimônio: genuíno teatro nacional. *Um trem chamado desejo* atravessou o teatro brasileiro e virou só sentimentos. Vida longa ao Galpão.

Francelino França,
"Galpão mostra a loucura criativa do teatro".
Folha Londrina, 30 mar. 2001

O texto de Luís Alberto de Abreu, escrito a partir de situações dramáticas escritas pelo grupo, tem uma precisa correspondência histórica com o vocabulário teatral dos anos 20 e a economia da boa escrita. Os atores do Galpão lançam assim um olhar amoroso sobre o passado enquanto põem as mãos na massa do contemporâneo.

Mariangela Alves de Lima, "Comicidade do Trem fica a léguas da farsa".
O Estado de S. Paulo, 24 ago. 2001

De qualquer forma, a fé cênica desse grupo se consolida agora enquanto pedra de toque do teatro brasileiro. Remete à experiência análoga de quando, há mais de 300 anos, o grupo mambembe de Molière acabou dando origem à Comédie-Française: o Galpão é nossa "comédia brasileira". [...] Afinal, a companhia de Cine-Theatro Alcantil das Alterosas, em torno da qual se desenvolve a trama, é prima-irmã da companhia de teatro-circo de *Vem buscar-me que ainda sou teu*, clássico de Abreu; ambas, aliás, netas da companhia Frazão do Mambembe, de Arthur Azevedo.

Sérgio Sávio Coelho, "Galpão é a 'comédia brasileira'".
Folha de S.Paulo, 1º set. 2001

Capítulo 7

O encontro com Paulo José (2003-2005)

O inspetor geral e *Um homem é um homem*

O novo espetáculo do Grupo Galpão é a prova de que um grupo permanente, com o devido talento, a devida disciplina e a devida dedicação, pode encontrar uma personalidade própria, que se afirma em cada produção, mesmo que seja norma da casa convidar diretores diferentes para cada passo da estrada. Cada espetáculo exige com isso que o grupo se adapte à visão do novo diretor, enquanto o diretor passa a trabalhar com um material específico, que será moldado, porém, sem perder sua essência. A direção de Paulo José é de primeira linha, pois explora com brilho a vida cênica, mantendo-a a todo momento como veículo para alcançar os objetivos do texto, sempre na medida certa, no nascido da situação ou do personagem, trabalhando para servir e enriquecer Gógol, sem cair no exagero ou na apelação. [...] *O inspetor geral* é um espetáculo inteligente, bom de se olhar e divertido. Quem gosta de teatro não pode perder.

Bárbara Heliodora, "Para os amantes do teatro".
O Globo, 11 set. 2003

Sempre que se anuncia que o Galpão virá ao Rio de Janeiro, os amantes do teatro entram em estado de grande expectativa. E nada mais natural, pois a cada visita o grupo só faz ratificar a merecida fama que adquiriu. Agora sob a direção de Paulo José, os artistas mineiros apresentam *O inspetor geral* de Gógol, uma das peças mais brilhantes de toda a história da dramaturgia. Em cartaz no teatro Villa-Lobos.

Leonel Fischer, "Clássico em versão impecável".
Tribuna da Imprensa, 11 set. 2003

Páginas 172-173
Ensaio de *O inspetor geral;*
ao lado: elenco
Fotos | Guto Muniz

Eduardo Moreira,
Rodolfo Vaz,
Arildo de Barros,
Teuda Bara, Chico Aníbal
e Simone Ordones;
abaixo: Paulo André e
Antônio Edson
Fotos | Guto Muniz

Eduardo Moreira
e Chico Anibal
Foto | Guto Muniz

Acima: Inês Peixoto;
ao lado: Eduardo Moreira
e Simone Ordones
Fotos | Guto Muniz

Certamente há atores mais ou menos talentosos no elenco. Porém, se há desequilíbrio, é imperceptível no espetáculo. Só mesmo uma companhia estável pode dar ao público o prazer de ver no palco um elenco de 11 atores afinados e generosos, de forma a deixar o protagonismo para o espetáculo.

Beth Néspoli, "*O inspetor geral*, uma farsa de rara precisão".
O Estado de S. Paulo, 11 abr. 2004

É com essa mistura de inocência de filme mudo e malícia de chanchada brasileira que o Galpão ganha a unanimidade nacional. Que se cuide o grupo: dele se esperará sempre montagens do nível desse *O inspetor geral*.

Sérgio Sávio Coelho, "Galpão atualiza e simplifica trama de *O inspetor geral*".
Folha de S.Paulo, 8 abr. 2004

O Grupo Galpão foi o grande vencedor do prêmio Sesc/Sated, que ocorreu na noite de segunda-feira, no Palácio das Artes. Sua última criação, o espetáculo *O inspetor geral*, conquistou seis prêmios, inclusive os de melhor espetáculo e diretor.

"Emoção sem surpresas".
Estado de Minas, 26 maio 2004

O Grupo Galpão, porém, vai mais longe nessa montagem: faz rir o tempo todo, até com uma música adicional cantada e tocada ao vivo pelos atores (a primeira cena traz todo o elenco tocando instrumentos, com uma divertida orquestra de câmera), que criaram uma língua para passar a falsa impressão de que falam russo, adaptando com uma incompreensível letra a tradicional "Barqueiros do Volga" do folclore russo.

Janaína Lima e Paulo Sérgio Scarpa,
"Galpão mostra que Gógol, felizmente, continua vivo".
Jornal do Commercio, Recife, 13 nov. 2004

Eduardo Moreira, Geraldo Carrato e Rodolfo Vaz; abaixo: Rodolfo Vaz
Fotos | Guto Muniz

Inês Peixoto,
Fernanda Vianna
e Rodolfo Vaz;
abaixo: Simone Ordones,
Margareth Serra, Chico
Aníbal e Antônio Edson
Fotos | Guto Muniz

Paulo José sabe que servir Brecht é não respeitar seu texto rigorosamente. O próprio autor-encenador revia seu texto a cada montagem, pois o jogo entre ficção e realidade só funciona com a plateia quando reatualizado a cada encenação. Contando com a cumplicidade do Galpão para atualizar piadas e referências, castiga pelo riso os costumes militares da ocupação que passa por cima de valores individuais em nome da causa colonialista.

Sérgio Sávio Coelho,
"Galpão encena preço da alma segundo Brecht".
Folha de S.Paulo, 23 mar. 2006

A julgar pelo repertório que apresentou até agora nos palcos paulistanos, o Grupo Galpão tem inscrito no seu projeto artístico o diálogo com grandes dramaturgos. Trabalhando com Shakespeare ou Molière, o filtro narrativo do grupo é sempre evidente, como uma moldura que permite reconhecer a um só tempo os leitores e a obra lida. Nesse sentido, Brecht é quase uma inclinação natural. A recriação de uma personalidade segundo o viés da contingência histórica é uma brincadeira paródia que os artistas do grupo têm realizado por prazer nos seus vários exercícios de metateatro. Estão habituados a nos fazer pensar sem franzir a testa.

Mariângela Alves Lima, "Curtindo Brecht sem franzir a testa".
O Estado de S. Paulo, 31 mar. 2006

Porto Alegre tem dessas coisas... A cidade muitas vezes parece dura, desatenta, complicada, mas daqui a pouco se torna capaz de provocar encantamentos. Foi o que aconteceu na quinta-feira da semana passada, quando mais de 500 pessoas foram ver teatro de rua ao anoitecer em frente à Usina do Gasômetro. Elas foram conferir *Um homem é um homem*, peça de Bertolt Brecht, em montagem do Grupo Galpão, de Belo Horizonte (MG).

Hélio Barcellos Jr., "Encantos depois do pôr-do-sol".
Jornal do Comércio, Porto Alegre, 27 nov. 2007

As referências colhidas no mundo do circo e dos cabarés ajudam a tornar mais palpável o discurso politizado da montagem – surgem em cena vários personagens que se equilibram sobre pernas de pau, há projeções em telão e os músicos da companhia executam, ao vivo, a trilha da peça. "Se o próprio Brecht dizia que este texto era uma comédia, não seríamos nós os responsáveis por transformá-la em tragédia." É um espetáculo envolvente por reunir tantas referências da cultura popular.

Sérgio Roveri, "Comédia de guerra".
Diário do Comércio, São Paulo, 24 mar. 2006

Elenco e cenário de
Um homem é um homem
Foto | Guto Muniz

Beto Franco,
Eduardo Moreira e
Paulo André
Foto | Bianca Aun

Antônio Edson e
Inês Peixoto
Foto | Guto Muniz

Assim como em *Partido*, nessa nova montagem a companhia reafirma um dos seus maiores méritos: a experimentação. Ir além do conhecido. E daí os atores "bravos".

Roberta Maia, "Nova peça do Galpão acerta veia de Brecht".
O Tempo, 24 out. 2005

Estão em cena o Brecht e o Galpão mambembes, que se equilibram em pernas de pau, montam e desmontam cenários com agilidade impressionante. Era o que Brecht queria quando escreveu, entre 1924 e 1926, *Um homem é um homem*. O dramaturgo inauguraria seu teatro épico, que propõe uma forma de atuação em oposição à forma dramática tradicional.

Gracie Santos, "Circo mais que atual".
Estado de Minas, 29 out. 2005

Essa multiplicidade de estímulos sensoriais compondo uma espécie de espetáculo total, a partir da incorporação de outras técnicas modernas e de outras artes como a música e a coreografia, é algo que, por uma coincidência feliz e certamente não gratuita, já fazia parte do estilo de representação teatral do Grupo Galpão, de modo que seria possível arriscar, não sem alguma chance de acerto, uma fórmula exagerada, mas que ajuda a compreender uma das razões da óbvia excelência artística dessa encenação de *Um homem é um homem*: o Galpão, mesmo não encenando Brecht, é brechtiano.

Teodoro Rennó Assunção, "Engajamento e prazer".
Estado de Minas, 19 nov. 2005

Na versão mineira, o espaço geográfico de Dagbá – alusão direta a Bagdá – onde o carregador Galy Gay é transformado num guerreiro implacável [...] a encenação traz os elementos brechtianos (músicas, cartazes), ironia, reflexão crítica para nenhum espectador sair do teatro sem pensar sobre todas as questões apresentadas na peça. Direção, atuação, cenografia, figurinos, iluminação, tudo articulado em harmonia. Um dos pontos altos do festival.

Ivana Moura, "Festival encerra com estilo".
Diário de Pernambuco, 28 nov. 2005

Acima: Simone Ordones
e Antônio Edson;
ao lado: Fernanda Vianna,
Simone Ordones e
Inês Peixoto
Fotos | Guto Muniz

Paulo André,
Eduardo Moreira,
Beto Franco, Júlio Maciel
e Fernanda Vianna
Foto | Guto Muniz

Fernanda Vianna,
Antônio Edson,
Rodolfo Vaz e
Inês Peixoto
Foto | Clarissa Lambert

Foto | Clarissa Lambert

Fernanda Vianna e
Inês Peixoto
Foto | Guto Muniz

Foto | Guto Muniz

Capítulo 8

Os milagres contados pelo público (2006-2008)

Pequenos milagres

Páginas 190-191
Júlio Maciel, Antônio Edson, Paulo André e Chico Pelúcio em *Pequenos milagres*
Foto | Adalberto Lima

Elenco e cenário
Foto | João Marcos Rosa

Júlio Maciel e Paulo André
Foto | Renato Mangolin

Eu queria uma dramaturgia própria. Adoro esse tipo de processo, de começar uma história. Então, ganhei do Maneco Quinderé um livro do Paul Auster, *Achei que meu pai fosse Deus*, feito em cima de uma coletânea de histórias reais mandadas pelos leitores. Daí, joguei essa ideia e bateu nos atores na hora. Nós estávamos tão empolgados com as 600 histórias recebidas que chegamos a pensar em fazer cada apresentação com histórias diferentes. Graças a Deus mudamos de ideia!

Paulo de Moraes
em matéria de Alessandra Duarte, "A rua no palco".
O Globo, 30 jan. 2007

O interessante é que, ao mergulhar em sentimentos individuais, o grupo acaba traçando um panorama do país, se não abrangente – são tantos os Brasis – no mínimo um mosaico da sociedade contemporânea.

Beth Néspoli,
O Estado de S. Paulo, 24 mar. 2007

Basta uma história, alguns personagens, alguns intérpretes interessados em revelá-las, e tudo brota, por ser inerente ao humano e portanto anterior às artes do teatro. Se há uma fantasia que interessa é a da própria vida, e basta sua representação, nua e despojada, para que o espectador descubra como pode ser feliz.

Marcello Castilho Avellar, "O show da vida".
Estado de Minas, 31 mar. 2007

Paulo de Moraes comprova o talento em criar belas soluções, trazendo ao Galpão uma nova relação com a trilha musical, que às vezes toma corpo de protagonista, como quando quatro garotos disputam uma corrida de carrinho de rolimã. Sem trilha, a cena não aconteceria.

Soraya Belusi, "Um dia em que tudo acontece".
O Tempo, 29 abr. 2007

Paulo André,
Arildo de Barros e
Simone Ordones
Fotos | Renato Mangolin

Antônio Edson e
Eduardo Moreira
Foto | Renato Mangolin

Inês Peixoto e
Chico Pelúcio
Foto | João Marcos Rosa

Acima: elenco;
ao lado: Inês Peixoto
e Júlio Maciel
Fotos | Clarissa Lambert

Foto | Pablo Pinheiro

Inês Peixoto, Beto Franco
e Paulo André
Foto | Clarissa Lambert

Trupe de muitos talentos, mas com estilo próprio, o Galpão atingiu um patamar técnico acima do comum entre os mais importantes conjuntos teatrais brasileiros. Tem uma fisionomia tão bem definida que pode ser reconhecida sob diferentes diretores e em um repertório bastante variado. E talvez a função da experiência com o teatro narrativo mantenha com o público um entendimento cordial e francamente sedutor. São os traços permanentes que estão presentes na composição e na forma de desempenho de *Pequenos milagres*.

Mariângela Alves de Lima,
"Galpão exibe técnica, mas falta vigor".
O Estado de S. Paulo, 11 ago. 2007

O diretor convidado, Paulo de Moraes, optou por uma linha realista e sem dúvida provou que o pessoal do Galpão também sabe o que faz quando o realismo é pedido, e para eles a experiência nova deve ter sido interessante, embora a barroca imaginação da maioria de seus trabalhos deixe saudades. [...] Só podemos desejar que nos próximos 25 anos o Grupo Galpão continue a nos encantar e tratar seu público com igual qualidade e amor.

Bárbara Heliodora,
"Grupo Galpão celebra 25 anos com qualidade e amor".
O Globo, 14 set. 2007

O Grupo Galpão está em busca de "patranhas": histórias raras que, de tão inesperadas, parecem mentiras, para montagem do próximo espetáculo. Ontem os artistas abriram a campanha "Conte sua história", com a presença do diretor convidado Paulo de Moraes, e esperam comemorar os 25 anos do grupo, em 2007, com peça que torna a relação do grupo com o público ainda mais estreita. Desta vez, nada de autores célebres e grandes clássicos para marcar a data. O Galpão quer mesmo é saber de histórias do cotidiano, movidas pelo acaso com ingredientes inusitados.

Janaína Cunha Melo, "Pedaços de vida".
Estado de Minas, 12 jul. 2006

Eduardo Moreira e
Lydia Del Picchia
Foto | João Marcos Rosa

Chico Pelúcio,
Arildo de Barros e
Lydia Del Picchia
Foto | Renato Mangolin

Capítulo 9

A saga cômica de um anti-herói (2009-2012)

Till, a saga de um herói torto

Presente na história, o universo do grotesco foi explorado tanto na construção dos personagens como também no cenário, figurino e maquiagem. Um *workshop* sobre bufões ministrado por Joaquim Elias ajudou os atores a encontrar o exagero do grotesco em seus corpos – mas, segundo Júlio Maciel, a referência aparece apenas de forma sutil.

Júlia Guimarães, "*Till*".
Pampulha, 27 jun. 2009

Till é uma comédia rasgada, cujo processo de construção foi, desde o princípio, colaborativo. Antes de o grupo optar pela história, o público foi convidado a assistir a cenas de quatro textos diferentes, entre eles o de Luís Alberto de Abreu, que bateu na preferência geral; *Lisístrata*, de Aristófanes; *Sonho de uma noite de verão* e uma adaptação de *Hamlet*, ambos de Shakespeare.

Fábio Fabrini, "Os saltimbancos".
O Globo, 12 set. 2009

O Rio não para de comentar a volta do Grupo Galpão às origens, ou melhor, às ruas. Só na sexta-feira, três mil pessoas foram ao parque dos Patins, na Lagoa, para ver *Till, a saga de um herói torto*.

Heloísa Tolipan,
"Na chuva, na rua, na fazenda, em qualquer lugar".
Jornal do Brasil, 21 set. 2009

Após alguns séculos, Till Eulenspiegel, surpreendido, volta a viver suas desatinadas aventuras no Brasil, mais particularmente em Minas Gerais. E se sente bem-vindo.

Bárbara Heliodora,
"Galpão descobre o lúdico e a mineirice da lenda alemã".
O Globo, 10 out. 2009

Páginas 200–201
Elenco de *Till, a saga de um herói torto*
Foto | Nereu Jr.

Inês Peixoto
Foto | Nidin Sanches

Eduardo Moreira,
Simone Ordones e
Antônio Edson
Foto | Guto Muniz

Teuda Bara e Beto Franco
Foto | Nereu Jr.

Chico Pelúcio
Foto | Nidin Sanches

Foto | Guto Muniz

Inês Peixoto
Foto | Adalberto Lima

Em uma das melhores aberturas dos últimos anos, o Festival Recife de teatro nacional iniciou na quinta-feira a maratona de espetáculos palestras e oficinas que acontecem até o dia 30. O Grupo Galpão apresentou a ótima *Till, a saga de um herói torto*, onde um sofisticado elenco – e um exuberante e bem cuidado figurino – foram mesclados a uma linguagem que reunia em um só texto o onírico e o escatológico, o humor e o drama. Com personagens sensacionais, como uma Consciência estropiada pela vida e um Anão que entra em uma mãe para ajudar no parto, os mineiros prenderam a atenção do público que ocupou as cadeiras plásticas espalhadas na praça do Arsenal.

"Excelência e humor iniciam maratona",
Jornal do Commercio, Recife, 21 nov. 2009

Eles capturam sem distinção o espectador para dentro de uma história ambientada na Idade Média, mas que fala essencialmente de pessoas miseráveis como as que sobrevivem no aqui e agora, para quem a ignorância dói menos do que a fome, e para quem as perspectivas de vida são nulas. Sem didatismo. A crítica social, ao contrário do humor, tem suas sutilezas e acrescenta camadas de interpretação, por exemplo no figurino do diabo, em que gravatas pendem como um rabo.

Luciana Romagnolli, "Till é miserável, popular e cômico".
Gazeta do Povo, Curitiba, 18 mar. 2010

Ao final, ainda é possível sonhar com um teatro capaz de tocar tão fortemente o povo – seja do Plano Piloto, seja das comunidades mais isoladas do acesso cultural. Como um político em campanha, a montagem de *Till* deveria esquadrinhar o Brasil. Subir os morros, atravessar os rios, chegar aos grotões. Essa é a utopia que o Grupo Galpão imprime diante da plateia: de um teatro popular possível e ao alcance de todos.

Sérgio Maggio, "A utopia de um teatro possível".
Correio Braziliense, 26 ago. 2010

Inês Peixoto, Beto Franco
e Lydia Del Picchia
Foto | Nereu Jr.

Arildo de Barros, Inês Peixoto
e Teuda Bara
Foto | Guto Muniz

Cenário e plateia
Foto | Nidin Sanches

Capítulo 10

A viagem a Tchékhov (2013-2014)

Tio Vânia (aos que vierem depois de nós) e *Eclipse*

Em 28 anos de estrada, o Galpão aborda, assiduamente, grandes clássicos da dramaturgia – montou Shakespeare, Brecht, Gógol, Nelson Rodrigues, Molière. Em 2011, aborda mais um, o russo Anton Tchékhov, em seus dois próximos espetáculos. Em ensaios há dois meses, *Tio Vânia* vem primeiro, sob a direção de Yara de Novaes e previsão de estreia para abril. O outro espetáculo estreia no final do próximo ano e será articulado a partir dos muitos contos assinados pelo médico escritor. Terá a direção do russo Jurij Alschitz.

Miguel Anunciação, "Tchékhov no Galpão".
Hoje em Dia, 10 dez. 2010

O que se vê ao fim das duas passagens é um Galpão sem enfeites. Não estão ali os elementos populares que tanto marcam a trajetória do grupo. Nem as cores e os humores de sempre. Tchékhov nos apresenta um painel cinzento, desiludido, em que os fracassos da existência humana não podem mais ser escondidos. E é dessa maneira que o Galpão se expõe. O toque de mineiridade se resume a um pedaço de queijo Minas em cima da mesa. Discreto, como os personagens do russo.

Soraya Belusi, "Grupo se desfaz da mineiridade para encenar Tchékhov".
O Tempo, 19 mar. 2011

O cenário de Márcio Medina – torres móveis que são híbridos de paredes manchadas pelas marcas atrozes do tempo – e as sutilezas da luz de Pedro Pederneiras e da trilha sonora de Dr. Morris colaboram para instaurar um fundo ondulante em que se destacam as atuações [...] Dramaturgias sobrevivem se resistem aos confrontos com os séculos que as sucedem. A montagem do Galpão projeta, no presente, um *Tio Vânia* com ares longevos.

Luiz Fernando Ramos,
"Galpão ressalta atualidade de *Tio Vânia* de Anton Tchékhov".
Folha de S.Paulo, 11 abr. 2011

O que o Grupo Galpão tem a ver com Anton Tchékhov? Nossa representação superficial dos dois é quase antagônica [...] Uma declaração recente do mestre maior da cena brasileira, José Celso Martinez, pode nos dar a pista para ir além dessa aparência. [...] Para Zé Celso, a força de Tchékhov estaria no oposto da história de indivíduos: ele marcou nosso imaginário por tratar de grandes arquétipos, de classes sociais e situações que, de tão profundamente impressas em nosso inconsciente, comparam-se a mitos. Encenar e assistir a Tchékhov, portanto, equivaleria à tragédia, à relação coletiva catalisada pelo espetáculo-rito, à compreensão da natureza do humano e do universal. Nesse ponto fica fácil localizarmos o Galpão, porque é exatamente nesse canal que ele opera.

Marcello Castilho Avellar, "Raízes da humanidade".
Estado de Minas, 27 abr. 2011

Páginas 210-211
Elenco de *Tio Vânia*
Foto | Adalberto Lima

Fernanda Vianna e
Antônio Edson
Foto | Guto Muniz

Paulo André, Antônio Edson, Teuda Bara e Eduardo Moreira
Foto | Elenize Dezgeniski

Fernanda Vianna e Mariana Muniz
Foto | Guto Muniz

Fernanda Vianna e Eduardo Moreira; abaixo: elenco
Fotos | Guto Muniz

A angústia do espectador possivelmente será ainda maior por dois outros traços típicos do Galpão. O primeiro é o humor: rimos das tiradas sarcásticas dos personagens, o que acaba realçando ainda mais a dor deles – e a nossa, que é difícil alguém não se perceber na condição parecida da que *Tio Vânia* mostra. O segundo é a beleza visual – o jogo de construir espaços a partir de quantidade relativamente pequena de estruturas cenográficas, no qual o Galpão se tornou especialista quando realizou *Romeu e Julieta*, alcança aqui uma dureza impressionante: fascina pela riqueza de detalhes que compõe sua construção e pela expressão de suas transformações, ao mesmo tempo em que comove pela maneira como aprisiona nossas personagens e nossos sentimentos naquele mundo trágico.

Marcello Castilho Avellar, "O cheiro do tempo".
Estado de Minas, 2 maio 2011

Jurij Alschitz tem muito a dizer. Não se pode prever o resultado de seu trabalho. Mas é possível identificar seu foco no processo, na construção e no significado do sentido. O russo não quer personagens. Quer pessoas vivas. Fala de planejamento e demonstração como quem – assim como seu conterrâneo Stanislavski – sabe esquematizar o método. Diz que o ator precisa de 60 a 90 minutos de preparação para o próximo dia. Ensina que ele não pode se esconder atrás do personagem. "A ideia, por si só, é mais importante do que a máscara. É preciso focar no sentido e não no personagem."

Jefferson da Fonseca, "Disciplina e criação".
Estado de Minas, 10 jun. 2011

O moderno cenário carregado de referências dos movimentos vanguardistas russos e o figurino contemporâneo realmente não deixam dúvidas. Às vésperas de completar 30 anos, o Galpão fez algo diferente. É *Eclipse*.

Carolina Braga, "Isso é vanguarda".
Estado de Minas, 23 nov. 2011

Durante os 90 minutos de *Eclipse*, o Galpão usa o humor para chamar a atenção para a metalinguagem. É quase como se falassem: caro público, somos atores, estamos fazendo teatro e isso pode mesmo parecer sem sentido. Mas será que devemos procurar sentido para as coisas, para a vida, para o teatro?

Carolina Braga, "Depois do *Eclipse*".
Estado de Minas, 3 dez. 2011

Cenário de *Eclipse*
Foto | Bianca Aun

Simone Ordones,
Lydia Del Picchia e
Inês Peixoto

Simone Ordones e
Júlio Maciel
Fotos | Bianca Aun

Inês Peixoto,
Lydia Del Picchia,
Simone Ordones e
Júlio Maciel
Foto | Guto Muniz

Foto | Bianca Aun

Inês Peixoto, Lycia Del Picchia, Simone Ordones, Júlio Maciel e Chico Pelúcio
Foto | Bianca Aun

Boa parte da pesquisa do grupo neste trabalho tem como foco a lapidação de uma interpretação que também foge do estilo naturalista. Assim como faz no Aktzent International Theater Center, centro de pesquisa que coordena em Berlim, Jurij cria dramaturgia e cena a partir de adaptações propostas pelos atores envolvidos com o trabalho.

Gustavo Fioratti, "Peça *Eclipse* foge de abordagem naturalista".
Folha de S.Paulo, 9 abr. 2012

Também na contramão da imagem que se costuma associar à ficção de Tchékhov, o estudioso russo, que vive na Alemanha, recusou o psicologismo e buscou observar o autor pelo prisma do construtivismo. O resultado está distante do realismo e flerta com certa dose de absurdo.

Maria Eugênia de Menezes, "Aos 30 anos, Galpão encontra Tchékhov".
O Estado de S. Paulo, 25 set. 2012

"Não foi uma escolha em cima da estética ou de algum produto pronto de teatro, o que mais nos fascinou foi o treinamento que ele desenvolve. Ele trabalha muito com a circulação da energia no corpo do ator", explica a atriz Inês Peixoto. Em duas semanas de convívio, Inês já admira também o "conhecimento profundo" que Jurij tem da obra de Tchékhov, que soma quase 600 contos. "Ele nos tem feito entender o paradoxo sobre o qual a obra de Tchékhov é construída: se há uma situação trágica, a ação é cômica; se existe um discurso de forte ataque, quem fala é gago. Existe o profano e o sagrado no mesmo lugar", diz.

Luciana Romagnolli, "Grupo escolhe contos e experimenta fluxos de energia".
O Tempo, 12 jun. 2011

Capítulo 11

O delírio dos gigantes de Pirandello (2014-2015)

Os gigantes da montanha

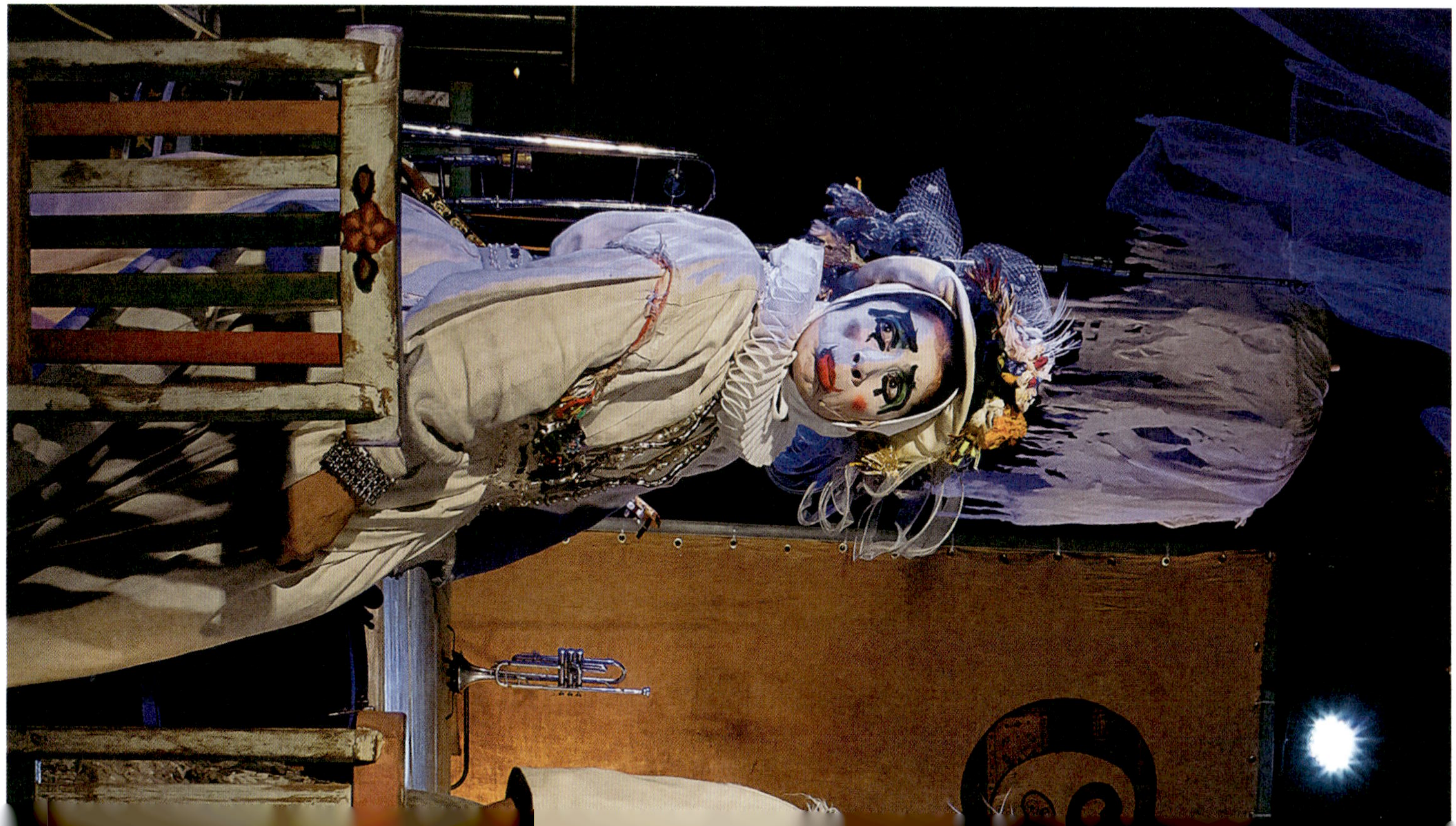

Vestir um personagem, para Gabriel Villela, é quase uma liturgia. "O Galpão veste uma roupa para celebrar um mito, não para desfilar uma moda *fashion*", diferencia. "O figurino do Gabriel é dramaturgia. Como ele trabalha muito em cima dos arquétipos, as roupas são carregadas de significados. Dizem muita coisa do personagem, ao mesmo tempo que escondem, revelam, provocam mistérios", analisa Paulo André.

Carolina Braga, "As cores do mundo".
Estado de Minas, 27 abr. 2013

Finda a viagem realista guiada por textos do russo Anton Tchékhov (1860-1904), geradora de seus dois últimos espetáculos, o Grupo Galpão retorna à rua e à linguagem popular barroca do diretor Gabriel Villela para a primeira montagem inédita juntos em duas décadas, desde o afastamento após *A rua da amargura* (1994). Grupo e diretor mineiros preparam *Os gigantes da montanha*, de Luigi Pirandello (1867-1936) [...] O espetáculo será encenado na praça do Papa, ao pé da serra do Curral, em Belo Horizonte. Um local simbólico por ter recebido 15 espectadores no fim de semana da reestreia do espetáculo *Romeu e Julieta*, em 2012. E também simbólico pela visão panorâmica da cidade, tal qual a montanha aludida no título do espetáculo.

Luciana Romagnolli, "Galpão leva Pirandello para praça de BH".
Folha de S.Paulo, 17 maio 2013

A comunicação tão desejada com a plateia se estabelece em grande parte pela força cômica da atuação e pelo viés musical, em solos de canções populares italianas inspirados no festival de San Remo. A encenação de Villela convoca referências múltiplas para instaurar esse mundo visual proposto por Pirandello, criando uma vertigem barroca através de cenários e figurinos.

Soraya Belusi, "Galpão leva mundo de Pirandello para as ruas".
O Estado de S. Paulo, 30 maio 2013

Os gigantes da montanha faz com que milhares cumprissem um velho ritual: chegar horas antes, rever amigos, buscar uma cadeira ou um santinho no gramado. Isso é tão sagrado para a legião de admiradores do Galpão que não foi de estranhar o silêncio absoluto da noite. Nenhum celular tocou, não havia tosse intermitente, ambulante anunciando água ou *flashes* frenéticos de fotos. Todos ficam hipnotizados com a cena, as cores, as músicas. Por vezes cantam, como se Lucio Dalla fosse mesmo um amigo, e seu repertório familiar. [...] Ver o Galpão dá um orgulho danado. E não há dinheiro que pague tanta emoção. Por isso, a quantia é sempre imprecisa quando os atores, por tradição, passam o chapéu.

Silvana Mascagna, "Ritual de amor ao pé da serra".
O Tempo, 1º jun. 2013

Páginas 222-223
Elenco de
Os gigantes da montanha

Simone Ordones
Fotos | Guto Muniz

Inês Peixoto
Foto | Mariza Formaggini

Inês Peixoto e
Arildo de Barros
Foto | Guto Muniz

Parte essencial da montagem é a música: "é um traço característico do Galpão contar histórias por meio de canções", observa o diretor, que teve a colaboração da pesquisadora italiana Francesca Della Mon ca, especializada em antropologia da voz e familiarizada com os temas de Pirandello.

Maria Eugênia de Menezes, "Luz e sombras".
O Estado de S. Paulo, 20 set. 2013

Numa simplicidade que nunca é pobre, o espetáculo traz à terra a elevada poesia de Pirandello. Os efeitos singelos, realizados ali, diante do público, no palco montado à praça, contando aquela história fantasiosa, recheada de músicas populares italianas conhecidas entre nós, seja pela difusão *pop* recente, seja por reminiscências imigrantes dos nossos ancestrais, transporta o público para um lugar onde o prazer de cada um se sobrepõe a uma possível "integridade" do texto. [...] Tal compreensão enche de sentidos as últimas palavras escritas pelo poeta na peça, palavras enfatizadas convenientemente pela montagem do grupo mineiro: "Tenho medo!". Seguindo por aí, o Galpão, ao encenar o último ato não concluído numa língua de fantasia e ao som de "Bella Ciao", canção de resistência com várias letras ao longo da história, que independentemente das palavras evoca o espírito de luta, deu voz ao silêncio historicamente significativo do poeta, entoando em nosso tempo o impossível no passado do autor e premente em nosso presente de artistas: a força e a importância da arte em meio ao povo, de onde nunca deveria ter saído.

Berilo Luigi Deiró Nosella, "Os gigantes mineiros".
Estado de Minas, 29 set. 2013

A química do encontro de Villela com o Galpão traz ao teatro uma medida de encanto e imaginação pela qual temos todos de ficar agradecidos, pois é raro vermos o jogo teatral tão bem jogado.

Bárbara Heliodora, "O mundo de mágica do Galpão".
O Globo, 12 out. 2013

A praça da Bandeira, uma zona militar rodeada de prostíbulos e casas noturnas de má reputação, se enche de pessoas jovens e alternativas. Umas 1,5 mil pessoas se espalham em frente e ao redor do cenário. A apresentação se transforma num encontro pacífico e encantado de pessoas que esqueceram suas diferenças e ressentimentos por um breve período de tempo. Todos ali tornam-se iguais, na instauração de uma utopia em que se misturam estudantes, jovens de classe média, prostitutas, trabalhadores, gente simples, intelectuais e artistas, numa vibração que só a arte é capaz de promover. A cidade parece concretizar sua verdadeira vocação de reunir as pessoas no espaço público e não separá-las em muros, cercas e interdições. Lavamos a alma, ainda que pelo tênue momento de uma apresentação. A brisa sopra sobre a cidade e as pessoas parecem flanar mais leves entre as mangueiras da praça. Para nós também sopra uma lufada de alívio e sensação do dever cumprido. Finalmente conseguimos realizar o sonho de nos apresentar em Belém, cidade que nunca havia sido visitada pelo Galpão em seus 32 anos de existência.

Eduardo Moreira, "Na estrada com Pirandello".
Estado de Minas, 1º out. 2014

Ao texto inacabado de Pirandello e à direção precisa de Villela juntam-se a polivalência do elenco, que atua, canta e toca vários instrumentos. Tudo com competência. Que a montanha não fique com inveja, mas os gigantes são do Galpão.

Vinícius Nader, "Teatro dentro do teatro".
Correio Braziliense, 4 dez. 2015

Ensaio geral para apresentação no
parque da Independência, SP
Foto | Adalberto Lima

Inês Peixoto e
Eduardo Moreira
Foto | Guto Muniz

Inês Peixoto e
Simone Ordones
Foto | Thiago Costoli

Júlio Maciel,
Regina Souza, Antônio Edson,
Inês Peixoto, Paulo André,
Arildo de Barros e Teuca Bara
Foto | Guto Muniz

Capítulo 12

Uma ode musical à passagem do tempo (2015-2016)

De tempo somos – um sarau do Grupo Galpão

Não se trata de uma peça: é um sarau com 25 canções de alguns de seus principais espetáculos e outras inéditas, combinadas com fragmentos de textos de autores como Baudelaire, Kerouac, Nelson Rodrigues, Tchékhov e Leminski. Em comum entre as diversas referências está a questão da passagem do tempo, expressa desde o título.

Fábio Prikladnicki, "Tanto tempo depois".
Zero Hora, Porto Alegre, 16 maio 2015

Mas Divina Maria de Jesus, de 48 anos, ex-doméstica que mora em Uberlândia, no Triângulo Mineiro, abraçou sem receio as expectativas de uma biografia enorme. Ela deu a volta por cima na origem humilde, deixou de trabalhar como doméstica, formou-se em artes cênicas e tornou-se contadora de histórias. O ponto de virada de Divina foi seu encontro com o Grupo Galpão, que a homenageia em seu mais recente espetáculo, o sarau *De tempos somos*, em cartaz na Campanha de Popularização do Teatro. [...] Avisada pelo EM da homenagem que o Galpão faz a ela em seu novo espetáculo, Divina se emocionou. "Quase explodi de tanta emoção. É uma honra", afirma.

Ana Clara Brant, "Divina maravilhosa".
Estado de Minas, 6 fev. 2015

Tecnicamente impecável, o sarau traz 25 das inúmeras canções acumuladas nessa curva de estrada traçada desde os anos 1980, quando o Galpão se lançou sob a proposta de ocupar ruas e palcos com um teatro de veia popular, empenhado em falar para crianças e velhos, pobres e ricos etc. e tal. Para entender o Galpão, é necessário saber que o grupo pensa suas peças como obras para serem colocadas dentro da mala, transportadas em viagens pelo país, destinadas às praças do sertão e aos teatros dos centros urbanos. [...] É interessante notar que esse mesmo repertório também condense um conflito: como olhar para as tradições (do cancioneiro, do folclore, do mambembe) sem abrir mão do desejo de ser visto como legítimo exemplar contemporâneo.

Gustavo Fioratti, "Galpão reúne canções de toda sua trajetória em uma só peça".
Folha de S.Paulo, 10 jul. 2015

Páginas 232-233
Elenco do sarau *De tempo somos*
Foto | Guto Muniz

Foto | Adalberto Lima

Eduardo Moreira
e Paulo André;
abaixo: Simone Ordones,
Fernanda Vianna e
Lydia Del Picchia
Fotos | Adalberto Lima

Foto | Adalberto Lima

Foto | Fernando Lara

Paulo André
Foto | Fernando Lara

Simone Ordones,
Beto Franco, Júlio Maciel,
Luiz Rocha, Lydia Del Picchia,
Fernanda Vianna, Paulo André,
Antônio Edson e
Eduardo Moreira
Foto | Guto Muniz

O ano era 2000, o Grupo Galpão montava *Um trem chamado desejo* e a ideia era criar um *pocket show* musical. [...] Não deu. O lado ator falou mais alto, o espetáculo virou outra coisa, e o projeto ficou engavetado até 2013, quando, durante uma temporada de *Os gigantes da montanha*, os atores da companhia se reuniram num sítio sob o luar do Vale do Jequitinhonha e começaram a relembrar músicas dos espetáculos de 33 anos do grupo. A cantoria deu força ao desejo antigo e o resultado é o espetáculo *De tempo somos – um sarau do Grupo Galpão*, que já passou pelo Rio em abril deste ano no Circuito Sesc de Artes Cênicas, mas estreia oficialmente na cidade hoje, no Teatro Ipanema.

Paula Lacerda, "Ao som de sua história".
O Globo, 25 set. 2015

Não fosse o Galpão, esse seria um espetáculo chatinho, megalomaníaco e narcisista. Mas, ao contrário disso, e mais uma vez por mérito artístico que essa companhia carrega com imensa dignidade, o Galpão revisita suas cenas com a generosidade peculiar dos grandes artistas, carregando o amor que sente pelo público. [...] Aqueles que foram à sede do Grupontapé de Teatro, nesse fim de semana, puderam se emocionar com todos esses momentos, entre outros mais. Os que já conheciam essa trajetória foram preparados para isso. O grupo quase sempre nos emociona, nos diverte e, mais que isso, nos orienta. Sendo quem são e tendo a história que têm, esses artistas tornaram-se patrimônio de Minas Gerais. E, também por isso, nos fazem orgulhosos de sermos mineiros.

Carlos Guimarães Coelho, "Aonde o Galpão nos leva".
Correio de Uberlândia, 18 ago. 2015

"A cantoria é a celebração do encontro, da festa, da disposição para seguir em frente (apesar de tudo que nos faz pender para o chão!), do espírito libertário e contestador inerente a toda reunião festiva", explica a atriz Lydia Del Picchia.

"Música com teatro".
Tribuna de Araraquara, 15 jul. 2015

Capítulo 13

O teatro político (2016-2018)

Nós e *Outros*

Não havia texto pronto, apenas ações que tocavam na relação entre coletivo e indivíduo. Muitas vezes os atores provocavam o público com perguntas. Silêncio na plateia. [...] O Galpão me tirou do lugar comum. Fica a vontade de ver a obra pronta.

Vanessa Perroni,
"Mostra de processo de ensaio instiga a plateia".
Hoje em dia, 1º fev. 2016

Nós pode ser indigesto, mas alimenta com vigor contínuo e momentos de grande beleza uma discussão incontornável para todos que precisam tragar os tempos atuais.

Silvana Magagno, "No tempo da indelicadeza".
Estado de Minas, 24 abr. 2016

Nós traz o Galpão para outro patamar, mais solto em sua exposição e menos contraído como imagem, deixando entrever a descompressão dos atores em interpretações disfarçadamente impetuosas. Antônio Edson, Chico Pelúcio, Eduardo Moreira, Júlio Maciel, Lydia Del Picchia, Paulo André e, em especial, Teuda Bara se lançam num arrastão comedido aos "subterrâneos gelados do terno esperar".

Macksen Luiz, "Em outro patamar".
O Globo, 22 jun. 2016

Cria-se um ambiente de arena que traduz o que há de mais visceralmente político em *Nós*: mais que a denúncia panfletária, o convite a uma nova proximidade, o afeto desatador das amarras, o ritual de comer e comemorar junto (vide a "balada" em que o espetáculo termina), a quebra de barreiras, a começar das que separam público e atores.

Caio Luiudvik, "Com *Nós*, Grupo Galpão reafirma jovialidade".
Folha de S.Paulo, 26 ago. 2016

Páginas 240-241
Elenco de *Nós*

Teuda Bara e
Eduardo Moreira
Fotos | Guto Muniz

Foto | Adalberto Lima

Foto | Guto Muniz

Acima: elenco;
ao lado, Júlio Maciel
cançando com o público ao
final da apresentação
Fotos | Guto Muniz

Dramaturgia e direção que confirmam Marcio Abreu como o mais instigante encenador brasileiro hoje, *Nós* é a estreia do Grupo Galpão (BH) a iniciar turnê nacional por São Paulo. Poderia, no entanto, ser levado em estádios, uma vez que o desastre psicológico mapeado na classe média brasileira fala a dezenas de milhões.

Álvaro Machado, "Sequelados do golpe".
Carta Capital, 7 set. 2016

A dimensão política que o diretor Marcio Abreu propõe para *Nós*, novo espetáculo do Grupo Galpão, esbarra e tensiona outra esfera, tão essencial ao teatro, que é a do convívio.

Joyce Athiê, "Violentamente políticos".
O Tempo, 13 abr. 2016

Os recentes fatos da política nacional ressoaram nos palcos, seja em peças que debatiam o país como *Nós*, do Grupo Galpão, seja em protestos em cena, com cartazes de "fora Temer" e de crítica ao impeachment de Dilma Rousseff – caso da performance *Contra o golpe no Brasil*, de Lia Rodrigues, encenada na Alemanha.

Retrospectiva 2016, "7 fatos que marcaram o teatro neste ano – Política em cena".
Folha de S.Paulo, 22 dez. 2016

Conhecido por seus grandes espetáculos de rua, o Grupo Galpão (MG) voltou ao Rio repaginado em forma e conteúdo com *Nós*, uma peça de alta voltagem política e sofisticação. O grupo criou uma dramaturgia original que refletia sobre violência urbana, preconceitos e catástrofes ambientais. Guiada, sobretudo, pela força da atriz Teuda Bara, *Nós* concorre ao Cesgranrio de melhor espetáculo e direção.

Retrospectiva "As melhores peças", "O país e a política no palco".
O Globo, 28 dez. 2016

Foto | Igor Keller

Esse segundo trabalho consecutivo do Galpão com o diretor Marcio Abreu parece configurar um díptico com o anterior, *Nós*. No entanto, diferentemente do que era de se esperar, em *Outros* o Galpão fala mais de si do que nunca, quando decide desnudar no palco não suas certezas, mas sim suas angústias e inquietações. Além disso, lança-se a uma encenação no fio da navalha entre a interpretação e a autoficção.

Silvana Arantes,
"Galpão injeta poesia no campo de batalha com *Outros*",
Estado de Minas, 24 out. 2019

Em vez da submissão a um só discurso ou mensagem, impostos pela visão de mundo de um "eu", canções compostas por integrantes do Galpão e o fluxo incessante dos dez artistas em cena constroem uma polifonia de vozes, gestos e movimentos executados com absoluta precisão, aproximando o espetáculo de uma peça coreográfica ou, no limite, de uma peça musical abstrata.

Patrick Pessoa, "Peça do Galpão é um convite à liberdade",
O Globo, 23 dez. 2019

Saber ouvir e reouvir falas que não apenas as nossas é uma necessidade dos tempos atuais. Eis um bom motivo para ver *Outros*, nova montagem do Grupo Galpão, em cartaz no Sesc Bom Retiro. Não espere uma peça fácil, de narrativa linear e texto fluido. O trabalho é complexo, sem personagens claros, em um conjunto de lenta deglutição. Mas tem o potencial de provocar profundas reflexões.

Eduardo Nunomura, "A impossibilidade da escuta",
Carta Capital, 6 fev. 2019

Elenco de *Outros*
Foto | Clarissa Lambert

Fernanda Vianna
Foto | Clarissa Lambert

Teuda Bara e Lydia Del Picchia
Foto | Adalberto Lima

Foto | Clarissa Lambert

Antônio Edsor e Teuda Bara
Foto | Clarissa Lambert

Eduardo Moura,
Lydia Del Picchia e
Paulo André; abaixo:
Antônio Edson e elenco
Fotos | Adalberto Lima

Capítulo 14

Duas visitas à casa de William Shakespeare (2000 e 2012)

O diretor de teatro inglês Paul Heritage, responsável pela programação de teatro Brasil 500, diz que a primeira passagem do Grupo Galpão por Londres fascinou os ingleses a ponto de boa parte dos ingressos para a nova temporada da peça na cidade estarem vendidos. "Não sei o número certo de bilhetes comprados, mas a bilheteria do Globe Theatre já contabilizou, até a última terça-feira, uns US$ 15 mil em entradas vendidas. Para uma peça que só vai estrear em julho é muita coisa. O que mostra a expectativa das pessoas em relação ao espetáculo", fala Paul Heritage.

Ana Cecília Martins e Cláudia Miranda,
"Brasileiros na casa de Shakespeare".
Jornal do Brasil, 22 fev. 2000

No século XVI, quando William Shakespeare circulava pela região conhecida como Southwark, no sudeste de Londres, comandando pessoalmente a montagem de suas peças, criou-se o hábito no Globe – a construção que abrigava sua companhia teatral – de hastear uma bandeira que indicava qual peça estava em cartaz. Assim a turma do outro lado do rio Tâmisa sabia que espetáculo estava sendo montado. Na virada do milênio, é a bandeira brasileira que dança no céu de Shakespeare, como disse um dos diretores do Globe para o diretor Gabriel Villela, que está em Londres, ao lado do grupo mineiro Galpão, para apresentar aos ingleses sua versão da tragédia dos amantes Romeu e Julieta.

Laís Mendes Pimentel,
"Bandeira do Brasil dança no céu de Shakespeare".
O Estado de S. Paulo, 25 jul. 2000

O Galpão é o terceiro grupo não britânico a se apresentar no Globe, sucedendo a um cubano e outro indiano. Para a apresentação, que termina em 23 de julho, o grupo precisará fazer algumas adaptações na montagem porque no mesmo período o palco também será ocupado por uma versão de *A tempestade* estrelada por Vanessa Redgrave.

Roberta Oliveira, "Um trem para Londres".
O Globo, 17 abr. 2000

Brazil's Grupo Galpão go one better by making a large Volvo Estate the centrepiece of their *Romeo and Juliet* at Shakespeare's Globe. The vehicle doesn't go anywhere but it sets the tone for a jokey 90-minute circus-style production of doublet-and-housed authenticity.

Michael Billington, "Parking is such sweet sorrow".
The Guardian, 15 jul. 2000

Páginas 254-255
Plateia do Shakespeare's Globe Theatre
Foto | Arquivo Galpão

Teuda Bara
Foto | Sheila Burnett

Fernanda Vianna e
Eduardo Moreira
Foto | Sheila Burnett

I guarantee that you will never have seen a *Romeo and Juliet* like this. Each year the Globe invites a foreign company to Bankside. This year it is the turn of Brazil's Grupo Galpão, who normally perform for non-theatre-going audiences out on the streets. Their *Romeo and Juliet* is a mad and maniac delight, persuasive proof that Brazil really is where the nuts come from.

Charles Spencer,
"Brazil really is the country where the nuts come from".
The Daily Telegraph, 14 jul. 2000

Na noite de estreia, por exemplo, foi notável a receptividade de brasileiros e estrangeiros que lotaram os 1.600 lugares do teatro elisabetano. [...] Sobre a reação da plateia à tradução em português de *Romeu e Julieta*, Susan Howard, assessora de imprensa do teatro, enfatizou o aspecto "físico", quase palpável do espetáculo. "A primeira reação de quem não fala português pode ser de dúvida, mas na verdade a linguagem corporal do grupo, com uma música que ajuda a narrar a história, surpreende a todos."

Alexandra Martins, "Galpão conquista o Globe".
O Tempo, 18 jul. 2000

"O Galpão fez mais sucesso que o jubileu da rainha", brincou o estudante de teatro Carlos Caetano. Ele viajou de Coimbra, Portugal, para a terra da rainha Elizabeth só para ver as apresentações da trupe mineira no Globe Theatre. Como já era esperado, a passagem de *Romeu e Julieta* por Londres foi histórica. A frase que mais ouvimos foi: "*I didn't understand a word, but it's wonderful!*" (não entendi uma palavra, mas é maravilhoso), contou Antônio Edson, o intérprete do próprio bardo inglês. Até a dama do teatro londrino Judy Dench parece ter marcado presença na plateia dos mineiros.

Carolina Braga, "Sertão em Londres".
Estado de Minas, 24 maio 2012

Nem o teatro nem o amor têm idade. E é essa vitalidade, talvez adormecida, que os atores do Grupo Galpão estão reencontrando diante do diretor Gabriel Villela, na remontagem de *Romeu e Julieta*. Vinte anos após a estreia, o espetáculo será apresentado nos dias 19 e 20 de maio, no Globe Theatre, em Londres, ao lado de outras 36 companhias estrangeiras, como convidado para as comemorações prévias das Olimpíadas.

Luciana Romagnolli, "A comoção do retorno".
O Tempo, 1º mar. 2012

Palco e plateia
Foto | Arquivo Galpão

Beto Franco,
Chico Pelúcio,
Eduardo Moreira
e Lydia Del Picchia
Foto | Sheila Burnett

Teuda Bara, Chico Pelúcio
e Inês Peixoto
Foto | Arquivo Galpão

Eduardo Moreira
Foto | Arquivo Galpão

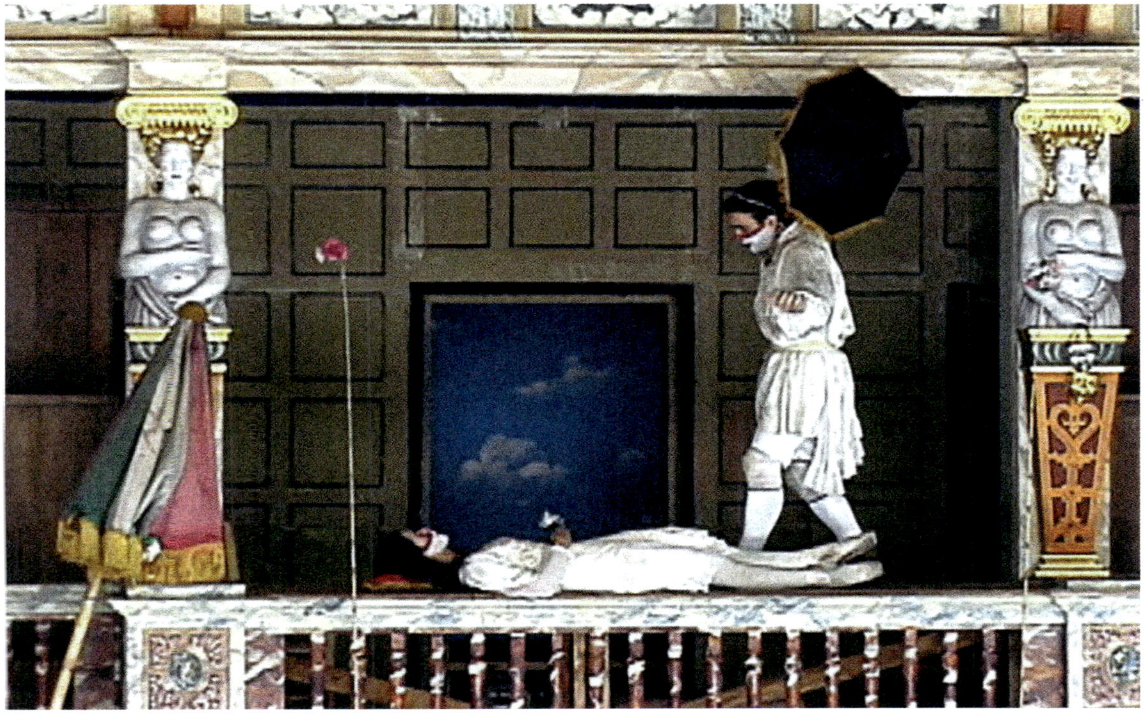

Fernanda Vianna e
Eduardo Moreira

Bandeira do Brasil no Globe
Fotos | Arquivo Galpão

Capítulo 15

Cinema e teatro: o encontro com Eduardo Coutinho em *Moscou* (2008-2009)

Um dos maiores documentaristas do cinema brasileiro, autor de longas elogiados e premiados como *Cabra marcado para morrer* e *Santo forte*, Eduardo Coutinho fará dobradinha com o grupo mineiro Galpão em seu próximo filme, que pretende registrar o processo criativo de uma peça a partir de um texto. As filmagens começaram em fevereiro, na capital mineira, fruto de um namoro rápido iniciado em julho do ano passado, quando Coutinho ainda preparava o lançamento de seu último longa-metragem, *Jogo de cena*.

Paulo Henrique Silva, "Galpão, o filme".
Hoje em Dia, 31 jan. 2008

Coutinho afirma que este é, sem dúvida, seu projeto mais arriscado. Serão 160 horas de gravação, para serem editadas em aproximadamente 1 hora e 30 minutos. "Nunca filmei mais que 50 horas para entrar na edição", afirma o cineasta. "Eu não sei o que vai dar isso. Está sendo uma viagem às cegas, ainda não vi nada do material filmado. Só sei que é um documentário sobre um espetáculo inacabado, mas não porque não deu certo, mas porque esse é um princípio que faz parte do paradoxo do projeto", adianta.

Soraya Belusi, "Paradoxo de um espetáculo em construção".
O Tempo, 8 mar. 2008

O que ele sabe, por enquanto, é como abrirá o filme. "Começa com uma mesa vazia. Chegamos eu e o Kike (Enrique Diaz, convidado para dirigir o grupo). O texto é posto sobre a mesa, os atores entram, descobrem-no, e eu explico porque o escolhi." De resto, emenda o cineasta, "a gente discute coisas, fala bobagem, coisa intelectual e prática, entra no camarim para ver a combinação da cena, pega o comentário sobre a vida pessoal no cafezinho". "Para resumir: estou mais interessado no processo do que no produto."

Lucas Neves, "Baixou 'Spielberg' no novo filme de Coutinho".
Folha de S.Paulo, 7 mar. 2008

A personalidade de *Moscou*, com suas câmeras espalhadas por salas de trabalho, camarins e qualquer outro lugar onde haja um ator, se assemelha a uma criança que procura entender de onde nasce a ficção, por que ela mexe conosco com parâmetros singulares, e por que há tanta verdade na representação.

Sérgio Rizzo, "Coutinho retorna ao teatro para entender como nasce a ficção".
Folha de S.Paulo, 31 mar. 2009

Páginas 264-265
Elenco e técnicos de *Moscou*,
de Eduardo Coutinho/VideoFilmes
Fotos | Bianca Aun

Enrique Diaz,
Bel Garcia e elenco
Moscou, de Eduardo
Coutinho/VideoFilmes

Júlio Maciel, Arildo de
Barros, Rodolfo Vaz,
Eduardo Moreira, Beto Franco,
Antônio Edson e Chico Pelúcio
Moscou, de Eduardo Coutinho/
VideoFilmes
Foto | Bianca Aun

Enrique Diaz e
Eduardo Coutinho
Moscou, de Eduardo
Coutinho/VideoFilmes

Inês Peixoto, Fernanda
Vianna e Simone Ordones
Moscou, de Eduardo
Coutinho/VideoFilmes
Fotos | Bianca Aun

Elenco e equipe técnica de *Moscou*,
de Eduardo Coutinho/VideoFilmes
Foto | Bianca Aun

A *mise-en-scène* de *Moscou* arma-se nesse eccar permanente de espaços e tempos uns sobre os outros, como se o mundo só pudesse mostrar seu mistério sem permitir que o sentido repouse no texto, na encenação ou na filmagem. A radicalidade que marca o cinema de Coutinho como que se recompõe após ter atingido uma espécie de ponto de chegada.

Inácio Araújo, "Filme mostra busca radical por novos caminhos".
Folha de S.Paulo, 4 ago. 2009

Moscou traz uma grande contribuição, também, para uma compreensão maior dos intérpretes no cinema ou no teatro. Estamos acostumados a ver atores e atrizes se expressando em sistemas complexos que incluem cenografia, figurinos e iluminação rebuscados. Como o filme se propôs registrar o processo de ensaio, o elenco só tem à disposição a versão mais simples daqueles elementos. O próprio espaço do teatro, sem mobiliário ou vestimenta ilusionista; o traje de trabalho; a luz de serviço. O esboço do clima e enredo de *As três irmãs* que surge em *Moscou*, portanto, só pode vir de duas origens: a presença dos intérpretes na tela, agindo de certas maneiras, dizendo certos textos, estabelecendo certa relação; e a montagem do próprio filme, que coloca esta cena antes e aquela depois, apresenta este detalhe e não aquele. Se no teatro já estamos acostumados à ideia de que é o intérprete (e não o dramaturgo ou diretor) o motor da obra, podemos pensar o cinema narrativo da mesma maneira, a partir da singular experiência proposta por *Moscou*.

Marcello Castilho Avellar, "Arte em debate".
Estado de Minas, 7 ago. 2009

Moscou é um esboço. Tem a grandeza das obras inacabadas.

Luiz Zanin Oricchio, "Moscou, ou a força da incompletude".
O Estado de S.Paulo, 7 ago. 2009

Capítulo 16

Galpão Cine Horto (1998 e 2019)

Galpão
Cine Horto
CENTRO CULTURAL DO GRUPO GALPÃO
3613

O objetivo do espaço é oferecer informação de ponta e trabalhar com a comunidade.

Thilde Rocha, "Galpão prepara abertura de seu Cine Horto".
Hoje em Dia, 6 mar. 1998

O Grupo Galpão vai comemorar seus quinze anos na casa nova. No dia 21, o barulho do quebra-quebra das reformas no antigo Cine Horto vai dar lugar ao som da valsa que deve embalar o Baile de Debutantes da companhia. Além de lembrar do aniversário do grupo, a festa marca a inauguração do Galpão Cine Horto.

Daniela Mata Machado, "Teatro de rua de casa nova".
Estado de Minas, 6 mar. 1998

[...] o Galpão Cine Horto será um espaço de informação e formação de profissionais, principalmente na área de teatro.

Renata Matta Machado, "Festança no Galpão".
Estado de Minas, 21 mar. 1998

Belo Horizonte vai poder rever um dos espetáculos mais festejados do primeiro semestre. *Noite de Reis*, de William Shakespeare, está de volta ao Galpão Cine Horto.

Jefferson da Fonseca, "Grande barca de emoções".
Estado de Minas, 3 set. 1999

A maior lição que os alunos do Oficinão 98 aprenderam do Galpão foi, sem dúvida, a rigorosa paixão pelo teatro.

Clara Arreguy, "Celebração do amor ao palco".
Estado de Minas, 8 out. 1999

Alguns dos projetos ali desenvolvidos, como o chamado Oficinão - oficina de dramaturgia que já levou a BH profissionais como Luis Alberto de Abreu, Francisco Medeiros, Antonio Araújo e Tiche Viana, entre outros - já alcançaram repercussão nacional. Basta lembrar que espetáculos como "Pour Elise" da cia Espanca ou "Coisas invisíveis" da cia Clara - destaques dos festivais por onde passam - estão entre os que tiveram sua origem no festival de Cenas Curtas, pequenos textos encenados como resultado das oficinas de dramaturgia. São muitas e intensas as atividades do Galpão Cine Horto, um endereço cultural sedimentado em BH.

Behi Néspoli, em "Reduto de pesquisa e intercâmbio teatral".
O Estado de São Paulo, 24 mar. 2007

Páginas 272-273
Fachada do Galpão Cine Horto

Projeto *Cenas curtas*
Fotos | Guto Muniz

Fachada do Cine Horto
com público
Foto | Glenio Campregher

Projeto *Sabadão*:
Cacá Carvalho
Foto | Bárbara Ribeiro

Conexão Galpão:
Uma e tantas histórias
Foto | Guto Muniz

Projeto
Memória feita à mão
Foto | Marcos Coletta

Certo de que a função do artista extrapola os limites do palco, o Grupo Galpão investe pesado na formação de teatro além Belo Horizonte. Além de oferecer espetáculos de reconhecido valor artístico, a trupe agora literalmente abre o baú e disponibiliza a estudantes de teatro, pesquisadores e interessados em geral documentos que contam histórias e curiosidades da companhia e ainda um completo acervo em vídeo e livros teóricos. É o Centro de Pesquisa e Memória do Teatro, que funciona no Galpão Cine Horto.

Carolina Braga, "Uma história de vencedores".
Estado de Minas, 10 jan. 2006

Um dos mais respeitados grupos de teatro do Brasil, o Galpão desenvolve projetos de formação de atores e técnicos, intercâmbio profissional, apresentação de cenas curtas, renovação da dramaturgia e educação popular.

Ailton Magioli, "Incentivador geral".
Estado de Minas, 1º out. 2003

Temos muito para comemorar. O mais legal de olhar para essa trajetória é perceber a continuidade das nossas experiências. A cada dia, o Cine Horto deixa marcas na cena da cidade. Nenhum projeto parou em uma primeira edição, ou não se desdobrou em algo maior [...].

Lygia Calil, "Festa para o Galpão Cine Horto".
Jornal da Pampulha, 9 mar. 2013

Quinze anos depois, o Galpão Cine Horto (GCH) está, há muito, consolidado como espaço que vai bem além do evento teatral. "Vemos o teatro como atividade fundamental constante e perene."

Mariana Peixoto, "Espaço que se tornou referência em Belo Horizonte celebra seus 15 anos de atividades".
Aqui, 12 mar. 2013

Em 1982, a passagem de uma dupla de diretores alemães por Belo Horizonte marcaria para sempre a vida de cinco atores. Mas não atingiria apenas a eles. Este encontro inaugural serviria também de referência para um projeto posterior, muito maior, pautado no trabalho coletivo, na pesquisa e na experimentação cênica. Foi sobre esses pilares que se iniciou a trajetória do Grupo Galpão e que há 15 anos norteou também as colunas fundamentais do Cine Horto, uma extensão pedagógica da prática da trupe.

Soraia Belusi, "Palco de mudanças".
Estado de Minas, 27 abr. 2013

Projeto *Sabadão*:
Gero Camilo
Foto | Marcos Coletta

Cine Horto na estrada:
Arande Gróvore
Foto | Bianca Aun

Projeto *Pé na rua:*
Não se dá um sim assim à toa
Foto | Guto Muniz

Fichas técnicas dos espetáculos

E A NOIVA NÃO QUER CASAR... (1982-1985)
Direção | Fernando Linares
Elenco | Antônio Edson / Chico Pelúcio - Mulher Barbada
Wanda Fernandes - Floribela
Eduardo Moreira - Zaratrusta, Capanga
Teuda Bara - Coringa, Pai
Fernando Linares - Zodin, Sr. Mony
Mauro Xavier - Curisco
Nabo Vidigal - Halterofilista
Equipe de criação
Direção | Fernando Linares e Eduardo Moreira
Músicos | Beto Franco, José Arthur Aguiar e Renato Bebiano
Texto | Eduardo Moreira

DE OLHOS FECHADOS (1983-1987)
Direção | Fernando Linares
Elenco | Eduardo Moreira - Pedro
Fernando Linares - Cheiro, Som
Nabo Vidigal / Antônio Edson - Zeca
Teuda Bara - Tia, Teti
Wanda Fernandes - Maíra
(O ator Rodolfo Vaz fez substituição eventual no espetáculo)
Equipe de criação
Direção | Fernando Linares
Texto | João Vianney
Músicas | Sérgio Braz
Cenário | Nabo Vidigal
Coreografia | Oswaldo Rosa Jr.
Figurinos | Paulo Alvarez e Sumaia Costa
Produção | Sonale Murta e Grupo Galpão

Ó PRÔ CÊ VÊ NA PONTA DO PÉ (1984-1991)
Direção | Fernando Linares e Eduardo Moreira
Elenco | Chico Pelúcio - Malabarista, Mendigo, Cantor, Câmera
Eduardo Moreira - Malabarista, Guarda, Cantor, Vendedor, Repórter
Paulinho Polika / Antônio Edson - Acrobata, Camelô, Maestro, Turista
Fernando Linares - Acrobata
Sumaia Costa / Teuda Bara - Mágica, Cantora, Turista
Wanda Fernandes - Palhaço, Bailarina, Cantora
Beto Franco - Acrobata, Vendedor, Cantor, Capanga
(O ator Oswaldo Rosa Jr. fez substituição eventual no espetáculo)
Equipe de criação
Direção | Fernando Linares, Eduardo Moreira e Grupo Galpão
Texto | Criação coletiva e Eduardo Moreira
Coreografia | Grupo Galpão e Oswaldo Rosa Jr.
Concepção de bonecos | Grupo Galpão e Paulinho Polika
Figurinos | Grupo Galpão
Produção | Grupo Galpão e Tião Camilo

ARLEQUIM SERVIDOR DE TANTOS AMORES (1985-1986)
Direção | Fernando Linares
Elenco | Antônio Edson - Arlequim
Eduardo Moreira - Florindo Aretusi, Briguela
João Cristeli - Dr. Lombardi
Paulinho Polika - Pantaleão
Sumaia Costa / Nadia - Clarisse
Wanda Fernandes - Beatriz
Teuda Bara - Esmeraldina
Chico Pelúcio - Sílvio
Equipe de criação
Direção | Eduardo Moreira e Fernando Linares
Texto | Carlo Goldoni
Cenário | Paulinho Polika e João Machado Gontijo
Coreografia e preparação corporal | Miriam Tavares
Figurinos | Sumaia Costa
Máscaras | Paulinho Polika e João Cristeli
Adereços | Luiz Henrique Vieira
Iluminação | Eid Ribeiro
Trabalho vocal | Ataulfo Cardoso
Trilha sonora | Arildo de Barros
Produção | Luiz Eduardo Corrêa e Beto Franco

A COMÉDIA DA ESPOSA MUDA (1986-1993)
Direção | Paulinho Polika
Elenco | Antônio Edson - Doutor
Beto Franco - Coringa
Eduardo Moreira - Briguela
Maria Gastelois - Coringa
Teuda Bara - Vesúvia
Wanda Fernandes - Coringa
Equipe de criação
Direção | Paulinho Polika
Texto | Criação coletiva
Assistente de direção | Eduardo Moreira
Cenário e adereços | Paulinho Polika
Preparação corporal | Miriam Tavares
Preparação vocal | Ataulfo Cardoso
Figurino | Márcio Gatto

TRIUNFO - UM DELÍRIO BARROCO (1986-1987)
Direção | Carmen Paternostro
Elenco | Companhia de Dança do Palácio das Artes, Grupo Galpão - Antônio Edson, Eduardo Moreira, Teuda Bara e Wanda Fernandes
Bailarinos convidados | Dudude Herrmann, Jaciara Edwiges de Araújo, José Maria Alves, Luiz Augusto, Maurício Christian e Sebastião Júnior
Equipe de criação
Coreografia | Carmen Paternostro, Dudude Herrmann e Companhia de Dança
Direção, concepção cênica e roteiro final | Carmen Paternostro
Pesquisa e roteiro básico | Paulinho Assunção
Direção instrumental e assistente teatral | Gil Amâncio
Cenografia e figurinos | Raul Belém Machado
Trilha sonora | Carmen Paternostro e Roland Schaffner
Palácio das Artes
Assistente de direção | Lydia Del Picchia
Iluminação | Jorge Luiz
Músicos | Gil Amâncio, Guda, Júlio Cézar, Niel Machado e Maurício Muniz

FOI POR AMOR... (1987-1992)
Direção | Antônio Edson
Elenco | Antônio Edson / Chico Pelúcio - Músico
Beto Franco - Marido
Eduardo Moreira - Juiz
Teuda Bara - Mulher, Morta
Wanda Fernandes - Apresentadora
Equipe de criação
Direção | Antônio Edson
Texto | Eduardo Moreira e Antônio Edson
Música | Sérgio Brás
Preparação vocal | Babaya
Produção | Grupo Galpão e Göethe Institut

CORRA ENQUANTO É TEMPO (1988-1994)
Direção | Eid Ribeiro
Elenco | Beto Franco - Cego Xavier
Chico Pelúcio - Pastor
Eduardo Moreira - Crente, Travesti
Maria Gastelois / Antônio Edson / Teuda Bara /
Wanda Fernandes - Coro de Crentes
Equipe de criação
Direção e texto | Eid Ribeiro
Assistente de direção | Antônio Edson
Preparação vocal e arranjos | Babaya
Coreografia | Eid Ribeiro e Grupo Galpão
Trabalho corporal | Paola Retore
Figurinos e adereços | Márcio Gatto
Produção | Grupo Galpão

ÁLBUM DE FAMÍLIA (1990-1992)
Direção | Eid Ribeiro
Elenco | Antônio Edson - Sobrenatural
Beto Franco - Jonas
Chico Pelúcio - Nonô
Eduardo Moreira - Guilherme
Maria Gastelois - Glória
Rodolfo Vaz / Júlio Maciel - Edmundo
Teuda Bara - Tia Rute
Wanda Fernandes - Senhorinha
(A atriz Eliane Carneiro fez substituição eventual no espetáculo)
Equipe de criação
Direção | Eid Ribeiro
Assistentes de direção | Antônio Edson e Eduardo Moreira
Música original | Eduardo Guimarães Álvares

Concepção do espaço cênico | Eid Ribeiro
Cenário | Rômulo Bruzzi
Figurinos | Lúcia Vale
Adereços | Teuda Bara
Iluminação | Jorge de Carvalho

ROMEU & JULIETA (1992-1994 | 1995-2003 | 2012-2013)
Concepção e direção geral | Gabriel Villela
Elenco | Antônio Edson – Narrador
Beto Franco – Príncipe, Sr. Capuleto
Eduardo Moreira – Romeu
Fernanda Vianna / Wanda Fernandes – Julieta
Inês Peixoto – Sra. Capuleto
Júlio Maciel – Benvólio
Lydia Del Picchia – Sansão, Criado Capuleto
Chico Pelúcio / Paulo André – Teobaldo, Frei Lourenço
Rodolfo Vaz – Mercúcio
Teuda Bara – Ama
(Os atores Simone Ordones e Helvécio Isabel fizeram substituições eventuais no espetáculo)
Equipe de criação
Concepção e direção | Gabriel Villela
Texto | William Shakespeare
Dramaturgia e textos do narrador | Cacá Brandão
Tradução | Onestaldo de Pennafort
Assistente de direção | Arildo de Barros
Cenografia | Gabriel Villela
Pesquisa musical | Gabriel Villela e Grupo Galpão
Direção musical | Fernando Muzzi
Arranjos e preparação instrumental | Fernando Muzzi
Preparação vocal | Babaya
Minuetos musicais | Paula Martins
Adereços | Gabriel Villela, Luciana Buarque e Grupo Galpão
Bonecos | Agnaldo Pinho
Iluminação | Wagner Freire
Figurino | Luciana Buarque
Manutenção de figurinos e adereços | Wanda Sgarbi
Assistente de figurino | Maria Castilho
Sonorização | Rômulo Righi e Vinícius Alves
Cenotécnica | Oficina de Marcenaria e Helvécio Izabel
Aeróbica | Júnia Portilho
Esgrima | Máqui
Fotos | Miguel Aun
Direção de produção | Chico Pelúcio, Regiane Miciano e Gilma Oliveira
Operação de luz | Wladimir Medeiros
Programação visual | Lápis Raro
Assistente de produção | Virgínia Dias
Produção | Grupo Galpão

A RUA DA AMARGURA (1994-2002)
Concepção e direção geral | Gabriel Villela
Elenco | Antônio Edson – Pilatos, Menino Deus
Arildo de Barros – Caifás, Simeão
Beto Franco – Pedro, Pastor, Nicodemos
Eduardo Moreira – Jesus, José
Fernanda Vianna / Bia Braga (atriz convidada) – Verônica, Baltazar
Inês Peixoto – Maria Madalena, Rei Belchior
Júlio Maciel – Anás, Dimas, Pastorinha
Lydia Del Picchia – Pastorinha
Paulo André – João Evangelista, Pregoeiro, José de Arimatéia e Anjo
Rodolfo Vaz – Judas, Pastorinha
Simone Ordones – Samaritana, Virgem Maria (1ª parte)
Teuda Bara – Virgem Maria (2ª parte), Serva, Rei Gaspar
Equipe de criação
Concepção e direção | Gabriel Villela
Adaptação do texto | Arildo de Barros
Assistente de direção | Simone Ordones
Cenografia | Gabriel Villela
Iluminação | Maneco Quinderé
Figurino | Maria Castilho e Wanda Sgarbi
Assistentes de figurino | Ivana Andrés e Daniela Starling
Criação e execução dos tecidos | Vaninha Soares Pereira/WS
Adereços e pinturas de arte | Wanda Sgarbi
Coreografias e preparação corporal | Paola Rettore
Trilha sonora | Chico Pelúcio
Preparação vocal | Babaya
Arranjos musicais | Fernando Muzzi
Arranjos e preparação vocal para coro | Ernani Maletta
Preparação corporal | Paola Rettore
Cenotécnico | Mário Márcio e Helvécio Izabel
Workshops de interpretação circense | Jacira Vianna
Efeitos especiais | Mário Márcio
Pintura em espuma | Sebastião Vieira
Técnico de som | Rômulo Righi e Helvécio Izabel
Operação de luz | Alexandre Galvão e Wladimir Medeiros
Estúdio de gravação | R Som
Programação visual | Métrica Comunicação
Fotos | Gustavo Campos
Direção de produção | Chico Pelúcio e Regiane Miciano
Produção executiva | Gilma Oliveira
Produção | Grupo Galpão

UM MOLIÈRE IMAGINÁRIO (1997-2007)
Direção | Eduardo Moreira
Elenco | Antônio Edson – Sr. Boa Fé, Dr. Purgan
Arildo de Barros – Dr. Disáforus
Beto Franco – Sr. Flores
Chico Pelúcio / Eduardo Moreira – Tomás Disáforus
Fernanda Vianna / Lydia Del Picchia – Rainha Mab
Inês Peixoto – Belinha
Júlio Maciel – Molière, Beraldo
Paulo André – Cleanto
Rodolfo Vaz – Argan
Simone Ordones / Lydia Del Picchia – Angélica
Teuda Bara / Margareth Serra (atriz convidada) – Nieta

Equipe de criação
Direção | Eduardo Moreira
Dramaturgia e textos | Cacá Brandão
Tradução | Edla Van Steen
Assistente de direção | Chico Pelúcio
Cenário | Paulo Pessoa
Execução de cenário | Helvécio Izabel, Arquitetural e Santo Ofício
Figurinos e adereços | Wanda Sgarbi
Execução de figurinos | Maria Castilho
Assistentes de figurino | Paulo André e Sandra Chaves
Adereços | Wanda Sgarbi, Paulo Pessoa, Tião Vieira
Composição, arranjos e preparação instrumental | Fernando Muzzi
Composição, arranjos vocais e regência de coro | Ernani Maletta
Preparação vocal | Babaya
Preparação corporal | Fernanda Vianna e Vivien Buckup
Iluminação | Chico Pelúcio, Alexandre Galvão e Wladimir Medeiros
Sonorização | Rômulo Righi e Alexandre Galvão
Direção de produção | Beto Franco e Regiane Miciano
Aulas de percussão | Sérgio Silva
Maquiagem | Mona Magalhães
Operação de som | Alexandre Galvão
Operação de luz | Wladimir Medeiros
Cenotécnica | Helvécio Izabel
Programação visual | Lápis Raro
Fotos | Miguel Aun e Gustavo Campos
Produção executiva | Gilma Oliveira
Produção | Grupo Galpão

PARTIDO (1999-2002)
Direção | Cacá Carvalho
Elenco | Antônio Edson – Menino
Arildo de Barros – Dr. Trelawney, Huguenote
Beto Franco – Pedroprego, Cavalo
Eduardo Moreira – Pai de Medardo, Galateo, Ezequiel
Fernanda Vianna – Pata, Mulher de Ezequiel
Inês Peixoto – Pamela, Huguenote
Lydia Del Picchia – Esaú, Velho
Paulo André – Visconde Medardo de Terralba
Simone Ordones – Cabra, Mãe de Pamela
Teuda Bara – Ama Sebastiana, Huguenote
Equipe de criação
Direção | Cacá Carvalho
Dramaturgia | Cacá Brandão
Assistente de direção | Rodolfo Vaz
Cenário e figurino | Márcio Medina
Assistente de figurino | Wanda Sgarbi
Preparação vocal e arranjos | Ernani Maletta
Iluminação | Alexandre Galvão e Wladimir Medeiros
Maquiagem | Mona Magalhães
Adereços | Wanda Sgarbi
Assistentes de adereços | Ivana Andrés e Ana Maria Prates
Execução de cenário | Helvécio Izabel
Assistente de cenário | Dário Alves
Execução de figurino | Maria Castilho
Assistente de figurino | Maria Rosa Vidal
Execução do figurino do Menino | D. Geny Soares
Programação visual | Don Design
Fotos | Guto Muniz e Casa da Foto
Direção de produção | Gilma Oliveira
Produção | Grupo Galpão

UM TREM CHAMADO DESEJO (2000-2002)
Direção | Chico Pelúcio
Elenco | Antônio Edson – Praxedes
Arildo de Barros – Sandoval
Beto Franco – Madeira
Chico Pelúcio – Lopes
Eduardo Moreira – Meireles
Fernanda Vianna – Abigail
Inês Peixoto – Ana Florisbela
Lydia Del Picchia – Fofinha
Paulo André – Seu Coisinha
Simone Ordones – Gracinha
Teuda Bara – Lindinha
(As atrizes Janaina Morse e Lica Guimarães fizeram substituições eventuais no espetáculo)
Equipe de criação
Direção | Chico Pelúcio
Argumento | Grupo Galpão
Dramaturgia | Luís Alberto de Abreu
Diretor assistente | Marcelo Bones
Cenário e figurinos | Márcio Medina
Música | Tim Rescala
Direção musical e arranjos instrumentais | Fernando Muzzi
Canto coral e assessoria musical | Ernani Maletta
Iluminação | Alexandre Galvão e Wladimir Medeiros
Preparação vocal | Babaya
Maquiagem | Mona Magalhães
Coreografia | Jomar Mesquita
Trabalho corporal | Lydia Del Picchia e Fernanda Vianna
Assistentes de figurinos | Maria Nilza, Dica Freitas e Daniela Starling
Execução de cenário | Helvécio Izabel e Ivanir Avelar
Adereços, assistente de cenário e figurinos | Ever
Execução de figurinos | Maria Castilho
Pintura de telões | Fernando Monteiro de Barros
Direção de produção | Gilma Oliveira
Produção executiva | Regina Gotelipe e Beatriz Radicchi
Ator estagiário | Elton Luz
Fotos | Guto Muniz
Projeto gráfico | Don Design
Produção | Grupo Galpão

O INSPETOR GERAL (2003-2007)
Direção | Paulo José
Elenco | Antônio Edson - Piotr Ivánovitch Bobtchinski (fazendeiro), Comerciante
Arildo de Barros - Amós Fiódorovitch Liapkin-Tiapkin (juiz)
Chico Aníbal - Artêmi Filípovitch Zemlianika (diretor dos hospitais), Comerciante
Eduardo Moreira - Anton Antonovitch (governador)
Fernanda Vianna - Maria Antonovna (filha do governador)
Geraldo Carrato - Óssip (criado), Mensageiro
Inês Peixoto - Ana Andrêievna (esposa do governador)
Paulo André - Piotr Ivánovitch Dobtchinski (fazendeiro), Comerciante
Rodolfo Vaz - Ivan Aleksándrovitch Khlestakov
Simone Ordones - Natália Kuzmínitchna Chpékina (chefe dos correios), Criada
Teuda Bara - Olga Lukínitchna (chefe das escolas)
(A atriz Margareth Serra fez substituição eventual no espetáculo)
Equipe de criação
Direção | Paulo José
Dramaturgia | Cacá Brandão
Assistente de direção | Paulo André
Cenografia | Paulo José, Kika Lopes e Máximo Soalheiro
Iluminação | Alexandre Galvão e Wladimir Medeiros
Pesquisa de repertório e letra das canções | Paulo José
Direção musical | Fernando Muzzi e Ernani Maletta
Preparação para canto coral e arranjos | Ernani Maletta
Figurino | Kika Lopes
Desenvolvimento de projeto e execução de cenário | Máximo Soalheiro, Fernando Muzzi
Preparação vocal | Babaya
Preparação corporal | Dudude Herrmann
Caracterização | Mona Magalhães
Assistente de caracterização | Cléia Tomaz
Cenotécnica | Helvécio Izabel
Adereços | Kika Lopes, Rosângela Nascimento, Carolina Andreazzi, Cássia Macieira e Espaço 111
Figurinista assistente | Rosângela Nascimento
Técnica de pilates | Daniela Longo Sampaio
Assistente de figurino | Carolina Andreazzi
Costura masculina | José Macedo Leal
Costura feminina | Anna Morato
Fotos | Guto Muniz
Projeto gráfico | Lápis Raro
Direção de produção | Gilma Oliveira
Produção executiva | Beatriz Radicchi
Produção | Grupo Galpão

UM HOMEM É UM HOMEM (2005-2007)
Direção | Paulo José
Elenco | Antônio Edson - Galy Gay
Arildo de Barros - Sargento Fairchild
Beto Franco - Jesse Mahoney
Eduardo Moreira - Uriah Shelley
Fernanda Vianna - Ajudante do monge, General da banda
Inês Peixoto - Sra. Galy Gay, Filha da viúva, Soldado
Júlio Maciel - Monge, Soldado
Lydia Del Picchia - General da Banda
Paulo André - Polly Baker
Rodolfo Vaz - Jeraiah Jip, Filha da viúva Begbick, Soldado
Simone Ordones - Viúva Leokadia Begbick
(O ator Chico Aníbal fez substituição eventual no espetáculo)
Equipe de criação
Direção | Paulo José
Livre adaptação | Paulo José
Tradução | Fernando Peixoto
Diretora assistente | Lydia Del Picchia
Assistente de direção | Eduardo Moreira
Direção musical e arranjos | Ernani Maletta
Cenografia | Alexandre Rousset, Tereza Bruzzi e Paulo José
Figurino | Kika Lopes
Adereços | Kika Lopes, Alexandre Rousset e Tereza Bruzzi
Iluminação | Alexandre Galvão e Wladimir Medeiros
Preparação corporal para cena | Mônica Ribeiro
Composição da marcha militar | Ernani Maletta e Fernando Muzzi
Cenotécnica | Helvécio Izabel e Joaquim Pereira
Assistente de figurino | Daniela Ruggio Starling
Atores estagiários | Janaina Rodrigues e Rodrigo Salgueiro
Caracterização | Mona Magalhães
Técnica de pilates | Waneska Carvalho
Assistente de cenografia | Adriano Borges
Sonorização | Alexandre Galvão
Contrarregragem | Helvécio Izabel
Fotos | Guto Muniz e Casa da Foto
Projeto gráfico | Lápis Raro
Direção de produção | Gilma Oliveira
Produção executiva | Beatriz Radicchi
Produção | Grupo Galpão

PEQUENOS MILAGRES (2007-2011)
Direção | Paulo de Moraes
Elenco de "Cabeça de Cachorro"
Antônio Edson - João, Seu Abílio, procissão
Eduardo Moreira - Manipulador do cachorro, Cobrador, Pregador, Laboratorista, praça Santos, procissão, Adauto
Chico Pelúcio - Ranho, Cão, Vendedor de loteria, Laboratorista, Cabo Aleixo, Josias, Homem na mercearia
Beto Franco - Pai de João, Tio de João, Cão, Velho na praça, Sargento Wolff, procissão, Apresentador do show
Inês Peixoto - Mãe de João, Ceguinha, Gang, Maria, Travesti no táxi, Anão do show
Júlio Maciel - Luizinho, Cão, Gang, Maurinho, Vizinhas, procissão, Jorge, Noivo, Lixeiro, Velho atropelado
Paulo André - Paçoca, Ceguinho, Henrique, procissão, Dono do brechó, Vizinho, Anão do show
Simone Ordones - Mulher-placa, Gang, Eliane, Dona Amália, Clara, Neusa, Mãe, Anão do show

Arildo de Barros – Velho do cartório, Sr. Henrique, Padre da procissão, Dono da mercearia
Lydia Del Picchia – Mulher do assalto, D. Amália, Clara, Cinira
Equipe de criação
Direção | Paulo de Moraes
Dramaturgia | Maurício Arruda Mendonça e Paulo de Moraes
Iluminação | Maneco Quinderé
Figurino | Rita Murtinho
Preparação corporal | Dudude Herrmann e Núbia Barbosa
Coreografia da cena "O vestido" | Jomar Mesquita
Assistente de iluminação e operação de som | Alexandre Galvão
Assistente de iluminação e operação de luz | Wladimir Medeiros
Cenário | Paulo de Moraes e Carla Berri
Trilha sonora pesquisada | Paulo de Moraes
Preparação vocal | Babaya
Planejamento de ensaios | Lydia Del Picchia
Assistentes de figurino | Janaína Mello e Tarsila Takahashi
Execução de figurino | Maria Antônia Ferreira e Maria do Carmo Resende
Cenotécnico e operador de cenotécnica | Helvécio Izabel
Execução de cenário | Marco Souza
Cenotécnica | Nilson Santos
Criação e confecção do "cachorro" | Giramundo Teatro de Bonecos
Confecção de armas e adereços dos cães | Eduardo Felix, Daniel Herthel e Maria Leite
Pintura em painel | Daniel Monteiro Lacerda
Miniatura do ônibus | Daniel Sotero
Técnica de pilates | Waneska Carvalho
Professor de corneta e trompete | Sargento Charles
Professor de gaita | Leandro Ferrari
Fotos | Guto Muniz
Direção de produção | Gilma Oliveira
Produção executiva | Beatriz Radicchi
Produção | Grupo Galpão

TILL, A SAGA DE UM HERÓI TORTO (2009)
Direção | Júlio Maciel
Elenco | Arildo de Barros – Parteira, Juiz, Camponês, Carrasco, Padre, Miserável
Beto Franco – Parteira, Português, Padre, Camponês, Miserável
Antônio Edson – Borromeu, Povo, Anão
Chico Pelúcio – Demônio, Camponês, Voz do Soldado
Lydia Del Picchia – Parteira, Consciência, Cozinheira, Menino
Eduardo Moreira – Doroteu, Povo
Inês Peixoto – Till
Simone Ordones – Alceu, Povo
Teuda Bara / Fernanda Vianna – Mãe, Miserável
(O ator Paulo André fez substituição eventual no espetáculo)
Equipe de criação
Direção | Júlio Maciel
Direção musical, arranjos, adaptações e composições | Ernani Maletta
Iluminação | Alexandre Galvão e Wladimir Medeiros
Adereços | Luiza Horta, Marney Heitmann e Raimundo Bento
Preparação vocal | Babaya
Assistentes de cenografia | Poliana Espírito Santo e Amanda Gomes
Texto | Luís Alberto de Abreu
Cenografia e figurino | Márcio Medina
Preparação corporal para cena | Joaquim Elias
Caracterização | Mona Magalhães
Sonorização | Alexandre Galvão
Cenotécnica e contrarregragem | Helvécio Izabel
Assistente de figurino | Paulo André
Pintura telão | Estevão Machado
Ajudantes de cenotécnica | Nilson Santos, Elton John e Geraldo Alves
Técnica de pilates | Waneska Torres
Assistente de técnica de pilates | Camila Couri
Construção do palco | Tecnometal
Costureiras | Taires Scatolin e Idaléia Dias
Fotos | Guto Muniz e Casa da Foto
Projeto gráfico | Lápis Raro
Produção executiva | Beatriz Radicchi
Direção de produção | Gilma Oliveira
Produção | Grupo Galpão

TIO VÂNIA (AOS QUE VIEREM DEPOIS DE NÓS) (2011)
Direção | Yara de Novaes
Elenco | Antônio Edson – Tio Vânia
Arildo de Barros – Serebriákov
Eduardo Moreira – Ástrov
Fernanda Vianna – Helena
Paulo André – Teléguine
Teuda Bara – Maria Vassiliévna
Mariana Lima Muniz (atriz convidada) – Sônia
Equipe de criação
Direção | Yara de Novaes
Texto | Anton Tchékhov
Preparação corporal e assessoria de movimento cênico | Mônica Ribeiro
Pintura das colunas e confecção da árvore | Atelier Junia Melillo
Tradução e adaptação | Grupo Galpão
Assistente de direção | Paulo André
Cenografia e figurino | Márcio Medina
Iluminação | Pedro Pederneiras
Trilha sonora e música original | Dr. Morris
Direção vocal de texto | Babaya
Caracterização | Mona Magalhães
Adereços | Marney Heitmann
Assistente de cenário | Amanda Gomes
Assistente de figurino | William Rausch
Assistente de iluminação | Wladimir Medeiros
Cenotécnicos | Helvécio Izabel, Bruno Cerezoli e Elton John
Confecção de figurino | Taires Scatolin e Antônio Malveira
Técnica de pilates | Waneska Torres e Camila Couri
Operação de som | Vinícius Alves
Produção musical | Pedro Durães
Músico | Felipe José
Professor de violão | Júlio Marques
Estagiária de cenário | Marina RB

Fotos | Guto Muniz
Projeto gráfico | Lápis Raro
Produção executiva | Beatriz Radicchi
Direção de produção | Gilma Oliveira
Produção | Grupo Galpão

ECLIPSE (2011)
Direção | Jurij Alschitz
Elenco | Chico Pelúcio
Inês Peixoto
Júlio Maciel
Lydia Del Picchia
Simone Ordones
Equipe de criação
Direção, dramaturgia, cenografia, figurino e treinamento | Jurij Alschitz
Assistente de direção e preparação vocal | Olga Lapina
Assistente de direção e pesquisa de figurino | Diego Bagagal
Vídeoprojeção | André Amparo, Chico de Paula e Bruno Cardieri
Texto | Anton Tchékhov
Direção musical e arranjos | Ernani Maletta
Iluminação | Chico Pelúcio e Bruno Cerezoli
Sonoplastia | Ricardo Garcia
Caracterização | Mona Magalhães
Tradução | Eloquent Words
Revisão de textos | Eduardo Moreira e Arildo de Barros
Assistente de cenografia | Amanda Gomes
Cenotécnica | Helvécio Izabel
Construção de adereços | Raimundo Bento, Glauber Apicela e Tião Vieira
Vozes em off | Bárbara de Castro da Luz Moreira e Helena Del Picchia Pelúcio
Fotos | Guto Muniz, Miguel Aun e Bianca Aun
Produção executiva | Beatriz Radicchi
Direção de produção | Gilma Oliveira
Projeto gráfico | Laura Bastos

OS GIGANTES DA MONTANHA (2013)
Direção | Gabriel Villela
Elenco | Antônio Edson – Cromo
Arildo de Barros – Conde
Beto Franco – Duccio Doccia, Anjo Cento e Um
Eduardo Moreira – Cotrone
Inês Peixoto – Condessa Ilse
Júlio Maciel – Spizzi, Soldado
Luiz Rocha (ator convidado) – Quaquèo
Lydia Del Picchia – Mara-Mara
Paulo André – Batalha
Regina Souza (atriz convidada) – Diamante, Madalena
Simone Ordones – Sgriccia
Teuda Bara / Fernanda Vianna – Sonâmbula
(Os atores Jimena Castiglione e Marcelo Cordeiro fizeram substituições eventuais no espetáculo)

Equipe de criação
Direção | Gabriel Villela
Texto | Luigi Pirandello
Tradução | Beti Rabetti
Dramaturgia | Eduardo Moreira e Gabriel Villela
Assistente de direção | Ivan Andrade e Marcelo Cordeiro
Antropologia da voz, direção e análise do texto | Francesca Della Monica
Direção, arranjos e preparação musical | Ernani Maletta
Assistente de ensaios e planejamento | Lydia Del Picchia
Preparação vocal e texto | Babaya
Iluminação | Chico Pelúcio e Wladimir Medeiros
Figurino | Gabriel Villela, Shicó do Mamulengo e José Rosa
Coordenação artística do Ateliê Arte e Magia | José Rosa
Cenografia | Gabriel Villela, Helvécio Izabel e Amanda Gomes
Pintura do cenário | Daniel Ducato e Shicó do Mamulengo
Programação visual | Dib Carneiro Neto, Jussara Guedes e Suely Andreazzi
Assistente de cenário | Amanda Gomes
Adereços | Shicó do Mamulengo
Costureiras | Taires Scatolin e Idaléia Dias
Design sonoro | Vinícius Alves
Logotipo do espetáculo | Carlinhos Müller
Produção executiva | Beatriz Radicchi
Direção de produção | Gilma Oliveira
Bordado | Giovanna Vilela
Luthier | Carlos Del Picchia
Fotografia | Guto Muniz
Produção | Grupo Galpão

DE TEMPO SOMOS – UM SARAU DO Grupo Galpão (2014)
Direção | Lydia Del Picchia e Simone Ordones
Elenco | Antônio Edson
Beto Franco
Eduardo Moreira
Fernanda Vianna
Lydia Del Picchia
Luiz Rocha (ator convidado)
Júlio Maciel
Paulo André
Simone Ordones
*Inês Peixoto (atriz curinga)
Equipe de criação
Direção | Lydia Del Picchia e Simone Ordones
Direção musical, arranjos e trilha sonora | Luiz Rocha
Pesquisa de texto | Eduardo Moreira
Figurino | Paulo André
Preparação vocal | Babaya
Preparação corporal | Fernanda Vianna
Iluminação | Rodrigo Marçal
Design sonoro | Vinícius Alves

Aulas de percussão | Sérgio Silva
Assessoria na cena "A carteira" | Diego Bagagal
Assessoria de iluminação | Chico Pelúcio
Revisão de textos | Arildo de Barros
Voz em off | Teuda Bara
Arranjos | baseados em arranjos originais de Babaya, Ernani Maletta e Fernando Muzzi, do repertório musical do Grupo Galpão
Fragmentos de textos | Eduardo Galeano, Charles Baudelaire, Olga Knipper, Jack Kerouak, Nelson Rodrigues, Anton Tchékhov, José Saramago, Paulo Leminski e Calderón de La Barca

NÓS (2016)
Direção | Marcio Abreu
Elenco | Antônio Edson
Chico Pelúcio / Beto Franco
Eduardo Moreira
Júlio Maciel
Lydia Del Picchia
Paulo André
Teuda Bara
Equipe de criação
Direção | Marcio Abreu
Dramaturgia | Marcio Abreu e Eduardo Moreira
Cenografia | Play Arquitetura – Marcelo Alvarenga
Figurino | Paulo André
Iluminação | Nadja Naira
Trilha e efeitos sonoros | Felipe Storino
Assistência de direção | Martim Dinis e Simone Ordones
Preparação musical e arranjos vocais/instrumentais | Ernani Maletta
Preparação vocal e direção de texto | Babaya
Colaboração artística | Nadja Naira e João Santos
Assistência de figurino | Gilma Oliveira
Assistência de cenografia | Thays Canuto
Cenotécnica e construção de objetos | Joaquim Pereira e Helvécio Izabel
Assistência e operação de luz | Rodrigo Marçal
Desenho de som e programação de efeitos | Fábio Santos
Assistente técnico | William Teles
Assistente de produção | Cleo Magalhães
Confecção de figurino | Brenda Vaz
Técnica de pilates | Waneska Torres
Fotos de divulgação | Guto Muniz
Fotos do programa | Fernando Lara, Gustavo Pessoa e Guto Muniz
Imagens escaneadas | Tibério França e Lápis Raro
Registro e cobertura audiovisual | Alicate
Projeto gráfico | Lápis Raro
Design web | Laranjo Design (Igor Farah)
Direção de produção | Gilma Oliveira
Produção executiva | Beatriz Radicchi
Produção | Grupo Galpão

OUTROS (2018)
Direção | Marcio Abreu
Elenco | Antônio Edson
Beto Franco
Eduardo Moreira
Fernanda Vianna, Inês Peixoto
Júlio Maciel
Lydia Del Picchia
Paulo André
Simone Ordones
Teuda Bara
Direção | Marcio Abreu
Dramaturgia | Eduardo Moreira, Marcio Abreu e Paulo André
Iluminação | Nadja Naira
Cenografia | Marcelo Alvarenga – Play Arquitetura
Figurino | Paulo André e Gilma Oliveira
Trilha e efeitos sonoros | Felipe Storino
Direção de movimento | Kenia Dias
Colaboração artística | Nadja Naira, Felipe Storino e Kenia Dias
Interlocuções artísticas | Leda Martins e Eleonora Fabião
Músicas originais | Beto Franco, Fernanda Vianna, Inês Peixoto, Júlio Maciel e Paulo André, Lydia Del Picchia e Luiz Rocha, Teuda Bara e Luiz Rocha
Preparação musical e arranjos vocais/instrumentais | Ernani Maletta
Preparação vocal | Babaya
Direção de produção | Gilma Oliveira
Produção executiva | Beatriz Radicchi
Assistência de direção | Paulo André, Lydia Del Picchia e Eduardo Moreira
Assistência de produção | Cleo Magalhães
Assistência de cenografia | Thays Canuto
Assistência de iluminação e operação de luz | Rodrigo Marçal
Assistência de sonorização e operação de som | Fábio Santos
Adereços | Junia Melillo
Cenotécnica e construção de objetos | Joaquim Pereira e Helvécio Izabel
Confecção de figurino | Bárbara Toffanetto, Maria Antônia, Penha Hermisdorf e Sonia Maria da Boa Viagem
Assistente técnico | William Teles
Estagiárias de cenografia | Taísa Campos e Laís Martins
Estagiárias de figurino | Emiliana Normandia, Élida Murta e Maria Cândida Lacerda
Técnica de gyrotonic | Waneska Torres
Registro e cobertura audiovisual | Luiz Felipe Fernandes
Fotografia | Guto Muniz
Projeto gráfico | Estúdio Lampejo
Produção | Grupo Galpão

English version

Grupo Galpão: THE UTOPIA OF POETRY IN THE WORLD | Eduardo Moreira

Aristotle argued that poetry is more important than history, since history speaks of things as they were and poetry addresses things as they might have been.

The theater is a privileged place to talk about possible things, to address utopia more forcefully, in the sense of affording an encounter with the other. Its true purpose is to make visible what is still invisible. To unveil something that is submerged, unspoken, unfathomable. To stir something inside that removes us from immediate concreteness, from the practical sense of what it is "because it must be so". To find a different place, new dimensions. The possibility of other paths, other destinies, other worlds. To dispel the mirage of everyday pragmatic automatism and delve into the multiple possibilities of what, despite not existing, might always have been. To transport oneself, for example, to the dream of what Albert Camus referred to as the "magic of the actor's craft", that is, the possibility of experiencing, in little more than two hours, what would take a lifetime.

It was from this impulse, from what it might be, that theater was born over 25 centuries ago in Greece, with the proposal of experiencing a painful situation viewed from the perspective of the other, of the enemy, of someone who is on the other side of the front, outside of me, of my and our normality. When Aeschylus depicts on stage the drama of the defeated "barbarians" in the play *The Persians*, he transports the Greek audience to the miracle of experiencing the painful situation endured by the enemy. This enemy is the one who is different, who is distinct from me, who is always denied and annulled in the experience of everyday life, of historical time.

In the same vein, Hamlet's drama is also the awakening of the ability to face something "rotten in the state of Denmark". To get in touch with the dark and hardly uplifting zone that exists within us. Because theater is also, par excellence, the conducive place to the encounter with our most painful experiences, individual and collective. Our ghosts that, in the dead of night, reveal themselves and confront us with our most sinister zones, our fears, weaknesses, prejudices, and defenses.

Thus is theater. Cathartic celebration, entertainment, place of reflection and encounter, which provides individual and collective reinvention, connecting us with our past and projecting us, through the radicalness of presence, into the future. Making of this a necessary mission, albeit sometimes frustrated and unrealizable, transforms the theater into a life project. Individual and, due to the intrinsically collective nature of it, also of a community.

In the 38-year history of Galpão, I have always imagined and conceived the account of this trajectory from the construction of this other place. The place of what could have been. The place of something that never had anything going for it, that was born kind of pale and crooked, but which managed to thrive, bear fruit and persist, precisely because it has always fed off the possibility of the encounter. Of the ability to reassess its own course and learn from the other. From those who watch and follow us, not only in our theatrical performances, but also in the countless workshops, debates, and talks held in the four corners of Brazil and several countries worldwide.

This sense of renewal and encounter was already a striking element at the genesis of the project called Associação Galpão, which later became Grupo Galpão. It all began in 1979 with the founding of a non-profit association in the basement of the legendary and emblematic FAFICH (School of Philosophy and Human Sciences) of the Federal University of Minas Gerais (UFMG), at Rua Carangola in the district of Santo Antônio, south end of Belo Horizonte. This association brought together a generation of future actors, artists, poets, philosophers, architects and professors, all willing to express themselves and produce a creative alternative of something that might be capable of evading the suffocating atmosphere of oppression and violence of a military dictatorship in Brazil, by then spanning 15 long years. The years of heavy-handed repression, censorship, surveillance, and persecution were taking their toll and people were desperately searching for an escape valve. Silence and fear prevailed and anything different was always branded as subversive and dangerous. The mere meeting of people was in itself a break with that established order. Headed by the architect and playwright João Machado, nephew of Maria Clara Machado – a stage director from Minas Gerais based in Rio de Janeiro, founder of Teatro Tablado and one of the most important children's playwrights in Brazil –, the group shared ideas, exchanged anxieties, projected aspirations.

Despite being short-lived, the Associação project carried in its essence the somewhat diffuse desire to create artistic manifestations capable of breaking with the isolation of the concert halls, art galleries and classrooms. The goal was to transmit knowledge beyond the academic environment by taking thought and the arts, especially the theater, to the unconventional space of alternative venues. At the time, the oppressing obscurantism of the military regime was waning and people were starting to lose the fear of expressing themselves. FAFICH itself, which throughout the 1960s had been one of the pillars of the struggle against the resurgent assault on democratic freedoms by the military, once again took the lead in demonstrations calling for amnesty, the end of censorship, the return of political exiles and fully democratic elections.

Such eagerness to bring together the university and secondary students was both at the origin and demise of the Association. The lack of clear proposals and a common focus of interest caused the project to wither away. But the seed would bear fruit. The group included two actors who would go on to form the core of Galpão: Chico Pelúcio, who studied economics at the same UFMG, and I, who, besides studying philosophy at FAFICH, was already an active member of the student movement theater group.

At that same time, Teuda Bara paraded nude in a bathtub in the play *Triptolemo 17*, directed by Eid Ribeiro, and performed in university students' unions alongside actors like Adyr Assunção and Antonio Grassi. Wanda Fernandes, a recent psychology graduate from PUC-MG, increasingly drifted away from the course's issues towards theater, joining the acting course created by the director Priscila Freire. Her role in the creation of APATEDEMG – the first actors association of Minas Gerais, which sought to regulate the profession – definitely propelled her towards a career in theater. Antônio Edson, in turn, was a fourth-year student of the University Theater professional course at UFMG, supervised by the director Haydé Bittencourt, which brought together the pick of an important generation of actors and directors in the 1950s and 1960s in Belo Horizonte, such as Pontes de Paula Lima, Ítalo Mudado, Helvécio Guimarães, and Otávio Cardoso. Another member of the original group who would be part of the first inner circle of Galpão, Beto Franco, studied civil engineering also at UFMG and maintained links with theater through activities in the conspicuously left-wing student's union, with origins in the Loyola Jesuit school in Belo Horizonte, and his militancy in the university's student movement.

It was actually the student movement and its cultural manifestations that succeeded in giving vent to the bottled-up creative energy of those aspiring artists. The so-called Brazilian "economic miracle", based on the centralizing technocratic model imposed by the military, was beginning to show signs of fatigue. The formula of "having the cake grow before dividing it" proved to be a fallacy. Discontent was stirring up among the middle class. The labor movement gave its first signs of organization. The strikes in the ABC region of São Paulo were starting to break out and the impressive mobilization of the metalworkers evidenced the leadership commanded by Lula. In theater, Antunes Filho, at the head of CPT (Center for Theater Research), shook up the local and national theater scene with his staging of *Macunaíma* in São Paulo, in a defining interpretation of the anti-hero myth created by Mário de Andrade. In Rio, the group Asdrúbal Trouxe o Trombone was turning the theater scene on its head and touring Brazil with shows such as the adaptation of Gogol's *The Inspector-General* and *A farra da terra* (The Spree of the Land), which knocked theater off its pedestal, bringing it closer to a rather irresponsible and life-hungry youth of Rio's south zone.

Within this background, two directors of Freies Theater München (Free Theater of Munich) arrived in Belo Horizonte in March 1982 for a two-week workshop at Teatro Marília. Sponsored by the then very active Goethe Institute, the course attracted virtually all the new generation of the city's professional and aspiring actors. In the first days, almost ninety participants had signed up. The German artists, actor Kurt Bildstein and director George Froscher, left no-one out. The selection process occurred during the actual work with a rigorous load of exercises and strenuous physical training for almost six straight hours. Creation from extreme fatigue and exhaustion was part of the process. Voice exercises during exhausting running and object-manipulation games, often performed in a risky acrobatic manner, inevitably resulted in a selection of participants. In less than three days the number dropped from 90 to

40. By the end of the first week, only 27 remained, and the course closed with just 16 participants. Such German discipline and rigor would indelibly mark the early years of Galpão and its collective work. This inflexibility would only be broken with the later arrival of the actors' children, who, with their bottles and crying, disorganized and destabilized the somewhat military structure of our first rehearsals.

The first workshop with the Germans brought together the five actors who, eight months later, would be the founding members of the first version of Galpão: me, Teuda Bara, Wanda Fernandes, Antônio Edson and the Argentinean actor and director Fernando Linares, who sold handicrafts for a living in Brazil. All of us – who would otherwise certainly have drifted apart to seek new groups in which we could individually fit in – received the grateful and surprising news that the Germans were coming back, this time for a longer, one-month workshop focused on street theater techniques, a specialty of the Munich group developed in diverse experiences with other acting companies from countries like Israel, South Africa and Venezuela.

Nine actors from the first workshop were called for this second one, held in July in the city of Diamantina as part of the UFMG Winter Festival. The experience was even more intense with up to ten hours of daily activities. This work resulted in the staging of a kind of one-act medieval play featuring a giant doll and actors on stilts, which received the vague title of *A luta do bem contra o mal* (Struggle Between Good and Evil). Besides street theater techniques, which involved acting on stilts, manipulating objects, and circus skills such as acrobatics and juggling, the group of actors started rehearsing Bertolt Brecht's *The Good Person of Szechuan*. The show debuted three months later at Teatro Francisco Nunes in Belo Horizonte, featuring a few innovations compared to mainstream theater at the time, such as vigorous and straightforward interplay among the actors, besides lively interaction with the natural environment surrounding the Municipal Park, where the theater is located. In the very opening scene of the play, in which the gods arrive in the city in search of a good person, three actors on stilts cross a footbridge running through the audience to the sound of the theme song from *Star Trek*. In the scene where the prostitute Chen Te gets married, the back doors of the theater were opened to reveal the park's surprising floodlit nature, thus expanding the show outdoors.

Despite the enthusiasm of the actors, for whom the staging process was a veritable school of acting, the Goethe Institute was unable to support a production with a large cast and foreign artists. Promises of continuity were short-lived and hopes of extending the show were soon dashed. Thus, *The Good Person of Szechuan* ran for no more than two weeks. The Germans left and the group of actors dispersed with no work prospects. We went back to what Aderbal Freire-Filho dubbed "foretold death theater", in which a group of actors gets together to put on a play and, once the work is over, all involved simply scatter in search of new groups, assembled specifically for a new production.

Contrary to this dispersing trend and seeking continuity in the process of collective artistic training and production triggered by the work with the Germans, Teuda, Wanda, Toninho, Fernando, and I decided to found a group, a collective that would allow us to continue that journey. That was when I decided to restore the registration of the association created in 1979 in the basement of FAFICH to found Grupo Galpão. The group's foundation was celebrated with beer and sugarcane spirit in a bar in downtown Belo Horizonte, on the corner of Rua Guajajaras and Rua Goiás.

The five of us then swiftly got moving, aware that no theater group can survive without work, an artistic product, a performance. Hardly had the Germans departed and the cast of *The Good Person of Szechuan* dispersed when we gathered around an old suitcase of costumes and clothes that had belonged to my family and been donated to the theater. There were my grandfather's tail-coat and top hat, my aunt's wedding gown, a few formal shirts. The path was clear for the creation of a circus sketch to be named *E a noiva não quer casar* (And the Bride Won't Marry).

Since we had worked exhaustively with stilts, both in the street theater workshop and the production of Brecht's play, it was decided that the entire sketch would also be staged on those props. The resource helped us to expand our bodies, which thus stood out from the dispersion of the street. The exception was two musicians – José Arthur Aguiar and Beto Franco – who, donning clown costumes, punctuated with percussion sounds all the scenes and acting. Soon after the first performances, Galpão started being recognized in the streets of Belo Horizonte as "the stilts group".

The plot excelled with simplicity. A magician, a fire-eater and an acrobat displayed their skills in an attempt to win the hand of the bride, offered by her father. In the end, she rebelled and refused to marry, deciding to become a carnival dancer. Over time and with the addition of other actors, new characters emerged such as the bearded lady and the knife thrower. The script was hardly a playwriting masterpiece and the show, viewed with complaisant hindsight, seemed to captivate people much more for the intrepid courage of those young actors, boldly performing in the streets, than for a solid text or artistic proposal.

No sooner was the two-week run of *The Good Person of Szechuan* over than we were already in the process of staging *E a noiva não quer casar*, parading our instruments, costumes, and stilts through the courtyard of the Borges da Costa student residence on the medical school campus of UFMG. In late November 1982, we put on the first performances on the outskirts of Belo Horizonte. Soon the city's downtown squares were hosting the play.

Those first shows already indicated the path that would become a striking feature of Galpão over its 37 years of existence: gathering in a circle or semicircle large crowds eager for moments of dream, fun and imagination. The experience of what might have been. An ancestral feature that refounds the essence of the theater, reaffirming in its geometry in space and time the celebration of encounter, exchange, and communication.

Contact with the audience continued after the shows. As the performances were often promoted and organized by local communities, it felt like visiting those people in their homes. Many times the chat between actors and audience moved on to the nearest bar, where everyone exchanged impressions and jokes about the play. Now and then a more enthusiastic spectator would pick up a guitar and everyone joined in singing. Not to mention the occasions when residents invited us for a meal in their homes, especially in smaller country towns.

Galpão's early street performances therefore created an unusual commotion in the routine of order and silence imposed on everyday life in Brazil, especially as of December 1968. I remember the slightly chilling feeling caused by coming across five, six hundred people gathered at four o'clock in the afternoon in Praça Sete de Setembro, the central square of Belo Horizonte. It was there, in those street performances by Galpão, that we fully experienced what Artaud called "the imminent risk of catastrophe" as an essential state for the act of being on stage. Wobbling on stilts, whether on asphalt, cobblestone or Portuguese pavement, we lived through the uncertainty and insecurity of those years of total political and social instability.

Brazilian society finally started taking the first steps in the quest to restore democracy. Demands and disputes popped up here and there. The pressure for better wages was building up within the more organized trade associations and soon "the stilts group" was being contacted by some unions to attract people to rallies, mobilize professional categories and garner public sympathy. In 1983 the Electrical and Banking Workers Unions hired Galpão to perform an opening sketch to a great rally "in protest of the economic policy of the government of General Figueiredo and in support of the demand for better wages of the respective categories". The sketch, created and rehearsed over two weeks and named *Um país chamado Bombril* (A Country Called Brillo Pad), was a deriding and unsubtle allegory featuring a woman in a flimsy lace outfit, covered with plastic tropical fruit, being auctioned off by unscrupulous capitalists. More interested in the shapely curves of the actress Sonale Murta (who embodied the vilified nation) than the political messages of our plot, the audience cheered with that confused blend of pop art, TV show and a good dose of political sectarianism.

Obviously, it didn't take long for the police to show up and make it clear that no demoralization of the public order would be allowed. After the performance, on our way to the dressing rooms at Teatro Marília, we were stopped by a vehicle with DOPS (secret service) agents who wanted to take us to the ill-fated headquarters of the political police on Avenida Afonso Pena. We stood around trying to negotiate while Teuda Bara, who had managed to evade the police barrier outside Palácio das Artes, rushed to the theater, where she met the director Jota D'Angelo, then head of the Culture Department. After intense negotiations which attracted a crowd, including a high city government official, the police gave up locking us up.

But our faces were known now. Our second brush with the police would happen a few weeks later, at a performance of *E a noiva não quer casar* in the Municipal Park, opposite Teatro Francisco Nunes. This time we were accused of breaking the law that prohibited any type of event attracting a crowd inside the park. Therefore, we had to spend a few hours inside the theater while its director, the actor and filmmaker Helvécio Guimarães, convinced the police commander to turn a blind eye. Those risky street performances helped develop the main trait of Galpão's work: the link with its audience and collective interests. There is no doubt that during those dangerous years the group built up its connection with the community in which it lives and also with those it visits, as a kind of imperative of its artistic work.

After the union demonstrations came the first marches demanding amnesty, the return of political exiles, and general elections in the country. For years the Sete de Setembro and Liberdade squares served as permanent stages for Galpão's various performances and premiers. Shows like *Ó pro cê vê na ponta do pé* (Check It Out on Tiptoes), Foi por amor (It Was For Love) and *Corra enquanto é tempo* (Run While You Can) made their debut and ran for several weekends in those and other squares around the city. Not to mention a series of street performances and parades, thanks to which we became well-known figures in the city's daily life. Street theater ended up being a solution, not only in terms of the recognition and space that allowed us to exercise our craft, but also in terms of the group's financial viability. If the "hat" we dutifully passed around following the shows was a symbolic compensation normally used to fund celebratory drinking bouts, the performances gradually drew attention and were publicized, attracting clients such as city halls, neighborhood associations, companies, labor unions and schools.

The rule was to perform wherever possible. While street theater was the flagship that gave us the mobility to put on shows in companies, schools, squares, and streets, we also needed to be on stage. Artistically the group's actors yearned for another place. Performing in the street demanded expansive, externalized, overly stylized acting. We needed to experience and explore other paths. Our discussions, always collective, dragged on without any conclusion. Galpão didn't – and still doesn't – have a leader to dictate its course. Everything is decided collectively, a process in which ideas and projects take time to mature. In a context of absolute uncertainties, the only thing the actors were sure about was the need to diversify and seek new experiences and spaces. While economic survival was a basic factor, the search for new ways of experimentation and language was also a fundamental issue. In an extremely intuitive attempt to seek new challenges and experiences that would broaden our theatrical knowledge, the group decided to stage a children's play, *De olhos fechados* (Eyes Shut), by the Brasilia author João Vianney.

The play revolved around a game in which four children decide to walk with their eyes shut. They then start discovering a new world, present in the senses, in which magical characters such as Smell and Sound appear and play with them. *De olhos fechados* was a play that addressed children's theater without any kind of dumbed-down childness. It won the João Ceschiatti Award in 1984 for best children's play, besides taking awards for best director (Fernando Linares) and actors (Wanda Fernandes and me). As much as the relevance of theater awards may be questioned, this Ceschiatti Award was an important institutional acknowledgment for Galpão, which until then was still somewhat marginalized for doing street theater and engaging politically through art. Many stages of acknowledgment remained to be overcome, such as the group's possibility and capacity to perform in different acting styles and genres other than the typology of popular street theater, such as the expressionist theater of Nelson Rodrigues or the realism of Chekhov's plays. But these and other challenges are narrated further ahead.

The truth is that the first years were marked by total precariousness and a great deal of courage. The actors commuted and traveled in their own cars, squeezed in among the piles of suitcases and trunks. The travel logistics of a theater collective are learned and born from practice. Our working area expanded with the first tours in country towns of Minas Gerais. The festival circuit allowed us to create a circulation network that was gradually consolidated and expanded. Galpão started establishing close connections with artists and audiences in some cities, such as Uberlândia, which became a partner of ours, promoting not only performances but also courses, workshops, and meetings.

Galpão's offices were improvised in Wanda's apartment on Rua Grão Pará, in the district of Santa Efigênia, which ended up becoming kind of the center of Minas Gerais theater, with people from several groups sharing the premises. The sets and costumes were alternately stored at Teuda's and my parents' house. The struggle against the dispersion and disorganization resulting from the lack of headquarters to concentrate the collective's activities would persist for long seven years, until 1989, when the group managed to buy its current premises, a 200-square-meter warehouse at number 3413 of Rua Pitangui.

In spite of the difficulties, the activities gathered momentum and the group expanded with the staging of a new street performance with the outrageous title *Ó pro cê vê na ponta do pé* (Check It Out on Tiptoes). The show, divided into nine independent sketches, explored puppetry, pantomime, and circus techniques. The cast included Chico Pelúcio and two members of the Atrás do Pano puppet company, Paulinho Polika and Sumaia Costa. The structure of the new play was fragmented and extremely agile, featuring a kind of magic box from which all characters emerged. With *Ó pro cê vê na ponta do pé* the group greatly extended its scope, touring several new cities. Albeit timidly, we started structuring ourselves to plan and organize our lives as professional actors. The prospect of making a living from theater alone was becoming feasible. Even though we continued walking on the razor's edge, professionalism appeared on the horizon. At the same time, as early as 1985 we realized that relying on box-office sales would not be enough and that we would need a more stable sponsor to fund the company's activities and maintenance. That would only happen in 1994, twelve years after the founding of Galpão, with the staging of *A rua da amargura* (Bitterness Street), directed by Gabriel Villela.

Our concern to deepen our research on popular theater led us naturally to investigate mask work in theater, especially that linked to the genre of commedia dell'arte. From the meeting with the researcher and professor Ariel Genovese stemmed a series of improvisations, workshops and a vast amount of material produced in video. This experience ended up stirring a desire to take a more ambitious step, the staging of Carlo Goldoni's classic play *Harlequin Servant of Two Masters*, renowned for the famous production by Piccolo Teatro di Milano, directed by Giorgio Strehler. Internal disagreements and unavoidable production difficulties made it impossible for Ariel to stay on as director. The rehearsals dragged on for nine months, divided between the endless improvisations of canovaccios and the performances of *Ó pro cê vê* in public schools as part of the Drama in School project. The drive and vitality of the first improvisations with the masks of Harlequin, Pantalone, Brighella and Dr. Lombardi started losing focus, lost in the undefined, abstract and somewhat confused idea of "reinterpreting Goldoni's classic." The closest model we had for inspiration was the staging of Gogol's *The Inspector-General* by Asdrúbal. But in practice, the models turned out to be a trap.

Realizing that the freshness and enthusiasm of the first improvisations were fading in the face of necessary repetition and without an outside and comprehensive view of what was being done, the staging became a problem. The different scenes would not fall into place and seemed disconnected. We started feeling that the entire venture was set to flounder. In the midst of many opinions and increasing dispersion, I tried to conjure up a script that would do justice to our original goal of creating a "more modern and personal interpretation of Goldoni's original play". The crisis – which was already evident in the burnout and tension of the overworked actors, nowhere near the intended result – came to a head on the day the director Eid Ribeiro attended a dress rehearsal to give us his impressions. At the end of almost two hours of performance, Eid lowered his head on the desk and bluntly announced: "It's all terrible, out of place, artificial; the Frankenstein you have raised is no more than a sloppy emulation of Goldoni's play". Eid's frank words simply confirmed what we all felt but couldn't admit. Having already committed to a three-month run at Teatro Marília, we hastily called the director Fernando Linares, who was no longer part of the group at that time, to carve out a direction of the play's comic framework.

The result, sure enough, was a resounding flop. The three-month run dragged on before small audiences, and the need to reinvent ourselves every day on the stage in a theatrical form that didn't convince us was just wasted effort. We had to understand what had happened and why that fiasco had become inevitable. We had to digest the failure and learn from it. It was not easy. The group, which numbered nine actors, was again reduced to its four founding members. The group still attempted to resume the skits of *Ó pro cê vê*, but the replacements did not work out. The crisis seemed to be leading to the group's inevitable dissolution.

When disaster strikes, that's when miracles happen, or so they say. Once again under the aegis of the UFMG Winter Festival, the four musketeers – Wanda, Teuda, Toninho, and Eduardo – decided to enroll in the month-long workshop "Paths in Theater Creation" given by the São Paulo director Ulysses Cruz. At the time, he was the director of the Boi Voador theater company and had staged very successful shows adapted from literary works such as *Velhos marinheiros* (Old Sailors), based on the novel by Jorge Amado, *Captain Pantoja and the Secret Service*, by Vargas Llosa, and *Corpo de Baile* (Corps de Ballet) by Guimarães Rosa. Ulysses had studied at the strict CPT school with Antunes Filho, having been his assistant in memorable productions like *Paraíso Zona Norte* (North Zone Paradise), a re-reading of the work by Nelson Rodrigues.

The workshop with Ulysses was a milestone in Galpão's trajectory. Based on the creation of scenes to be directed by the actors themselves – adapted from a series of short stories by Minas Gerais authors – it turned out to be a light at the end of the tunnel during that foggy period. The scenes had to be developed with the maximum of resources possible and a full script, stage markings, costumes and set and lighting design, and rehearsed and performed within three days at most. Urgency was a key element in allowing an initial creative drive to emerge without further ado.

The structure of the workshop and Ulysses' steady and clear direction made us rethink the entire fragmented, confused and directionless experience of staging *Harlequin*. All the scenes performed in the workshop were thoroughly debated and appraised by those who watched, and a critical eye was firmly demanded by those who knew that doing theater also involved the need to "know how to watch theater". Our knowledge and view on our working material had to be well-grounded.

The meeting with Ulysses is a turning point in the group's history. We came out of the workshop refreshed and keen to rebuild the group from new projects. Such was our eagerness that we embarked on two projects at the same time.

The first was the staging of a canovaccio of the same commedia dell'arte genre – *A comédia da esposa muda* (The Comedy of the Dumb Wife) – which had delighted us during the *Harlequin* process. The text, brought by me and translated from English by Pontes de Paula Lima, was a delightful satire on marriage, featuring a husband who, eager to hear his dumb wife praise him, asks a miracle-working doctor to make her speak. The operation is a success, but the result turns into a disastrous threat to her husband, as his wife starts spilling the beans about his misdoings. After many plot twists, the doctor ends up finding a solution for the couple to live in harmony: making the husband become deaf. While she talks her head off, he hears nothing and the two live happily ever after!

The second project was the staging of *Triunfo, um delírio barroco* (Triumph, a Baroque Delirium) produced by Fundação Clóvis Salgado, of Palácio das Artes, and directed by Carmen Paternostro, one of the most important names in the dance-theater fusion movement, which emerged strongly in the 1980s. The show depicted the Baroque Triumph festival in Ouro Preto (MG), when various artistic events and festivals took place in town during the inauguration of Igreja do Pilar. The play explored the Triumph festival to address the tense relations between the Portuguese colonizers and the black and indigenous cultures, the violence present in the cultural development of Brazilian society and its miscegenation. The show was staged by the dance group of Palácio das Artes, with the participation of Galpão and guest musicians and dancers. It was a great opportunity to renew our contact with several artists, former partners who had always been present in our work, such as Dudude Herrmann, Gil Amâncio, Guda, and Lydia Del Picchia, who would join Galpão years later in the second version of *Romeo and Juliet*, created in 1995.

While the group was engaged in this creative whirlwind, staging two performances at the same time, the Italian groups Potlach and Tascabile arrived in Brazil for the International Street Theater Festival in Rio de Janeiro. The contact with those two companies, who played live music in their performances, revealed to us the potential of music as an element of communication with the audience. For a group that had been delving into popular theater, viscerally focused on making contact and sharing with the audience, music became an essential element. Its live performance created an immediate connection with people, exactly what we were aiming at with our theater.

The road was not smooth. The first step was to take voice technique classes with Babaya, who, through exhaustive and patient work, introduced us to the practice of tuning and listening, not only in singing but also in speech. At the same time, we got a scholarship to take music initiation classes at Fundação de Educação Artística with Edla Lobão. The scholarships, granted by the pianist and school director Berenice Menegale, were essential to give us basic notions of solfeggio, rhythm, music reading and harmony. The project of introducing music in our theatrical work was developed gradually, proving that a group project can accommodate medium- and long-term goals, not necessarily linked to an upcoming production. Six years separated the earliest rehearsals in 1986 – with Babaya's tutoring and music lessons at Fundação – from the actual inclusion of a band playing live in *Romeo and Juliet* in 1992, during which time we developed three plays.

Meanwhile, our international contacts were also expanding. We took part in a street performance in Rio de Janeiro with several local actors, led by the Danish group FARFA and its Italian director Eugenio Barba. A disciple and promoter of the theatrical ideas of the Polish director Jerzy Grotowski and creator of the so-called "theater anthropology," Barba proposed an actors' training and preparation methodology inspired by the most diverse contributions of theater traditions, especially from the East. His work philosophy and training proposal made a great impact in Brazil from the mid-1980s, with some delay in relation to other Latin America countries.

Keeping in contact with and receiving the influence of theater anthropology groups, Galpão was invited to take part in a great gathering in 1988 in Huampaní, a village in the outskirts of Lima, Peru, as a tribute to the Polish director Jerzy Grotowski. The participating conditions were not at all favorable. There was no payment, each group had to provide its own transportation and, moreover, each participant had to contribute one hundred dollars to the organization of the event. Despite the difficulties, Galpão rolled up its sleeves and got to work: fundraising parties were organized, signature books were distributed, friends and businessmen were sought for support. At great cost, we were able to embark for Lima taking the show *A comédia da esposa muda*. The gathering brought together 32 groups from Latin and North America and Europe in a theatrical festivity with various activities. The program included performances, workshops, classes with Barba, and a sample of work by some of the main exponents of different traditions of theater and anthropology.

The high point of the week-long event was the staging of a collective process involving 250 actors in the Peruvian desert. The performance, called simply Tribute to Grotowski, was constructed from the creation of short scenes (seven minutes at most) in which the representative of each company directed a group formed by actors of different groups, so as to enable a more effective artistic exchange. Always at the unusual time of five to seven in the morning, the groups would gather to create their scenes. The performance, staged on a huge natural plateau in the middle of the desert sands, became a veritable theatrical luau, shared only by the actual participants. The only outside witness was a Peruvian boy who, wearing a typical regional poncho, represented the figure of Grotowski, who for health reasons could not be present.

The Huampani gathering was another important moment, in which we greatly profited from the teachings of Barba and the great masters of theater anthropology. It was also an opportunity to experience a great theatrical fraternization, represented by the meeting of such distinct cultures. The gathering was also important for allowing us to perceive a kind of underlying "cultural colonization", especially among Peruvian and Colombian groups, which reproduced the creation processes and imitated the model brought by the Europeans. It was as if we were watching a series of pastiches staged by Odin Teatret and FARFA. The conviction that we had to forge our own path became clearer. And that, despite all the influences and models that we would encounter and follow, and with which we would learn, such forging should be founded on our own life stories and experiences. With Peru on the verge of civil war due to the distressing activities of the Maoist guerrillas of the Shining Path, most performances were dull revolutionary exaltations with no nuance of form or content. Galpão's performance of *A comédia da esposa muda* contrasted sharply with everything that was presented, an exuberant comedy mixed with a certain degree of irresponsibility and carousing.

The following year, 1989, Galpão traveled with the project Latin American Theater Review alongside two Peruvian groups (Yuyachkani and Cuatrotablas) and two plays from Chile, performing at festivals in 12 cities in Italy. All the events were organized by theater companies engaged in the so-called "Third Theater", which was linked to Eugenio Barba's theories. The experience turned out to be a rare opportunity of contact with the practice of groups deeply linked to the communities in which they were inserted. All the groups we visited – in cities such as Penne, Fara Sabina, Bergamo, Formia, Lecce, Florence, Frascati, Pescara, Avezzano, Bologna, Modena, Donori and Carbonia – had their own premises with theater, library and video library, and promoted events open to the community. At the festivals Galpão performed *A comédia da esposa muda* and *Corra enquanto é tempo* and took part in a number of debates, workshops and lectures, with heated discussions on the political and economic situation of Brazil and Latin America and its relation with theater and art.

Another striking experience was the encounter with the group *Ói Nóis Aqui Traveiz*, from Porto Alegre (RS), which had been developing an impressive political and aesthetical action in their community. It was at this very moment – when the group opened up to contacts and experiences abroad, taking part also in the Street Theater Festival in the French city of Aurillac – that we felt grow an increasingly strong desire to speak of ourselves, of Brazil, of our roots, to try to somehow decipher what we were, where we came from and what our future perspectives were. Meetings with Brazilian groups such as Terreira da Tribo, from Porto Alegre (RS), Tá na Rua, from Rio de Janeiro (RJ), and Imbuaça, from Aracaju (SE), were also very significant. That moment of unrest coincided with our meeting with the director Eid Ribeiro, who had so clearly exposed the problems of our misguided staging of *Harlequin.* Eid has been the most important stage director in Minas Gerais in the last five decades, staging highly significant shows since the 1960s. With Galpão, Eid staged in 1988 *Corra enquanto é tempo*, an amusing and devastating satire. In the play, a family of evangelicals preaches in the street to songs by Roberto Carlos and evangelical hits, only to be surprised by the arrival of a transvestite claiming his right to that public site. The show, which nowadays would probably be stoned and forbidden from being performed in a public square, given the hostility and radicalism of the evangelical movement in Brazil, provided the group with a few amusing stories, ranging from protests by outraged churchgoers to the invitation by a pastor to perform in his church. The show marked Galpão's trajectory for triggering our quest for a theater that addressed our reality. Many rehearsals were inspired by visits to churches and observation of street preachers. The pastor's discourse on the conception of the world and the prevalence of evil and sin was written by Eid from the speech of Pastor José, who at the time preached at Praça da Rodoviária, in downtown Belo Horizonte, surrounded by prostitutes.

From that same desire to talk about Brazil and its more immediate reality, we created a short, agile sketch called *Foi por amor* (It Was for Love), written by me and directed by Antônio Edson. The play addresses the typical and tragic situation of crimes of passion, which were – and still are – justified by husbands as a "defense of their honor". The show was performed in very unusual places, such as bus stops, subway stations, and avenue crossings. With a straightforward message and lasting only 12 minutes, it was conceived as an intervention in the daily routine of the streets and its passers-by.

Our project of delving into Brazilian reality took a new and unexpected turn when Eid proposed staging *Álbum de família* (Family Album). One of the most virulent examples of Nelson Rodrigues's so-called metaphysical tragedies, the play dissects the vices of a traditional family from the interior of Minas Gerais (Minas, always Minas!), with scenes of widespread incest, crime and castration, depicting a violence at once explicit and veiled, very typical of Brazilian culture, especially Minas Gerais culture. Eid's staging was an expressionist interpretation of the play, featuring a somewhat macabre and ghostly narrator who manipulated the characters and recited passages from Nelson Rodrigues's newspaper columns. The fact is that with this performance we definitely progressed to a higher level of acting, assuming a more challenging, mature and diversified stance that was a far cry from Galpão's image of an exclusively street theater group, with typified characters and exaggerated makeup.

Undoubtedly the partnership with Eid was essential for the group to overcome internal and external resistance, following new paths and seeking more diversified options. Another extremely important point of the work with Eid was having a more demanding and accurate view of dramatic construction. The script was incessantly written and rewritten during the long improvisations based on the play's situations. Galpão's encounter with Eid was marked by a critical stance of most actors towards the principles and practice of theater anthropology and its groups. At that moment we moved away from a very specific type of actor training and started seeking permanent diversification, involving various theatrical styles and practices. From then on it was as if each staging represented a new venture into unfamiliar territory.

Álbum de família was the first play to be entirely prepared in Galpão's own premises. With fifteen thousand dollars saved from the group's tour to Italy and France, plus some boldly incurred debts, the group bought the property where to this day its headquarters are located and where all the shows thereafter were rehearsed and produced. The warehouse was a huge achievement which would fundamentally influence the artistic quality of the group, not to mention issues involving production and work organization. Rather than improvised halls and sets and costumes arriving shortly before the premiere to be adapted in a hurry, the production of *Álbum de família* benefitted right from the beginning from a costumes workshop and a set design sketched on site.

The country's political moment gave us the illusion that the reestablishment of formal democracy, with elections at all levels, would gradually heal all our ills. This was after the troubled 1989 presidential elections, in which Collor de Mello won a tight contest helped by manipulation, mainly on TV, and was prevented from remaining in office due to lack of support from Congress and popular pressure. The massive street demonstrations were soon replaced by the term of Vice-President Itamar Franco. By launching the Real Plan, he stalled the inflationary spiral affecting the lives of Brazilians and ended up inaugurating the years of Fernando Henrique Cardoso as president.

We then witnessed a great expansion of social movements and so-called civil society, which was seeking to organize and express itself. In theater, the Group Theater Movement emerged strongly, promoting important gatherings in various Brazilian cities. A network was created and interaction among groups was encouraged. At this particular moment, we started giving several workshops in which we publicized Galpão's work, stimulating exchange with other artists and fostering the creation of new groups in the countless cities we visited. Having previously forged its work and language in workshops and meetings with other artists, Galpão now started also to transmit all the knowledge and experience accumulated over those years of hard work. The result of an artistic practice had to be passed on. The strength of a popular street theater that broke down the boundaries of playhouses and managed to express its desire for social participation and belonging, so urgent at that moment in Brazilian history, increased the demand for Galpão's work by young actors and groups, especially those from the country's inland regions, who felt an urgent need to express themselves.

In these encounters, the key question was often repeated: How can we form a group? The advice to persevere with patience, courage, discipline, and will power was accompanied by the certainty that there are no models. Throughout all those years, hundreds of youngsters, often with no prospects whatsoever, frustrated, regretting the state's omission to fulfill its role, envisioned in Galpão's collective theater experience a possible way out. Countless performers from the most diverse areas often came up to us – and still do – to say that they had decided to be artists after meeting Galpão or watching one of our shows. Or, on the other hand, ordinary people, previously with no prospect whatsoever of engaging in an artistic activity, who, after their encounter with theater, were renewing yearnings, desires, dreams. A desire to be less alienated, to engage in some kind of activity that helps break the monotony of daily life. A wish to be more sensitive and supportive, striving to become a better human being. To pay more attention to the world, both outer and inner. To rely a little more on self-esteem. To live with poetry and the possibility of what could be.

In fact, the theater is not a place for success, glamor, winners, great stars, but for people who seek a thread of hope, a glimmer of light, for those who insist that they are still alive and harbor hopes and desires. In many years working with non-actors and potential professionals, over and above specific theatrical processes, what always attracted us most was the meeting with human beings. The leap in the dark, giving birth to something unexpected from the emptiness of a workroom. And, from there, breaking with our social and moral constraints. The possibility of fostering the meeting of different and unfamiliar people who, like children, recreate and reinvent the meaning of life, even if only for a moment.

For me, a typical example of this kind of opportunity that art and theater can afford us was the case of a girl called Divina, who attended a two-week street theater workshop we gave in Uberlândia (MG). She was a domestic servant at the time and mostly absent-minded and confused. She was often late and said her employer didn't want her to attend a theater workshop. However, at the same time she was amusing and captivated all of us with her naive and childlike joy. She seemed to be one of those people who would go through life without paying much attention to anything. And what do you know, six years later, when we came back to town for a performance of *Romeo and Juliet* at Praça Tubal Vilela, we were surprised to see Divina. She was another person altogether, more focused, breathing and speaking more calmly and clearly. She had come to tell us that the workshop had made her reassess her whole life. She had left her job as a housemaid, gone back to school and, after a few attempts, finally managed to enter university to study education. She was about to graduate as a teacher and dreamed of teaching things to other people. A few years later, on another trip to the city, she told us that she had become a storyteller. Of course it was a personal achievement, but if somehow those two weeks of theater games and exercises had helped, that was good enough for us. She said they had and we also want to believe that theater the has the potential to change and transform people's lives, despite reaching so few people in a mass society.

The digression over, let's get back to Galpão's story. The first half of the 1990s continued bustling with the creation of new groups, movements, and meetings that brought together different artists and companies. Galpão played an active role in promoting collective theater in Brazil at the time and one of the most important initiatives was the creation of the international theater festival in Belo Horizonte. The first two editions (1990 and 1992), more modest, were named International Street Theater Festival (FESTIN) and wholly organized by Galpão with the support of the Municipal Culture Department. From the third edition on it was taken over by the department, which changed its name to International Stage and Street Theater Festival (FIT). The festival grew into one of the largest performing arts events in the country. Political interference also increased and we ended up leaving the festival's organization due to disagreements with the Culture Department.

Festivals have always been privileged moments of exchange among groups, artists and also audiences. During that period, Galpão took part in one of the most significant exchanges in its history: the occupation of Teatro Glaucio Gill in Copacabana, Rio de Janeiro, organized by Aderbal Freire-Filho's Center for Performance Demolition and Construction. The movement proposed a new form of occupying public theaters, with a program designed and produced by the actual groups, including not only the performance of plays but also a wide range of meetings, lectures, and workshops. The creation of the Center for Performance Demolition and Construction mobilized an entire generation of important artists in the city. In 1991 we occupied the theater's stage for a month with *Álbum de família* and also the squares of Rio with the street shows *A comédia da esposa muda* e *Corra enquanto é tempo*.

It was during those ramblings through the streets of Rio, with our emblematic wine-colored 1974 Veraneio station wagon, jam-packed with trunks, fittings, and actors, that Galpão was watched and observed by Gabriel Villela. The director, increasingly interested in developing a street theater experience, was delighted with our touring theater structure and invited us to go to São Paulo to see one of the final performances of the successful run of his show *Vem buscar-me que ainda sou teu* (Come Get Me 'Cause I'm Still

Yours), a circus-theater script written by Carlos Alberto Soffredini based on a famous song by Vicente Celestino. Fascinated by the endless loading and unloading of objects in and out of that "motorized wagon", which reminded the director of the golden age of commedia dell'arte, Gabriel met with us and announced that we were going to stage a play together. He didn't yet know which one, but he was sure the Veraneio van would be part of the stage set.

At that same time, the group went through a rough period of internal relationships, with both individual members and the collective reassessing their level of commitment to the work. It was then that the actress Maria Gastelois, who had joined Galpão at the age of 15 for the cast of *A comédia da esposa muda* and had also taken part in the staging of *Corra enquanto é tempo* and *Álbum de família*, left the group and moved to France. After a lot of talking and changing of schedules, it was decided that the group would prepare five workshops for the creation of ideas focused on five possibilities: *The Great Theater of the World*, a play by the Spanish baroque playwright Calderón de la Barca; *Morte e vida severina* (Death and Life of Severino), João Cabral de Melo Neto's epic poem about migrants in northeastern Brazil; *Primeiras histórias* (First Stories), short stories by Guimarães Rosa; Brazilian vaudeville; and Shakespeare's *Romeo and Juliet*, which ended up being our sole choice.

Needing a new female member for its cast, the group invited several local actresses to work on the creation and construction of those workshops. Over six weeks of intense work the five scenes were created, each one averaging fifteen minutes and using the Veraneio van in the most different ways. The five scenes were presented to the director in a single day. Hours later we took our final decision with Gabriel: the play would be *Romeo and Juliet* and the group's new actress would be Inês Peixoto. Inês had previously attended a course given by Gabriel at Oficina Oswald de Andrade, in São Paulo, at a time when his work was starting to draw attention in the city thanks to the success of the play *Você vai ver o que você vai ver* (You Will See What You Will See). Inês was an experienced actress, having worked in important theatrical productions in Minas Gerais and recently experienced a dazzling stint with the theatrical band Veludo Cotelê.

The invitation to work with Gabriel, a stage director from the south of Minas Gerais who was enjoying success in São Paulo, increased the interest of the national media about the group. Although Galpão was already well-known in festivals and national gatherings focused on theater, it was still relatively unfamiliar to part of the media, always very restricted to the cultural life of Rio and São Paulo. If the dilemma common to so many artists outside the Rio-São Paulo scene – whether or not to remain in Minas Gerais – was not completely resolved yet, there was an increasing conviction that Galpão could continue based at home while continuously expanding its activities outside the state, even if we were not on the radar.

In fact, *Romeo and Juliet* promoted street theater in Brazil to a new aesthetic level. Its production was a process of many comings and goings, with the return of Rodolfo Vaz and the definitive inclusion of Júlio Maciel, who had entered the group during the production of *Álbum de família*. It started off with the architect and philosopher Cacá Brandão (yet another active member of the Galpão Association in the basement of the former FAFICH building), who led Gabriel and us on a tour of the hills and churchyards of Ouro Preto, discoursing on Baroque and Mannerism in peripatetic lectures.

In the initial script rehearsals, there was a difficult moment when we got stuck with saying Shakespeare's words in a declamatory and unconvincing manner. Everything sounded artificial and false. That was when we heard of a number of English theoretical works on the play that described it as the "tragedy of haste". That is because all characters in the plot always act before thinking and everything unfolds hastily, as if they were on the edge of the cliff. Another important resource in this process were the observations of the British director Peter Brook about his staging of *A Midsummer Night's Dream*, in which he says that working with the circus trapeze was instrumental in getting the actors to physically incorporate Shakespeare's speech, avoiding declamation. Thereafter, Gabriel had us all saying our lines perched on a narrow wooden board hanging about two meters high. The sense of danger made our physical and bodily energy throb in a completely different way. The game became nervous, alive, as if we were all about to fall. The imminent tragedy announced by Artaud once again confronted us. Besides the instability of the stilts, with the actors playing instruments, the play's dialogue profited from voices affected by the situation of risk.

The show also concluded a cycle of musical training initiated in 1986. The results emerged slowly and the work was exhausting. After five years in Babaya's generous and delicate hands, with arrangements created by Fernando Muzzi, Galpão finally succeeded in playing and singing live as a band. The popular tunes, serenades, and waltzes performed on instruments such as the accordion, acoustic guitar, clarinet, saxophone, flute and percussion were one of the high points of *Romeo and Juliet*.

Another fundamental turning point during the production of the show was the rehearsals in the small rural village of Morro Vermelho, 60 km from Belo Horizonte. The ten days we camped in the village, building the set on the dirt court outside the baroque church, were essential to define the aesthetics and necessary script abridgments. The costumes were painted with limewash paint, inspired by the village's whitewashed houses. From the village came also the idea for the plastic flowers and wooden crosses that were used to decorate the set. The rehearsals in the late afternoon were observed by the rural workers coming in from the fields and by the village children. The reaction of that audience, seeing theater for the first time in their life, was essential for us to sense when the audience's attention grew or waned. For a show that was, in the words of its director, "staged for the deep recesses of Brazil", the reaction of the Morro Vermelho residents was crucial.

Romeo and Juliet debuted under a cold drizzle in the churchyard of Igreja de São Francisco in Ouro Preto, precisely where our lessons and conversations on Mannerism in Shakespeare and Minas Gerais Baroque had started. During the performance, an attentive and faithful audience endured an hour and forty minutes of intermittent rain that left everyone soaked through. The following week, when we opened the International Street Theater Festival in Praça do Papa in Belo Horizonte, the two main newspapers of São Paulo ran reviews hailing the show as a landmark of Brazilian popular theater, combining Gabriel's aesthetics with Galpão's work.

The play was a pinnacle in the celebration of Galpão's theater, attracting huge crowds that marked the meeting of Brazilian theater with street audiences. Public places such as Praça da Sé and Parque da Independência (São Paulo), Praça dos Correios and Praça Cinelândia (Rio), Parque Barigui (Curitiba), Parque da Redenção (Porto Alegre), Praça do Papa (Belo Horizonte) and Pátio de São Pedro (Recife) received great multitudes to watch the performance. Little by little the work found its space in the main Brazilian theater festivals, soon followed by international invitations. In 1993 the show was the highlight of the Montevideo Festival in Uruguay, moving on from there to a memorable succession of performances abroad, especially the week-long outdoor season at Plaza Mayor, in Madrid, Spain, the tour of German cities in the Theater der Welt festival and the three runs in London, two of them at Shakespeare's Globe.

The performances at the Globe deserve a special mention for their importance and meaning. It all started in 1996, when the group was invited by the then Shell executive Bob Broughton – creator of the Shell Theater Award, mentor of the unprecedented sponsorship of the ballet company Grupo Corpo and a great enthusiast of Brazilian culture – to participate in the "Minas in England" event, where we staged three performances of the show in a circus tent set up in Battersea Park. The performances were largely attended by London's Brazilian community but were also seen by the educational staff of the Globe Memorial project, which was building an exact replica of what had been Shakespeare's theater and where he had staged his main plays. The project, created by the American actor Sam Wanamaker, was actually an archaeological reconstitution, using the same types of wood of the original construction and dovetail joints, with no nails or screws. The stage and auditorium were exactly the same size as the original design. Only the site was different, but close to the original location, at Bankside, on the banks of the River Thames.

The directors of the Globe project educational center loved our staging of *Romeo and Juliet* and invited the group to visit the construction site of the theater, which would be concluded almost two years later. Four years later, in 1999, we received a call from our friend Paul Heritage, director and producer, regarding an invitation to perform *Romeo and Juliet* during a summer run at the Globe as part of a program to introduce English audiences to "innovative versions of the bard's work". Following intense negotiations, the show ran for two weeks at the theater, sharing the stage with a *Hamlet* production starring Mark Rylance, the theater's artistic director at the time, and Vanessa Redgrave playing Prospero in *The Tempest*. The English were enthusiastic, saying we had revealed a popular vein of Shakespeare's theater that had lain dormant under the overly reverent and conventional local productions. The show was so successful that twelve years later, in 2012, the year of Galpão's 30th anniversary, we revived the play to take part in the celebrations of the London Cultural Olympiad, which comprised the performance of thirty-seven Shakespeare plays staged in the most diverse languages of the five continents. The Globe management insisted that Galpão should perform the version of *Romeo and Juliet*, the sole play among all thirty-seven staged in Portuguese.

Romeo and Juliet was such a huge success that it almost became a straitjacket, a kind of pattern to which we should always be bound. Escaping the pitfalls of a resounding success unscathed is just as hard as recovering from a flop.

After this first successful partnership with Gabriel Villela, the group resumed the first idea of working with the director: a street play of the passion of Christ. The initial idea was to adapt the script of *O mártir do calvário* (The Martyr of Calvary), by the Portuguese author Eduardo Garrido, which was routinely staged by circus-theater companies during Holy Week. Our studies began with a theoretical immersion in the writings of the Jesuit priest José de Anchieta. Our intention was to put on a performance in which a group of missionaries rehearsed with natives to stage the passion of Christ as a form of catechesis, using Garrido's circus-theater version. We started with a week-long study of Anchieta's work with Cacá Brandão at Carmo do Rio Claro, Gabriel's hometown. We were preparing for a long and thorough research for the project, aiming to connect disparate topics of Brazilian culture such as Anchieta's plays, indigenous culture, and circus theater, when the tragic death of the Galpão actress and founder Wanda Fernandes aborted our plans. On a trip to Ouro Preto with other members of the group to receive the Medalha da Inconfidência award on behalf of Galpão, a car crash took Wanda's life at the height of her career, aged 40. The shock caused by her loss was overwhelming and the group was only able to find its bearings again thanks to the strong and centralizing guidance of Gabriel, who directed with an iron fist the staging of *A rua da amargura, 14 passos da paixão de Cristo* (Bitterness Street, 14 Steps of the Passion of Christ). The play, split into two parts, opened with music and narration, usually performed in the street outside the theater. This fifteen-minute opening narrated the birth of Jesus based on a *folia de reis*, a popular epiphany celebration of Portuguese origin. The second part, performed on stage, was the adaptation of Eduardo Garrido's play, interspersed with traditional religious songs from Minas Gerais. The show marked the group's first partnership with the conductor Ernani Maletta and also the actors' first incursion into four-part choral music.

It was then that Galpão, in the wake of two successful productions with Gabriel Villela, obtained its first sponsor and more stable partner. A dream cherished ever since the group's foundation finally came true. In August 1994 the group premiered *A rua da amargura* at Centro Cultural Banco do Brasil (CCBB) in Rio de Janeiro, and in November staged the show in Belo Horizonte in a circus tent pitched in Praça JK, in the city's south end, inaugurating the first permanent sponsorship of a theater group in Brazil, with the Minas Gerais state bank Credireal. After twelve years of a rather precarious existence, struggling to make ends meet and relying on box-office revenues and performance fees for the bare survival of its members, Galpão finally secured a sponsorship that allowed it to plan with a little more leeway its schedules and activities. Since then the group has managed to sustain, with a few interruptions, partnerships with companies that have funded its activities and upkeep. After Credireal, which was closed a few years later, came Telemig, Telemig Celular, Petrobras' Betim refinery and lastly Petrobras itself, which has associated its name with Galpão for the last eighteen years.

The passion of Christ play followed in the footsteps of *Romeo and Juliet* and enjoyed great success, touring practically all the major Brazilian state capitals and various festivals in Latin America, Canada, and Europe. Gabriel's visual signature in Galpão's work was so conspicuous that the group came to be known as "Gabriel Villela's group". In 1995, just over a year after Wanda's death, the group premiered a new production of *Romeo and Juliet*, with a new member, Fernanda Vianna, playing the lead role. The rehearsals of *A rua da amargura* also marked the entrance of more actors in the cast, with the group remaining the same to date. To alleviate the mourning and grieving period Galpão was still experiencing, Gabriel brought in the actors Arildo de Barros (who had previously worked as assistant director in *Romeo and Juliet*), Simone Ordones, Paulo André and Lydia Del Picchia.

After two years of intense traveling and touring and, for that very reason, almost three years without staging a new play, Galpão decided to engage in an internal creation process. The responsibility of guiding the new process fell to me and the theme chosen was the work and life of Molière, interwoven with the life of a troupe of players, representing Galpão itself. The idea was to talk about ourselves and our dilemmas from the emblematic figure of Molière, who lived an intense theatrical life and died on stage in a scene of *The Imaginary Invalid.* Cacá Brandão, who had developed the dramaturgy of *Romeo and Juliet* and then left to pursue doctoral studies in Italy, returned and joined me in writing the new script. The actors' improvisations spawned a series of situations in which the daily life of a troupe, their difficulties and mishaps were mingled with scenes from Molière's plays.

In the process, the playwright and the director developed more than fifteen versions of a script that insisted on being a patchwork. The lack of leadership and the distrust generated by the internal direction led to a crisis. Being essentially a collective creation process, the theater is inevitably susceptible to crises, some mild, others less so. As was the case of the Molière process, perhaps a little more intense, stemming from the insecurity of the internal direction and the shadow of the group's two previous successes with Gabriel Villela. A key contribution to this transition process in which the group, in a way, took back control of its own work was the presence of the director Vivian Buckup, whose important overall supervision of the play helped us rethink the characters' body design and link the scenes in a sequence. Also, the presence of Chico Pelúcio as assistant director and lighting designer was key in rearranging the staging structure. What seemed unconnected and disjointed finally fell into place from the idea of beginning the play with the funeral and resurrection of Molière himself, who was then summoned to relive his final act: staging *The Imaginary Invalid*, a play in which he died of a fit of hemoptysis in the fourth performance. Following to some extent the dramaturgical construction of *Romeo and Juliet*, in which a narrator related excerpts of the plot in a prosody borrowed from Guimarães Rosa's novel *Grande sertão: veredas* (The Devil to Pay in the Backlands), our Molière drew on Machado de Assis's character Brás Cubas, writing his text "with the quill of mockery and the ink of melancholy".

The show's debut, at the opening of the Curitiba Theater Festival in 1997, held in the cold and distant venue called Opera de Arame was received with equally cold and distant reviews. One of the few exceptions was the critic Bárbara Heliodora, who praised the revelation of the festive and popular soul of Molière's theater personified by Galpão. Despite the false starts, *Um Molière imaginário* (An Imaginary Molière) ended up enjoying unusual success and recognition over twelve years. To this day it is the show that toured the largest number of Brazilian cities outside state capitals among Galpão's plays.

Consolidating the group's trend to seek multiple idioms and new challenges that posed risks, we came to the conclusion that the group needed to pay more attention to the individual work of each actor regarding the creation of characters and their relationship with the discovery of a personal style. The conclusion of this entire process of self-analysis was that the group needed a change of course: the production of a show more conducive to the actors' personal immersion in the creation of their characters, rather than a performance whose excessive resources ended up transforming them into "puppets" of sorts. Those were cycles that drove the group and still do, as if a new artistic project ought to propose new ways that led us to the unknown. Abandoning the techniques of theater anthropology, Galpão definitively set out on a course that favored heterogeneity over specialization. This was confirmed by the choice of Cacá Carvalho to direct *Partido* (Split), the group's new project.

The work began with a series of workshops devised by us to brainstorm ideas for scenes portraying the situations and characters of the novel *The Cloven Viscount* by the Italian author Italo Calvino. The fable, markedly symbolic, tells the story of Viscount Medardo who, when fighting in the Crusades, has his body split in two by a cannonball, with one half horribly bad and the other unbearably good. One of the main dilemmas faced by us and the director was how to dramatize the figure of a man split in half.

To design the costumes and set, we called Márcio Medina, who would become a constant partner in Galpão's productions. As a solution to represent the split characters, Medina and Cacá Carvalho divided the actors' bodies into two different halves, with costumes and makeup that split the actors into two characters. For it to work, the actors had to get used to always showing their profile to the audience, which posed complicated challenges regarding interaction and voice projection. Our physical preparation consisted of immersion in the collective exercises of the method of the mystic Gurdjieff, whose sequences of movements require concentration, affinity, and harmony between body and mind.

Compared to other plays by the group, Partido was short-lived. It was a challenge in many respects, especially the adaptation of a novel to drama and the impasses of a creation process that took many turns and always involved the personal research of each actor in developing the characters. For many of us, the work with Cacá meant more than the mere staging of the play, but a reassessment of our commitment to the theater and of our understanding of artistic creation.

Around that time, Galpão created the Galpão Cine Horto cultural center in a former neighborhood movie theater that was vacant. The venue, conceived and still managed by Chico Pelúcio, was coincidentally located a block away from Galpão's premises. After a series of renovations, it comprised a multi-purpose theater for two hundred people, two rehearsal rooms and a movie theater, which preserved the building's original purpose. The renovation was designed by the set designer Raul Belém Machado. The activities at Galpão Cine Horto opened up new possibilities of exchange with the local artistic community and also with the Belo Horizonte audience, one of the most important pillars of the group's work philosophy. The center's core activity was the so-called Projeto Oficinão, a refresher course for professional actors which proposed to develop over a year a show to be performed at the venue's theater. The project of developing the play always alongside acting, voice, theater theory, management and production classes, was a way of also sharing Galpão's particular view of theater.

The creation of the cultural center also met an internal need for the development of individual projects within the group that were rarely afforded space in Galpão's collective projects. The first five shows created in the Oficinão, for example, were led and directed by actors of the group, who could thus propose and develop their own research. This was the case of Shakespeare's comedy *Twelfth Night* and of *O homem que não dava seta (The Man Who Didn't Use the Turn Signal)*, directed by Chico Pelúcio; *Caixa-postal* (Mailbox) and *Life Is a Dream*, directed by Júlio Maciel; *In memoriam*, directed by Júlio, Chico and Lydia Del Picchia; and *Por toda a minha vida* (My Whole Life), an exploration of the world of melodrama, also written cooperatively under the coordination of Abreu and directed by me.

Besides taking inspiration from the experience of the Center for Performance Demolition and Construction movement, Cine Horto established an intense dialogue with the experience of Escola Livre de Santo André, a school in the metropolitan area of São Paulo, especially due to the presence of a number of artists and teachers like Maria Thaís, Antônio Araújo and Luís Alberto de Abreu. The so-called cooperative creation method, a kind of more methodical and organized reworking of the collective creation that peaked in the 1960s and 1970s, was systematized by the school's experience. The method was based on the idea that each sector involved in an artistic process should intensely cooperate with creation, without losing its autonomy and always remaining open to dialogue and interaction.

The cooperative process was largely used in creating the play *Um trem chamado desejo* (A Train Named Desire). After the experience with Cacá Carvalho, we engaged in a new process of internal direction, this time led by Chico Pelúcio. The work started out with a musical selection of so-called "torch songs", addressing the theme of unrequited love linked to extramarital affairs and betrayal. The initial goal was to put on a kind of small concert in which the actors and group could develop their musical talents. In the first rehearsals, the actors set up workshops to start creating the characters of a decadent musical theater company. From them emerged types like the company's dogsbody; the failed actor, who dreams of staging classic plays again; the samba singer and composer, who was the lover of the actress married to the failed actor and dreamed of producing a popular samba show with her; the prompter, who was also the director; the somewhat unscrupulous producer; the untalented actress and producer's lover; the naïve actress; and the romantic actor in love with her. At that moment, when we already had a draft script, the group invited Luís Alberto de Abreu to develop the text and Tim Rescala, who already had worked with Chico in the Cia. Burlantins, to compose the songs and be the musical director. The script was slowly constructed, becoming more complex and diversified. Besides the love affairs between members of the company, it focused on the mishaps of the troupe, troubled by the lack of economic and artistic perspectives. Galpão resumed its recurrent theme of talking about itself and theater, of doing theater in Minas Gerais and of the dilemmas of survival, coexistence, of staying or leaving, of the possible conciliation between collective and individual.

With Márcio Medina once again as costume and set designer, the play was about a fictional musical theater company in Belo Horizonte in the late 1920s, called Alcantil das Alterosas, trying hard to make ends meet. The show linked theater and cinema, seen in the play as a possible miraculous solution to the endless crisis of theater. The crooked producer ended up producing a silent movie with well-known stars, with the Alcantil actors merely playing supporting roles. A silent movie was specially produced starring famous actors and friends like Maria Padilha, Du Moscovis, Cacá Carvalho and Tim Rescala. In a sense, the theme of cinema was also a self-analysis of the group's relationship with the seventh art and the hope of developing our own projects in that field.

Like a pendulum moving from side to side, scanning possibilities for new experiences, the group resumed its internal discussions on the need to find new challenges and take risks. Opportunities were always important when it came to choices. The brief participation in the film *Pequenas histórias* (Small Stories), based on short stories by Guimarães Rosa and directed by Pedro Bial, in which the group got to know the actor and director Paulo José, triggered conversations about artistic desires and the possibility of a partnership. Having been involved in television and film for many years, Paulo wanted to work with theater again and was increasingly interested in doing so in a collective process, as he has done with Teatro Experiência in Porto Alegre and Teatro de Arena, first in São Paulo and later in Rio. For our part, we wanted a work experience that focused mainly on text and speech. In this sense, Paulo's training in theater would be very important. It was a perfect match.

Getting together and debating ideas was a lengthy process. In almost two months of rehearsals, Paulo worked with us to develop various scenes with different styles of theater. At the same time, he produced a documentary directed by his wife Kika Lopes and André Amparo on the 23 years of Galpão. This included following the group on tour, like that in Spain in 1998 and the 2000 performances at the Globe. Everything was carefully documented. The conversations matured during the tours and working schedules were established. Paulo's first idea was to stage Brecht's *The Caucasian Chalk Circle.* He wanted to revive the old days with Eugenio Kusnet at Teatro de Arena and rethink Brecht's dialectical theater in the face of our times and challenges. The project was abandoned because the play required a much bigger cast and the group was not open to inviting other actors.

Some of the group's actors then suggested reviving an old dream of Galpão's, the staging of Nicolai Gogol's *The Inspector-General*. A highly naturalistic comedy of errors, it exposes the widespread corruption and "sinful ways" in the administration of a governor of a distant province in tsarist Russia. The governor and his secretaries panic at the news of the imminent visit of an inspector-general coming to scrutinize the administration's accounts for moralizing purposes. The comic effect of the play comes from their confusion of the expected inspector with an indebted gambler and freebooter who is stuck in the hotel with no money to pay the bill. Paulo was not too enthusiastic with the idea at first, possibly because he had already done the play, as costume and set designer, in an Arena production in the 1960s, and lacked the motivation to repeat the experience. For Galpão, besides being an old dream, Gogol's play was a great opportunity to work on a classic text essentially based on wordplay.

The result confirmed Galpão's trajectory as a group that regularly addresses classic theater from a popular perspective in shows that create great empathy with the audience. With costumes designed by Kika Lopes that evoked an ornamented Russia, the production worked the plot into a fable with a surprising criticism of current times. The show was warmly welcomed and working with Paulo José gave us an exact idea of the importance of fully exploring a text. Precise indications of how best to use punctuation, the quest for psychological pause as opposed to logical pause, the understanding of dialogue as a constant interruption of speech, the need to "forget" our lines to declaim them vividly, avoiding the impression of memorization, words as expression of images, variations of rhythm and intensity.

The work process was always conducted in a very generous and uncompromising manner. Working daily with Paulo was a gift for any actor, and therefore it naturally and inevitably led to a new partnership. The time had now come for us to pore over Brecht's work. Having started out with *The Good Person of Szechuan*, we returned to him via the Brazilian school of Arena and Eugenio Kusnet, led by Paulo José. Rather than *The Caucasian Chalk Circle*, this time it was an adaptation of *Man Equals Man* made by Paulo in the 1960s, with the assistance of the translator Mário da Silva. The play is from the transition period of Brecht's theater, when he is immersed in elaborating his theory of dialectical theater. It is a mixture of cabaret, street theater, dramatic scenes and a few epic narratives, interspersed with intentionally notary and biblical language in some of its passages.

The fable of the transformation of an ordinary man (the docker Galy Gay) into a war machine – which, in Brecht's original script, is set in India, occupied by the British army – was modernized in Paulo José's adaptation with the presence of a US army in control of the city of Dagba, a corruption of Baghdad. The Iraq war and the invading forces that toppled the dictator Saddam Hussein, bringing chaos and destruction to the country and Middle Eastern geopolitics, were in the foreground. Without removing from the text its elements of a fable, which enhances its critical effect on reality, the adaptation introduced costumes, songs, and references that reformulated its context and its perception by the audience. Faithful to the essentially political nature of Brecht's theater, Paulo's version updated *Man Equals Man*, making the play dialogue directly with our reality.

The highlight of the partnership between Galpão and Paulo José was the presence of music in both shows. *The Inspector-General* opened with a potpourri of Russian tunes and songs, repeated with different arrangements throughout the play. *Man Equals Man*, in turn, opened with Kurt Weill's classic themes for Brecht's plays (such as "Moritat") and, throughout the play, gained epic and more avant-garde features with themes composed by Paul Dessau, all played live by the actors. Paulo used to say that the first scene of a show should always relax the audience, reassuring the spectators that they will witness a work of high quality. That's why he liked to open his plays with music, as in both *The Inspector-General* and *Man Equals Man*.

Our version of Brecht's play premiered in a circus tent pitched in Casa do Conde, in downtown Belo Horizonte. The show has always had a hybrid feature, performed both on stage and in the street. It was staged in many country towns whose audiences had certainly never seen a theater play. Even with its complex and somewhat abstract theme of a man's transformation into a war machine, the show's power of communication with the audience was impressive. The experience of performing Brecht to people who barely knew the conventions of theater, in small countryside communities, was extremely refreshing for us as artists.

The next step in producing a new play was yet another change of course: Galpão invited the director Paulo de Moraes, from the group Armazem. Founded in the late 1970s in Londrina, Paraná, the group settled in Rio in the late 1980s. Armazém and Paulo had a close and long-standing relationship with Galpão, often performing at Cine Horto and establishing a permanent artistic dialogue with the group. Analyzing Galpão's recent productions, Moraes suggested looking for "a cleaner play, without excessive acting and reliance on costumes and makeup". He wanted something closer to the common man. We suggested staging Peter Weiss's *Marat/Sade* while he proposed adapting Art Spiegelman's comic book *Maus*. Comic books are an important point of reference in the work of Paulo and Armazém. Other comics were suggested, especially Will Eisner's. After a lot of debating and a little reading, a light finally appeared at the end of the tunnel when Paulo brought the book *I Thought My Father Was God*, by the American author Paul Auster, which contains true accounts of tales, situations and incredible coincidences related to the "miracle of life". The stories had been collected for a radio program Auster hosted in the United States. Based on that experience, Paulo suggested we also organize a campaign to ask people to send us true stories of their lives in which chance, an accidental encounter or a coincidence produced deep "miracle of life" consequences. Thus was born the campaign "Tell your story."

The campaign was a great opportunity to once again renew and strengthen our bond with the public. In the end, we received almost 600 stories, which were read by all the actors, the director and our guest playwright, Maurício Arruda – author, poet and partner of Paulo and Armazém in several productions. The selection process was demanding, seeking narrative forms and themes that produced variety. The final format had four scenes, one of which, "Dog's Head" (in which a boy underwent a kind of coming of age ritual by taking the head of a stray dog that had bitten his brother from his hometown to the health surveillance department in São Paulo), was divided into four parts that connected with the other stories.

The script – largely based on scenes created in actors' workshops which were later developed and connected by Paulo and Maurício – ended up composing a vast portrait of Brazilian society and its transformations over the second half of the 20th century. In this sense, it contained evident tension between tales from a more rural setting, as in the case of "The Dress" (about the life of a woman and her transformations and mishaps told from the viewpoint of her passion for a dress), and others that were clearly urban, such as "Shipwrecked Couple" (in which the daily routine of a poor taxi driver and a manicure is altered by the possibility of winning a huge cash prize in a TV show). Historical themes were also chosen, such as Brazil's participation in World War II in "The FEB Soldier" (in which a soldier of the Brazilian Expeditionary Force meets a social worker, the niece of his best friend on the battlefront, who died in his arms). Those and other current themes such as female emancipation and the breakdown of the family unit generated multiple narrative forms and denouements aiming to surprise the audience.

Borrowing the title of one of Will Eisner's best-known comic books, *Minor Miracles*, which portrayed the lives of simple people from the Jewish community of New York, the show involved Galpão's actors in a drama language closer to naturalism, disclosing the world of ordinary people. The set, a huge wall in which cupboards are successively opened to reveal the most different environments, created a kind of magic box common to all stories, emphasizing their theatricality.

To some extent, the simplicity of the naturalistic creation and representation of characters in *Minor Miracles* helped us transition to the theater of Chekhov and Stanislavski's theories of realistic composition. Our first effective incursion into Chekhovian theater was almost by chance when the group received an unexpected visit at its headquarters of the filmmakers Eduardo Coutinho and João Moreira Salles. The pair was looking for a theater group to develop the theme of a new documentary project devised by Coutinho. The idea was to work with a group similar to Galpão, with a solid body of work and no stars in the company, based on collective creation. Coutinho had recently released to great success the documentary *Jogo de cena* (Mise en Scène), in which the same true story was narrated by the person who had experienced it and by an actor who interpreted what they had experienced. The final result was quite remarkable, shedding a clear light on the boundaries between fiction and reality, in a permanent interplay between memory and representation. Coutinho now wanted to go beyond and reflect on the same boundaries between the work of creating characters and the lives of the actors that play them.

After over six months of meetings and talks, it was agreed that the group would rehearse a play for three weeks and that the entire process of rehearsing, creating and developing the characters would be filmed. Coutinho suggested that the process should be conducted by a group member, who would take on the role of director. We, in turn, saw an opportunity to work with Enrique Diaz, director of Companhia dos Atores. Enrique had staged with his group a version of Chekhov's *The Seagull*. Coutinho, however, not having worked with theater for several years and feeling rather insecure, chose to call Bia Lessa, a director to whom he was closer. Financial issues and professional commitments prevented her participation and *Moscow* marked Galpão's brief but intense partnership with Enrique Diaz and Bel Garcia, also an actress and director of Companhia dos Atores, who was his assistant on this occasion.

Admitting he didn't know exactly what to do in this film or how to do it, Coutinho proposed we take a leap in the dark, adding that the only scene he was sure would make the final cut was that of the group of actors sitting around the table and receiving the script to be staged. The only rule was that we could only learn which play would be staged on the first day of shooting. That actually happened and the play in question was *The Three Sisters*, written by Anton Chekhov in 1900 and considered one of the masterpieces of drama of all time.

Moscow was shot over eighteen days in the theater, backstage, dressing rooms and equipment area of Galpão Cine Horto. Under the direction of Enrique Diaz, the entire process of exercises, warm-ups, improvisation, and presentations of scenes was filmed by Coutinho and his crew, amounting to one hundred and fifty hours of shooting. The rehearsals, at times radically experimental, brought out a wide range of personal recollections, memories, feelings and impressions from the actors, serving as a foundation for the development of the characters. In a mood of deep hopelessness and melancholy, the three sisters – Olga, Irina, and Macha – live isolated in a Russian country estate and see their dreams of one day returning to Moscow irreversibly frustrated. In the final version of the documentary, the personal images of past, present and future evoked by the actors significantly contributed to creating the mood of melancholy and decay inherent in the play.

As in a cycle continuously approaching and retreating from Galpão's origins in popular and street theater, after *Moscow* the group returned to its roots. The first idea was a partnership with the Swiss director Daniele Finzi Pasca. The proposal was to put on a great operatic performance based on *Pagliacci*, by Leoncavallo, spurred by the director's provocative motto: "Why sing nowadays?". Daniele and Galpão were old acquaintances. We first met at the International Festival of Montevideo in 1993, when Daniele performed the solo show *Icarus* and we staged *Romeo and Juliet*. After that came a number of meetings, especially with Biti (Beatriz Sayad), the Brazilian member of Teatro Sunil, who has always been very close to Galpão and gave a workshop for the group's actors at our premises during the production process of *Um Molière imaginário.*

When everything was in place and air tickets were being procured for Daniele's three scheduled trips to Belo Horizonte and the various visits by Bibi, who would be his assistant, the housing bubble burst and the Lehman Brothers collapsed in the United States. The dollar exchange rate hit the roof overnight and production became simply unfeasible. The group fell into a kind of black hole in late 2008. The solution would come from our need to look within ourselves. Four proposals were made. Inês pored over Shakespeare's *A Midsummer Night's Dream;* I chose *Lysistrata* by Aristophanes; Chico opted for an adaptation of *Hamlet*, cooperatively developing the script with Luís Alberto de Abreu; and Júlio came up with an idea for the play *Till*, also written by Abreu. The actors organized themselves to develop each one of the workshops over a week. The group also decided that the show would be staged in the street and each proposed scene should use formats and technologies capable of occupying the dispersed street environment. Another decision stemming from the group's internal discussions was that all preparatory performances would be open to the public, with spectators invited to choose the scene of their preference. Once again the audience participated effectively in the creation of a performance by the group.

The presentations proposed various ideas, such as a decadent theater group invited by an unscrupulous politician from the back of beyond to stage the play *Esse tal de Hamlet* (That So-Called Hamlet) at a political rally; a hippy, hallucinogenic version of *A Midsummer Night's Dream*; and a version of *Lysistrata* using scaffolding, stairs that verticalize the actors and simulate war machines. At the end of the performances, the two votes – by the audience and by the group members – showed a massive preference for staging *Till*, by Luís Alberto de Abreu, directed by Júlio Maciel. The new project was decided.

The show's staging process delved into Galpão's facet of popular and street theater. The farce of the anti-hero Till Eulenspiegel was born from Abreu's desire to research the heroes of comic tradition in different cultures. Till originated in Belgium and is very popular also in Germany. He is a roguish hero who employs the most diverse tricks and scams to survive, denouncing with his schemes the violence and exploitation of the powerful, represented mainly by the power of the Church and feudal lords. Abreu's play opens with a bet between God and the Devil on the true nature of the human soul.

Using themes from Eastern European Gypsy music arranged by the conductor Ernani Maletta, from the outset the play paraded before the audience a host of destitute and grotesque Middle Ages characters that in no way differed from the reality of present-day Brazil. The director's great challenge was to allow the dramatic and tragic dimension to permeate the layer of comedy and farce. The terrible and hideous stratum underlying the witticisms of blind pilgrims journeying to the holy land or the funny jokes masterfully woven into the play's plot would have to break through to the surface. The exaggerated tendency to engage in interplay with the audience and their reactions, which Paulo José critically called "audiencism", often led the actors to stray from the precise meaning of the play. As in the process of staging *Um Molière imaginário*, the group was once again faced with the challenge of doing street theater capable of unfolding into several layers and allowing multiple interpretations. As a kind of theater open to everyone, without exception – of the most distinct ages and social and intellectual levels – street theater institutes a kind of momentary utopia in which all are equal and share, with their different levels of understanding and perception, a common source of artistic enjoyment.

Till, a saga de um herói torto (Till, the Saga of a Crooked Hero) was the third time Galpão joined up with the set and costume designer Márcio Medina and the visagism and makeup artist Mona Magalhães. The show drew on Galpão's entire repertoire of popular and street theater techniques. It revisited the world of clowns, commedia dell'arte, farce and circus-theater, covering a line of research beginning with the first street shows and running through Goldoni's *Harlequin*, Eid's *Corra enquanto é tempo*, Shakespeare's *Romeo and Juliet*, Molière's *The Imaginary Invalid* and the musical comedy *Um trem chamado desejo*.

It was time to change again. To try to find new horizons. The time-consuming and often complicated process of collective discussion and decision making was once again pursued. What to do? How to do it? With whom? What do we want to say? And why? No unanimity could emerge from our discussions. After many twists and turns, the majority decided to split into two groups that would develop different works. The conclusion was that, more urgently than ever, we needed shows that were more agile, with smaller and lighter sets comprising simpler structures. The division was justified as an interesting possibility for the group members to observe a collective work process from the outside.

The first group revolved around the Minas Gerais actress and director Yara de Novaes, who has been active in the São Paulo theater scene for many years and belongs to our generation, which started out in the late 1970s and early 1980s. Our first impulse was to look for a contemporary script of "forceful" dramaturgy that would pose a new challenge in character creation and interpretation. Yara suggested a few texts, but all linked to the Anglo-Saxon tradition. We, on the other hand, looked for Latin American texts, especially from Argentina and Chile. After several readings we settled on Harold Pinter, hesitating between *The Birthday Party* and *The Homecoming*. New readings led to a definite preference for the latter. However, the project was aborted because the copyright had already been bought by a producer from Rio. We were back to square one.

The challenge now was not only finding a play, but also a thread, theme, genre or author capable of bridging the group's divide. It was then that a series of coincidences started pointing the way. The first was when we read an adaptation of Chekhov's *Uncle Vanya* made by the Argentinian author Daniel Veronese for his group. The adapted script was named *Espia um vulto na janela* (Spy a Figure at the Window). Veronese's version, which was quite interesting, eventually led us to the original play in Russian. If the adaptation was good, the original seemed to us to be great. Chekhov's dramaturgy ticked all the boxes of a forceful play with challenging characters, besides addressing the theme of loss of illusions with age and the passage of time, topics that were dear to a group of actors over fifty.

The second coincidence happened a few weeks later with the organization of the Performing Arts World Meeting (ECUM), which was held in Belo Horizonte and São Paulo and entirely dedicated to Russian theater directors and educators. The best coincidence of all was yet to come: the arrival of one of the greatest directors of the post-Stanislavski Russian school, Anatoli Vassiliev (who had been a disciple of Maria Knebel, who in turn had worked with Stanislavski), to give a workshop on "the director's active analysis method", focused on *Uncle Vanya.*

At the same performing arts meeting, some of Galpão's actresses – Inês, Lydia and Simone – took part in a workshop on theatrical games with the educator and director Jurij Alschitz. The event closed with the visit of the Russian directors to Galpão's headquarters, where we screened a video about our work, talked a little about the group's history and exchanged ideas on theater, both Russian and Brazilian. Locally produced sugarcane spirits helped break down cultural and customs barriers and evoke the gods of theater. Chekhov's oeuvre dominated our conversation and Vassiliev began to encourage us, stressing the fact that *Uncle Vanya* is a play that always works and brings good omens. Two days later, after a lecture by Jurij, the actors of the second group, while congratulating him on the talk, suddenly asked: "Shall we talk about a possible dream?". The following day we visited Jurij's hotel to seal our partnership to stage *Eclipse*, the second show resulting from Galpão's project to split into two groups and which thereafter was renamed *Viagem a Tchékhov* (Journey to Chekhov). We had finally found the common ground needed to unite Galpão's twofold project.

The first phase of the project, with *Uncle Vanya*, followed soon after, with rehearsals in the second half of that same year, 2010. The show premiered in March 2011 while *Eclipse* was staged at the end of the same year. Drawing on the work developed in Vassiliev's workshop, Yara and seven actors – Fernanda, Teuda, Arildo, Eduardo, Paulo André, Toninho and the guest actress Mariana Lima Muniz – delved into the play, recreating it by means of the method of "active analysis". The play was divided into several fragments that formed the basis on which the physical action of the entire plot was performed, with few memorized lines. This first stage of the work ended with the actors performing the whole play, with a clear and distinct understanding of all the actions and intentions that drive the characters and their relationships.

The next step, taken after a short holiday, was to integrate Chekhov's original text with the series of actions and interplay among the characters. This process naturally changed everything that had been done. We stood at a crossroads between the possibility of a more contemporary interpretation of the play, with a more physical and less word-based adaptation, and the task of facing the Chekhovian dialogue. The group and the director opted for the latter. The conclusion was that the challenge would be greater that way. Since we wanted Chekhov, we should do it *comme il faut*, without simplifications that aimed to bring his world closer to a theatrical interplay we were already used to.

The challenge was, and still is, huge and very stimulating. Today, after almost five years and more than 130 performances, staging the play remains a risk. That is because *Uncle Vanya* always demands from us a "state of interpretation" that cannot be "interpreted" (at the risk of becoming cheap fiction), nor dispenses with the vitality of theatrical play, as if we were talking at home in the kitchen. Finding this "place" of the play is always a challenge which requires presence and interaction with the audience and space, without any possibility of acting on "autopilot" mode.

The show made its debut at the same festival in Curitiba where sixteen years before we had begun the long trajectory of *Um Molière imaginário*.

While the first group toured several state capitals in Brazil, the other half of the cast – Inês, Lydia, Simone, Chico, and Júlio – started rehearsing the other Chekhov play, based on his short stories. Following the preparation and presentation of a number of exercises and workshops created by the actors themselves, the rehearsals continued with the assistance of the actor and director Diego Bagagal. Skype became an important tool for the director's observations and dialogue with the group. In July 2013, while *Uncle Vanya* was being staged in Rome, the cast of *Eclipse* traveled to Berlin to work at Jurij's studio, with the Lithuanian director Olga Lapina coming on board as assistant director. The Russian director focused on the route rather than the arrival. More important than producing a show was the educational path to be developed and exercised. After the reading of more than a hundred and fifty short stories by the Russian author and a large number of improvisations and scene proposals developed by the actors, the script failed to materialize and the director insisted on the line of training.

During the final rehearsals in Brazil, tension mounted between the group of actors, who were looking for a play, and the director, who believed that what mattered most was to "improve an ethics of theatrical practice" from training and that the play's format could be easily found during the final stage of the process. The script finally fell into place from the idea of a group of people enclosed in a room on a day when a solar eclipse occurs. Confined, the characters tell stories and situations taken from some of Chekhov's short stories, such as "Gooseberries," "The Duel," "A Discovery" and Nina's monologue from the play *The Seagull*. Aesthetically, the show features the plainness and geometric shapes of Russian futurism, inspired particularly by Malevich's work. The set consisted of a single huge wall with a door on which the name "Chekhov" was written. The props were simple, geometric chairs handled by the actors throughout the performance. In this sense, *Eclipse* relies on theater without any trace of interpretation. The actors told stories as actors, far from any idea of character. The show's aesthetic was destitute of adornment. The lines, squares, triangles, and circles consistently evoked an abstraction that rejected any possibility of imitation of nature.

The initial proposal for the two plays to provide some kind of exchange between both sides of the divided group failed to materialize. In directing the staging of *Uncle Vanya*, Yara felt the urgent need for a process of concentration and recollection, which tended to inward withdrawal rather than outward demonstration. The production of *Eclipse*, in turn, occurred while the other cast was on tour, although a few actors from the *Uncle Vanya* group did actually manage, with much effort, to take part in the exercises and games proposed by Jurij's training.

After *Viagem a Tchékhov*, the immersion into realistic theater and the search for simpler forms and means, with more of a contained and minimalist acting style, it was time to take a different course. To this end, the first decision was to put on a new street show. Something that would reconnect us with the vigor of an overflowing and outward-looking performance. Something allegorical, carnivalesque, impure, blended and deeply Brazilian. Such features pointed to a new partnership with Gabriel Villela. Our reencounter after more than twenty years needed to seek and find new motivations, other theatrical challenges, and sphinxes. After considering *Hamlet* and *Faust*, Gabriel ended up proposing an encounter with Pirandello's work through his last unfinished play, *The Mountain Giants*. Actually, Pirandello had always been in our sights. Before choosing Chekhov we had looked into some of his plays, especially *Clothing the Naked*, *Tonight We Improvise* and *Six Characters in Search of an Author*. His subversion of theatrical forms, his synthesis of popular and erudite, his constant questioning about theater's possible place and its existence in society were and are key elements of our interest in his work.

The most stimulating risk was translating Pirandello's highly philosophical and complex work for street audiences. At the same time, the revived partnership with Gabriel – with whom we had created the two major successes of the group's career, with such distinct, strange and provocative material – seemed to be a very important challenge. The first reading sessions, however, proved to be somewhat frustrating for most. Almost everyone considered it impossible to stage such complex dramaturgy as that of *Giants* in the dispersed environment of the street and to its audience. The script has many twists and narrative layers and its surreal atmosphere startled everyone. How to translate this complex universe to common people in the street? How could we make clear a plot so full of digressions and philosophies to people who might never have entered a playhouse and had no familiarity whatsoever with the conventions of theatrical art, elements at the heart of Pirandello's dramaturgy?

To begin with, we needed to make the text clear to ourselves. Our first impression was of a lysergic trip undertaken by the author in creating the fable of the meeting of the world of theater (represented by Countess Ilse's company) with the world of magic and imagination (the village ruled by the wizard Cotrone). The mystery of who those giants might be, an enterprising people who end up destroying art, was another riddle to be deciphered. Another fascinating and also puzzling element of the play is its open ending, since Pirandello, after years of writing and rewriting the play, was unable to finish it, having only dictated an end to his son Stefano in his death bed.

As a first step, we spent a week reading the script and trying to decipher its symbology. We were guided in this feat by the vocal coach, conductor and philosopher Francesca della Monica. Her dynamic work of training three-dimensional voice projection in space was extremely important in Galpão's career.

Alongside the study of the play, Gabriel, with the help of Francesca, Babaya and Ernani Maletta, selected a repertoire of Italian songs to punctuate the show. The idea was to choose well-known Italian popular songs, great hits of the Sanremo Music Festival such "Il mondo" and "Io che amo solo te" as a bridge between Pirandello and the street spectator.

The rehearsals took place in Galpão's premises, occupied by several huge colonial tables built with demolition material from old houses, made in the city of Passos, Minas Gerais. Amid a veritable stage set, with colorful fabrics and striking costumes, the group did table reads, spatializing the voice and seeking the best speech traits for each character. At a given moment in the process, each actor developed a workshop to present his or her character, which should include a monologue, the choice of a song and the proposal to use three distinct stage layouts (Italian, Elizabethan and arena) by arranging the tables. During this process, Gabriel would design with the actors and Rosa Neves, his assistant, the characters' costumes and the layout of the tables. The lighting design was assigned to Chico Pelúcio, assisted by Wladimir Medeiros.

As the scenes were gradually created, so was the script progressively adapted. At moments we had to restate the plot thread. This was done by introducing explanatory narratives and one of the major issues to be solved was creating the final part of the play, which had not been written by the author. After a number of attempts, Gabriel opted for a kind of "grammelot" in which the characters spoke a made-up language. The actors got together and created a new workshop staging a "grammelot" inspired by Greek prosody. In addition, a text was introduced after the last words written by Pirandello ("I am afraid!") explaining his death and the circumstances surrounding the creation of the final scene.

The debut of *The Mountain Giants* in Belo Horizonte was a true phenomenon in the group's career and a cultural landmark in the city. In six performances over two weekends, in Praça do Papa and Parque Ecológico da Pampulha, the show was seen by approximately forty thousand spectators, with crowds huddling together in absolute silence. For the last performance alone, held on a Sunday at Pampulha, the park's turnstiles registered eleven thousand spectators. Following the trend of taking theater to regions outside the cultural circuit, Galpão went on tour with *The Mountain Giants* to towns and cities of the Jequitinhonha River valley in Minas Gerais and the Tocantins River valley in the states of Tocantins, Maranhão, and Pará. The encounter with audiences that mostly had never had any contact with theater evidenced the great sense of magic provided by our engagement with Pirandello's dramaturgy.

While *Giants* toured the most diverse regions of Brazil, the group went through a kind of off-season period in which the next step had to be discussed and tried out. Theatrical workshops were organized with artists such as Aderbal Freire-Filho, Newton Moreno, and Diego Bagagal. With Aderbal we worked on scenes addressing the world of soccer. With Newton we did a script creation workshop where each actor produced a personal project for a text. The experience allowed new personal desires to emerge and take shape. Finally, with Diego, the work focused on the "viewpoints" method, created by the American director Anne Bogart.

The workshops, valuable as they were, failed to indicate a clear direction. The need to define a new artistic project required a level of concentration hindered by continued travel. Usually, Galpão alternates between the two routines. On one side, the trips and tours throughout the country performing the group's repertoire, especially the most recent plays. On the other, the moments of creation of shows and experimentation, in which the actors isolate themselves in the rehearsal room, trying to restrict as much as possible the dispersion caused by the tours. Often the two routines end up competing.

Regarding the tours, the group increasingly felt the burden of a large structure that often risked becoming unfeasible. The economic crisis that hit the country in 2013 created a mood of insecurity. Some actors were invited to work on television, which would clash with the group's work schedule. In the face of a scenario of uncertainty, we decided we needed to diversify and try to create alternative projects. The first initiative in this sense was for each actor to develop a scene from a fifteen-minute workshop. The content presented was a kind of proposal for a potential new project for the group. Projects of all kinds were presented and the actors realized that it would be difficult to find common ground.

When stuck, the group would get together for musical activities. Music has always had a bonding power for Galpão's members. That was when it became clear that the time had finally come for the group to engage in a long-cherished and debated project: a play that revisited the repertoire of songs of the group's shows. The project of a small musical performance that was at the origin of the creation of *Um trem chamado desejo* started to take shape. During the tours of *The Mountain Giants*, the actors frequently took part in singalongs with the audience, especially in small country towns. On one of those very special occasions, on a full moon night, in a lodge on the banks of the Jequitinhonha River in the city of the same name, the actors felt a kind of premonition and informally decided to create a musical based on the songs of that repertoire and linked together by texts, resulting in a soirée of poetry and music. The songs needed to be recontextualized and the selection, sequence, and nature of the texts would have to give sense to the play we intended to do. The seed was sown for the creation of the show *De tempo somos* (Of Time We Are).

As the group's production schedule did not provide for staging a play that year, the actors decided to put on a show with no budget. To this end, it was essential that everything was resolved internally, without the presence of guest artists. Therefore it was decided that Lydia Del Picchia and Simone Ordones would be the directors, I would supervise the scriptwriting, Luiz Rocha would be in charge of the musical arrangements and Paulo André would design the costumes. Following a trend of Brazilian theater production in times of crisis, it was decided that our cost would be close to zero. At that moment Galpão reaffirmed its pact of continuity and persistence.

As usual with the group, the work began with scenes created by the actors in experimentation workshops, aiming to find potential paths for the show. Júlio Maciel directed the scene in which a group of actors/musicians in a rest home is honored at a charity party, celebrating the 100th anniversary of the founding of a theater company of great success in the past and now somewhat forgotten. The theme is amusing and alludes to Galpão itself. However, its caustic and rather eschatological humor portrayed in a rather mocking and irresponsible way the issue of poverty in old age. Simone Ordones proposed a scene of live pictures accompanied by songs addressing women's issues.

Parallel to these performing experiments, some songs from the repertoire were revived. The first was the four-part choral songs from *Partido*. The songs were gradually grouped into segments and given new meanings by Luiz Rocha's new arrangements. The question of the show's theme came to the fore. It was important to consider that the compilation of songs from the group's trajectory should generate new meanings that went beyond a mere self-referential tribute. Simone proposed the idea of a cyclic movement of the four seasons of the year as a parameter for organizing the songs and texts. Some of the texts suggested by the actors, such as Baudelaire's "Get Drunk" and the account of the moment of Chekhov's death, in which he asks for a glass of champagne, narrated by his wife (the actress Olga Knipper), punctuated the theme of artistic creation as a state of intoxication.

Like a jigsaw puzzle in which different attempts are made to fit the pieces together, the songs and texts were concatenated in the search for possible meanings. The meaning was not at the starting point but at the finish line. Delving into the history of so many years and shows inexorably evoked the passage of time. Searching in the dark for meanings, it was inevitable that we should also arrive at a celebration of the passage of time. With a few direction crises, conflicts, and desertions typical of internal direction processes, the show was ready after three months of rehearsals.

De tempo somos – um sarau do Grupo Galpão (Of Time We Are – a Soirée by Grupo Galpão) premiered in December 2014 in the theater at Galpão Cine Horto. With a repertoire of two street plays (*Till* and *The Mountain Giants*) and a musical performed on stage, occasionally escaping to the street, it was time for the group to put on a new play inside the theater. After many attempts, exchanged messages and efforts to conciliate work schedules, we finally managed to arrange a meeting with Marcio Abreu, director of Companhia Brasileira de Teatro, from Curitiba. Marcio is also a long-time partner of Galpão's, having staged plays and given workshops at Galpão Cine Horto, besides following a significant part of our career. When we sat around the meeting table in the group's rehearsal room, Marcio said that "yes," we would work together and that it is always possible to reconcile schedules when there is a mutual desire to make things happen. When I asked what kind of work he planned on doing with Galpão, he answered resolutely: "A political play!". At that moment, the country had not yet been dragged into the political turmoil leading to the fierce polarization that culminated in the president's impeachment and the indirect rise to power of a strongly neoliberal trend. Following the widespread, unusual and undirected demonstrations of 2013, the country had witnessed President Dilma Rousseff's victory in a tight election and the first signs of the impending economic crisis. Within this context, Marcio sent us in writing a few "provocations" proposing to consider from a dramatic viewpoint issues such as inside and outside, public and private behavior, the opposition between individual and collective, and a situation of a group preparing a collective meal.

In early 2015 we met the actress and director Miwa Yanagizawa, who gave a workshop in Belo Horizonte called "Listening for Actors". The exercises proposed during the work were free half-hour (timed) improvisations in which three actors received a title or theme, which was known to all, and an individual motivation (called "device") that was secretly revealed to each of the improvisers without the knowledge of the others. Each actor had both a collective and a personal goal. The improvisation game proposed and practiced in Miwa's workshop fit like a glove our approach to Marcio's "provocations".

The actors' first step was to create an improvisation in which the collective expelled an individual and reversed that situation, preventing that same individual from leaving. Both were executed with violence. At the suggestion of Paulo André, this individual would be personified by Teuda, a kind of big mamma and scapegoat of the collective construction called Galpão. Both the "outside" (the collective that expels) and the "inside" (the collective that retains) employed great theatrical force. In addition to those two improvisations, we presented to Marcio the scene of the preparation of a soup recipe, in which each one gave their reasons why that was the last meal made with the collective. The tension between what is public and private, individual and collective exuded from every pore of the work, laying the foundations for the construction of the script of the play *Nós* (Us).

At the same time, Marcio asked each actor to develop a manifesto that expressed "how I react to the world's impact on me". A new and fairly broad horizon opened up. Daily themes such as terrorism, urban violence, the tragedy of the Mariana dam disaster, racism, social prejudice, loneliness and the individualism of our society emerged with force. After a period of silence and observation, the director began to intervene more effectively, choosing two decisive principles for the work: permanence and coexistence.

Permanence was an idea that brought drama close to performance art, in the sense of experiencing intensely the here and now. Living the moment to the extreme without envisioning the endpoint, the conclusion. A theater deeply committed to presence. Coexistence, in turn, aimed at a theater fully committed to interaction with the audience, to building a scene in which the spectator is inextricably inserted in its context and creation. Due to those two guiding principles, we decided to open the work to the public in four sessions.

The material developed was tested and discussed with the spectators that attended the four days of presentations at our headquarters. Open rehearsals were once again a feature in Galpão's creation process. More than a process of audience education and formation, it was the actual group and show that profited from this exchange.

The open rehearsals gave us the conviction that the developed material was quite solid and sufficient for the creation of the show. During the vacation period, I took the opportunity to write a first draft of dialogues between a group of people sharing the preparation of a meal. In a very mundane and amusing tone of conversation, topics such as racial prejudice, violence against women and the panic of modern life began to emerge more strongly. The dialogues started being acted out and the director's most frequent instruction was "don't try to say anything, just say it". In fact, we weren't supposed to think of what was being said as based on intentions, but as a musical score that set a very precise rhythm for all the dialogues, which were built as interrupted discourses that intersected simultaneously and intermittently. The interplay required absolute precision. Behind the mood of an apparently uneventful dialogue, in which the topics overlapped and were cut short, one had to find the fastidiousness of a musical score. Gradually the director introduced repetitions and recurrences that gave the banality of the dialogues an aura of theatrical form.

Besides the preparation of the meal, we had to fit the actors' manifestoes into the structure of the script, the scene in which Teuda was expelled and the scene in which she was prevented from leaving. The song "Lama" by Aylce Chaves and Paulo Marques, a great hit as interpreted by Nubia Lafayette ("If I want to smoke, I smoke, if I want to drink, I drink, it's nobody's business"), which was used by the actors in preparing the workshops, was also included on a recurrent basis, linking the scenes. The script was devised not as a single structure, with beginning, middle and end, but as discrete scenes, independent of the whole.

During the final phase of the rehearsals, Marcio strongly insisted on the issue of "permanence", a state of full presence, in which the actor saying the lines is radically present in what is said. Monologues were the situations most conducive to such states of presence. More important than arriving was being fully present along the way. The play could not have a continuous flow. The repetitions and interruptions created a strangeness that broke with any kind of naturalism or realism. The banality of what was said fell apart in the face of the strangeness created by places of suspension and expectation. The title *Nós* conveyed the ambiguity of something that concerns everyone and also the obstacles that destroy the harmony of coexistence.

Nós opened at the Galpão Cine Horto theater in Belo Horizonte, in April 2016, and enjoyed very successful runs in several Brazilian state capitals.

The alchemy resulting from the encounter of Galpão's work with Marcio Abreu's direction raised so many inquiries, questions, and possibilities of paths and research that a second partnership was inevitable, allowing us to follow up with new investigations.

After the debut of *Nós* and the show's tour of the main Brazilian capitals throughout 2016, the year 2017 was marked by Galpão's 35th anniversary. The milestone's celebrations involved an intense schedule (112 performances in more than 40 cities) staging a repertoire of five plays. Nonetheless, we managed to fit in a few meetings with Márcio over that period. The first idea that came up was to stage a ready-made script. After reading and rereading almost twenty plays we selected two that pleased us the most: *My Cold Room* by the French author Joel Pommerat and *The Drunks* by the Russian playwright Ivan Viripaev. We were introduced to the plays by Márcio, who had already staged Pommerat's *This Child* and Viripaev's *Oxygen*.

Although we would stage a ready-made script, the principles of Márcio's theatrical work prevailed. According to him, one had to "rewrite" the words without changing them. To read the play as an evocation, as something that needs to reveal what is lying under the words. The possibility of finding "new territories" in a finished text. To view theater and the play in question as a possible means of reaching the real rather than the truth. To show rather than act. To avoid, as an actor, hiding oneself behind a character's mask. That requires "being in the scene" rather than "wanting to say something through the scene". Simply to be, without wanting to "convey any message".

Having debated such themes and issues, we ended 2017 poring over Viripaev's *The Drunks*, in a version I had translated from French. We reached the conclusion that the play in which all characters are drunk, which reveals a deep disenchantment with human relationships and an abyss of solitude and search for the other that never materializes, would not suffice for us at that moment. Therefore, it was decided that 2018 would begin with a few meetings and workshops to brainstorm the creation of another show with our own dramaturgy.

We resumed the process with a series of meetings with intellectuals and activists to reflect on current pressing themes and issues. Newton Bignoto talked about apathy and identity; Leda Martins discoursed on black inheritance in Brazil and the stereotype of skin whitening nurtured by the elite; Juarez Guimarães addressed neoliberalism and the threat to democracy; the feminist activist Marlise Matos gave us an overview of women's struggle for rights and equality; and the sociologist Marco Aurélio outlined the condition of LGBT reality and its claim for recognition. At the same meeting, the militant transvestite Duda Salaberti questioned and challenged the way we treat transvestites in everyday life.

The lectures and debates raised issues and made room for new narratives. The following question was left hanging in the air: How could theater address all this? The many changes and paradigm shifts that make conventional and universal discourses seem unable to encompass reality. The so-called identity issues create fissures and impose fragmentation. The world seems to be upside down and the next show should necessarily reflect this moment of disquiet.

Alongside the debate on current issues, we finally managed to schedule a workshop with Eleonora Fabião on performance art, which had been considered since the beginning of the partnership with Márcio. Eleonora is a professor of performing arts at Unirio and New York University and dear friend since the times we attended the Center for Performance Demolition and Construction during the 1990s in Rio. In fact, we are all the offspring of this deliriously creative moment after over twenty years plunged in the darkness of censorship and repression by the military regime. It is alarming to see that, thirty years later, we are once again up against the threat of authoritarianism, which seems to be gradually emerging and occupying spaces in Brazilian society.

Eleonora developed a workshop on performance art and some of its most significant exponents. She showed us and discussed works by artists such as Sam Hsieh (China), William Pope (USA) and Francis Alÿs (Belgium), highlighting in all of them "the ability of these artists to transform their own bodies into public arenas".

And she provoked us with the proposal of a "Galpão promenade" in which we should share the life and experiences "of this collective that has been radiating theater for more than 35 years". To evoke the group's history not in the sense of a nostalgic exaltation of a past, but of the future, of transgression and the quest for new limits. Based on situations such as "taking the musical instruments out for a stroll" and performing three kinds of actions – something we know how to do, something we have never done together and trying to do something impossible – Eleonora invited us to visit a non-place, a gap between acting and performance, between dance, theater and music.

In short, the work sought to focus intently on the present of the present. Something that would "escape the anxiety of the future of the present and the dispersion of the past of the present". The search for a connective body in which the actor is always prepared to be carried away by the vibrations of chance. In that sense, to err is more than welcome; it is necessary. The importance of entering a zone of indiscernibility. The rehearsal room should thus become "a place of production of memory and reappraisal of chance. A space of experimentation where conventions are suspended and one seeks the being-in-the-world, the becoming, in a permanent vibration between fiction and reality. A topos (place) of learning by trial, a rite of passage".

The workshop with Eleonora ended with the presentation of a "Galpão promenade". Over more than two continuous hours we revisited a few characters and the development process of their creation. At the end, sitting around our meeting table, each actor described a scene or situation he or she would like to include in the new show. Curiously, some scenes described at the end of the "stroll" ended up being part of the final staging of *Outros* (Others).

The sequence of rehearsals with Márcio pointed to the radicalization of the performance. Faced with an increasingly suffocating and polarized political context, with a strong conservative trend, we responded with work guided by the search for the other and the need of poetry as an essential place of art. Aiming at this quest for alterity in the performance, Márcio asked each one of us to create an individual street performance whose premise was a private action performed in a public space. The challenging proposal prompted Galpão's members to return to the street in a very different way. In fact, more than actors interpreting a role, in these performances we were listeners and provokers of what is heard from someone else in the street.

Thus, for a week we spread out through various spots in Belo Horizonte, creating situations that intervene in people's daily lives. The performances placed us in a different position and opened new perspectives for and challenges to our attitude as actors. Interaction with the public became much more open and unprotected. Nothing was determined or rehearsed other than a program that had to be executed in a very objective way. On the last day of this cycle of activities, we put on a collective performance which involved taking our meeting table for a stroll in the street. The people were invited to sit at the table with us to talk about topics ranging from public transport and work to the right to leisure and care for public spaces. At one of the stops, outside city hall, we ran into a demonstration by elementary teachers of the municipal school system. Around the table, they gave us a moving account of their appalling working conditions and of their requests, protesting against the brutal repression they had suffered two years before.

Alongside these public interventions, the group developed workshops of some scenes that were being sketched with Márcio – the classes and presentation of a collective waltz that slides into chaos and brawling, the frustrated attempt of a group that tries to start a scene but cannot because everyone is completely drunk (proposed by Fernanda, inspired by the play *The Drunks*). Each actor developed and presented a class. We improvised a number of press conferences. The interviews were also largely used to create material for the scenes. Gradually, the apprehension of some kind of alterity proved to be impossible. The dramaturgy constituted itself as an impossibility, the realization of something that would not materialize. Ideas of remains, scraps, and traces were confused with images of collapse, ruin, cave-in, immobility, and became increasingly recurrent.

Márcio insisted we needed to place ourselves in an extreme situation of performativity and avoided as much as possible any kind of format. He believed we shouldn't "close" the play, but expand it, thus introducing an experience that is renewed every day. We created a show with songs composed by the actors themselves. Feminism and minority rights were the prevailing themes of the lyrics. Teuda, who was undergoing a complicated recovery from knee surgery, was absent, but ended up becoming a constant theme of the work. Everyone wrote her letters when she was in hospital and the epistles were used as a theme. The idea of a stuttering lecture given by Toninho, which ended in silence, set the tone for a show that indicated the impossibility of grasping with words the world and the reality in which we live.

The physical element of the work gradually took shape with scenes in which the bodies of Teuda and Toninho "float" in space, guided and sustained by the other actors. Fernanda does a dance in which she summarizes the entire unfolding of the play. The physicality of the play is even more present in the scene of a collective orgy, in which the bodies intertwine and sustain each other. The dramatic framework is constructed like a kind of jigsaw puzzle, in which the positions of the pieces are switched until the best format is found.

The short, choppy and extremely fragmented dialogues end up composing a broad picture in which ten soliloquies are uttered at the same time. The intersection of the individual texts with the whole ends up conveying a sense of collectivity, which emerges gradually like a kind of polyphonic symphony. Most of the situations were taken from improvisations in which the theme was talking about someone who was not present.

The conflict between performance and acting was taken to extremes and we had just over three weeks to give the show a format (a format that, for Márcio, should always be second to the performative vivacity of the moment). Then came the set design by Marcelo Alvarenga, the lighting design by Nadja Naira and the soundtrack by Felipe Estorino, which gave a final format to the arrangements created and rehearsed by Ernani Maletta.

Outros (Others) premiered on October 19, 2018, at Teatro Wanda Fernandes in Galpão Cine Horto. It was a troubled period, in the midst of a fierce presidential campaign that deeply split the country and ended with the election of a far-right candidate who intensely exploited hate speech and contempt for opponents, minorities and the incipient and fragile Brazilian democracy. Although one of the main principles of the show was the choice of poetry as the fundamental place of art and of our being in the world, we were inevitably strongly affected by the whole situation and that was reflected in the show. The audience's response during our first run in Belo Horizonte confirms the resonance of these days of apprehension and anguish in which we feel the country falling into a downward spiral strongly marked by resentment and spite.

Outros now follows its course, mutating in contact with the audience. Galpão likewise follows its own path, always marked by considerable experimentation and uncertainty. Over the course of its history, 24 plays were produced, with over three thousand performances staged in more than seven hundred cities in all Brazilian regions and eighteen countries in Latin America, North America and Europe.

Galpão's work has set a benchmark for several generations of artists, not only in large urban centers, but also in many country towns, often alienated from cultural circuits. Countless groups and artists reported having decided on their career after attending our performances or meeting with the group's actors in workshops and talks.

This 38-year trajectory is a true profession of faith in theater and its extraordinary power to move and transform people, audiences and ourselves, in a metamorphosis that is present in every new encounter. The course was riddled with crises, arguments, failures and lack of perspective, but we were always able to get back on track based on the premise that more important than each individual is the actual work, which has always been guided by a group ethics. In a collective creation process where all are equally important, the outcome reflects the effort in which the collective always stands out as the most powerful and bonding practice. Experiencing different types of collective work organization, Galpão started out in an anarchically naive manner, which was eventually devoured by its own limitations. We were not cut out to be a collective organization, without a more clearly defined command and division of work. That did not prevent us, as actors, from always adopting an active, authorial and determined stance in the face of creation at all levels and complexities. Galpão is unique in being a group of actors who have aged together on stage. Seeing the group's shows over more than three decades is witnessing the experience of a group that has matured while staging its numerous plays. Galpão's current twelve-actor configuration dates back to 1995.

Due to its creation process, Galpão evolved into a group of actors with no permanent director and which therefore invites other directors and artists to guide its theatrical adventures. That did not prevent the actual actors from taking on a directing role on various occasions. That has necessarily brought our theatrical research closer to diversification than specialization. There is no single path, but many different possibilities, styles, practices and ways of viewing theater. This somewhat hybrid nature of addressing theater would be unavoidable for a group of actors who forged their way of life from the impure confusion of the streets. This ability to be influenced, to transmute, to transform oneself from the other, to devour and be devoured by so many encounters and different schools has given Galpão's theater a deeply Brazilian trait for its volatile vocation of being in permanent transformation.

This story does not end here. It goes on, who knows until when. May it be intense while it lasts. There came a time when people started asking us, quite often, about the issue of continuity and the need to leave a legacy. At times it is very hard to envision and outline a future in an art form overflowing with presence, in the here and now, as is the case of theater. There is no land in sight. The uncertainties are many and each new play always means coming across the empty space to be filled with our presence. The only certainty we have is that, more important than this vast body of work that has shaped us as artists and allowed us to spread the spirit of art and theater to the four corners of the world, these 38 years of Galpão have enabled us to basically live the utopia of the place of poetry in the world and in our lives, of what could have been as opposed to what is or what must be. The light of the forever useless poetry which, contrasting with the aridity of history's daily life, lifts us to another place, the place of imagination, of dream and, why not, of absolute freedom.

THE ARTISTIC CONVICTION ADDRESSED FROM RUA PITANGUI | Valmir Santos

– What's your view on the issue of maturity?
– There's a line in a poem by Drummond that says:
"Maturity, that horrible gift"...
I don't know, Clarice, we become more
capable but also more demanding.

Tom Jobim interviewed by Clarice Lispector[1]

Grupo Galpão was born under the manifest sign of the power of popular art. This element is constitutive of the worldview of the actors that bind it and of the theatrical work envisioned and practiced since November 1982. An offspring of the historical period of Brazil marked by the enaction of the controversial Amnesty Law (1979) and the civilizing movement calling for direct elections (1983-1984), the ensemble from Belo Horizonte put on its first performances in squares and parks in the midst of the Brazil's process of restoring democracy. The tragic defeat of the parliamentary amendment for direct presidential elections – rejected by a cowed Chamber of Deputies – in no way inhibited the active ingredient that inspired the group's members to nurture a humanist dimension and anticipate actions to democratize, this time for real, access to culture.

In the light of these 38 years, it is even more evident to what extent the aesthetic project remains faithful to the technical, formal

1. Clarice Lispector, "Minhas sinfonias estão inéditas", in *Entrevistas/Clarice Lispector*, Claire Williams (org.), Rio de Janeiro: Rocco, 2007, p. 110. Excerpt of interview with the composer Tom Jobim published in *Manchete* magazine on September 21, 1968.

and thematic proposals of the popular theater forged according to the specificities of the regional culture of Minas Gerais, but not only, cutting across traditions of other regions in Brazil and worldwide. Regardless of research, language or creative process, each work gestated by Galpão is, in combined or isolated shades, impregnated with baroque colors, sounds, volumes and other bodily, sensory, image, musical and verbal emanations. Even the most formalistic theater spaces are imbued with this unique aura.

This reflection aims to contribute to dispel a current prejudice in the contemporary Brazilian scene which confines popular theater to a vulgar repertoire, even though Galpão's trajectory reveals such robust examples to the contrary. Contempt is implied in media reviews or academic studies; it is overheard among artistic partners; and even affects the group's self-esteem. After all, why differentiate the plays, whether popular or erudite, at this stage of a remarkable artistic biography? The group's website reaffirms the origin "linked to the tradition of popular and street theater" and, by analogy, the commitment to dialogue "with the popular and the erudite, tradition and contemporaneity, street theater and stage theater, universal and regional Brazilian"[2]. Such latent binarism might have made sense in the first steps of self-affirmation, but can no longer stand.

Given the level of maturity of the current seven actors and five actresses, categorizing what is erudite or popular does not conform with the aesthetic and thematic boundaries already crossed, on the one hand, and the acknowledged talent to merge the most dissimilar areas of interest and expression, on the other. Porosity became the litmus test over the course of the poetic concretions of theater, driving the development and the individual and collective alterity. May the narrative below do justice to the permanent technical improvement and the perseverance to achieve artistic excellence regardless of the material, format or genre addressed by the creative group.

Firstly, however, a very brief historical contextualization is in order. In societies divided into classes, the contempt shown by the so-called high culture for popular culture has been the subject of studies and debate since at least the late 18th century. Socio-economic transformations spreading out from Europe after the Industrial Revolution (when the working and business classes were outlined) and the outbreak of the French Revolution (the rise of the bourgeoisie and the end of absolute monarchy) consolidated capitalism, extending it to colonized countries like Brazil. The consequences here have been felt since the transition from almost 70 years of monarchy to the current 129 years of republicanism.

In 1954 the writer and essayist Roland Barthes (1915-1980) was pressed to define popular theater in a publication that circulated during the Avignon Festival that year. The pope of semiological theories summed it up like this: "I will say outright, and in a nutshell, that popular theater is that which obeys three competing obligations, each of which, considered individually, is certainly not new, but only their combination can be entirely revolutionary: mass audience, high culture repertoire, avant-garde dramaturgy"[3]. The three obligations of the author of *A Lover's Discourse: Fragments* are, to some extent, discernible in Galpão's work. The preservation of the spark of amateurism – no artist should abandon the condition of one who loves the craft, pleaded the thinker Jacques Copeau (1879-1949); the singularity of the appropriation

2. From the "Introduction" tab of the website <www.grupogalpao.com.br>.

3. Roland Barthes, *Escritos sobre teatro*, São Paulo: Martins Fontes, 2007, p. 109.

of *Romeo and Juliet* in a productive relationship with the director Gabriel Villela, a masterpiece that culminated in performanes at Shakespeare's Globe Theater in London; and the Brechtian pre-childhood, especially realigned in adult life in the hands and through the insight of the actor and director Paulo José, these three factors scrutinized below are in themselves well-founded reasons to attest the expansive popular nature of the artistic and cultural identity of Grupo Galpão.

From the eighth year, or from the ninth show, *Álbum de família* (Family Album, 1990), considerable progress was achieved in the assumed tripod of rigor, research and the search for language in the occupation of stages or outdoor spaces. The shows do not necessarily "have great power of communication with the audience", as their website informs, assigning absolute value to how the work is received. Rather, we presume that, in a way, the assiduous spectators of their hometown – the most gaugeable indicator – gradually re-educated their perception in the presence of innovative procedures uncovered in each process, regardless of classic or contemporary style – there goes the dichotomy once again nipping at our heels. In the shows we've had the opportunity to watch since *Romeo and Juliet*, in our capacity as journalists, Galpão has never shirked from advancing into unknown territory, an unavoidable principle in art.

It is worth opening here an inspiring Dionysiac window. One of the political-cultural projects the tireless director José Celso Martinez Corrêa has been working on for decades at Teatro Oficina in São Paulo is building next door a "stadium-theater" seating thousands of spectators – 2,000 or 3,500 people have been mentioned. The idea, designed by the architect Lina Bo Bardi (1914-1992) but never executed on the plot on Rua Jaceguai, in the Bixiga neighborhood, is an offshoot of the anthropophagic thinking of the modernist writer Oswald de Andrade (1890-1954), in the manner of Ancient Greek constructions that valued open space. Well, Praça do Papa in Belo Horizonte, a square in the neighborhood of Mangabeiras, routinely receives audiences above those figures for Galpão's street theater performances. It has been so since the local premiere of *Romeo and Juliet* on September 12, 1992[4]. A black-and-white photo of that performance, taken through the lens of the photographer Magda Santiago, comes to our aid by materializing the popular nature of the artistic practice and thinking that have guided this breathtaking trajectory, now approaching its 24th play.

In that photo we see dozens of overlapping faces, as in the painting *Operários* (Factory Workers), by Tarsila do Amaral (1886-1973). Instead of tired looks, however, what emerges is the lively expression of the people sitting on the surrounding hill. In the foreground, on the wooden platform mounted on the hood of the "Emerald" Veraneio station wagon, Julieta caresses Romeo, who approaches her on stilts. Twenty years later, the image featuring Wanda Fernandes (1954-1994) and Eduardo Moreira inspired the half-length documentary film *Flor, minha flor* (Flower, My Flower, 2012). Eyewitnesses recalled their impressions of the first official performance, following a script conceived by the actor and Galpão member Chico Pelúcio, co-director with the filmmaker Rodolfo Magalhães. Special note: the 1974 wine-colored "Emerald" station wagon, roving around since 1987 in good conditions. The creators had an incredible insight in subverting the use of the four-door car model that could fit up to nine people, usually associated with police vehicles in the 1970s and 1980s.

---

4. The preview of *Romeo and Juliet* was on September 4, 1992, in cold and rainy conditions, next to Igreja de São Francisco in the city of Ouro Preto, watched by about 500 people sheltering around the churchyard under umbrellas and marquees. Before, in July of the same year, there were open rehearsals outside Igreja de Nossa Senhora de Nazaré, in Morro Vermelho, a rural village close to the city of Caeté.

The abovementioned scene, photo and film reflect the group's talent for unfolding its actions in space and time, a skill acquired in the actual streets, the fast reaction to spontaneous audiences since the first show, *E a noiva não quer casar* (And the Bride Won't Marry), which debuted in November 1982 during the civil-military regime that would haunt the country for another three years. A circumstance that in no way subdued the impetus of the founding actors in daring to occupy the public space, in principle interdicted by the dictatorship. Performed in Praça Sete in downtown Belo Horizonte, *E a noiva não quer casar* was considered the first street show scheduled by the Theater Popularization Campaign, a 47-year tradition in the city.

This play was born from improvisation with worn-out costumes brought by Eduardo Moreira inside a suitcase, an inheritance from the bottom of the family wardrobe. An aunt's wedding dress soon served as a premise for the farce of Floribela's suitors. In the collective creation with a final script by Moreira, the girl played by Wanda Fernandes disobeys her father and refuses his arranged marriages, choosing instead to enjoy life as a samba dancer. Beyond the script's feminist bent, the solutions arose from the intention of employing circus concepts and techniques assimilated during technical training and creativity workshops given by two German artists of the Freies Theater München (FTM), organized by the Goethe Institute of Belo Horizonte.

Two workshops addressing voice techniques, body expression, rhythm, improvisation with props, juggling, acrobatics, and stilt walking provided support for the staging of the play *The Good Person of Szechuan* by Bertolt Brecht (1898-1956), performed on the stage of Teatro Francisco Nunes in Parque Municipal. The training program was relished with hard work and discipline in three different stages, between March and October 1982, as an extraordinary prologue for the promising quintet that would give Galpão its initial shape, alongside occasional collaborators over time, such as in any evolutionary movement of a gregarious artistic experience.

The choreographer George Froscher (1927-2015) brought with him the knowledge acquired with fellow countryman Kurt Jooss (1901-1979), a precursor of dance-theater and teacher of Pina Bausch (1940-2009), as well as his three-year experience with the legendary Living Theater (1959-1962). He was accompanied in his incursions in Belo Horizonte by the performer, director, and architect Kurt Bildstein. Both founded FTM in 1970, a company and venue still active in Munich to this day, boasting over sixty productions. One can well imagine to what extent the workshop attendees were influenced by the training activities of this home-based international exchange. It involved culture clashes not only in terms of language, but especially regarding the premises of artistic creation for Antônio Edson, Eduardo Moreira, Wanda Fernandes, Teuda Bara, and Fernando Linares (the latter, recently arrived from Argentina, did not take part in *The Good Person of Szechuan*, but later performed in *E a noiva não quer casar*). As noted by Professor Carlos Antônio Leite Brandão, of the UFMG School of Architecture, in his book outlining the group's first fifteen years:

> Learning to walk on stilts is the very metaphor of this need to coexist and overcome situations of limit and risk. In those young actors stirred the desire to live from and for theater, to impart to their work a permanence that was more fertile than the immediacy required for each new show and more solid than the looming unemployment that threatens a cast when it disbands once a job is over[5].

5. Carlos Antônio Leite Brandão, *Grupo Galpão: 15 anos de risco e rito*, Belo Horizonte: 1999, p. 23.

It is curious to observe the involuntary journey through Brecht's dramaturgy and its respective theoretical field in a play that challenged the notion of goodness, even more so in an adaptation mediated by artists and educators hailing from the same country as the author. The parable, which ran for only nine performances, revolved around the dual personality of Shen Te, a prostitute graced by the gods with the opportunity to open a tobacconist's shop. Such generosity attracts beggars of all kinds to the Chinese city of Szechuan. Due to the unbridled harassment, she decides to disguise herself as a distant cousin in charge of putting the business in order. There follows a mixture of fears, desires, weaknesses and yearnings, feelings so dear to the young artists, who would indeed learn to perform amidst all kinds of adversities and delights in urban or rural settings.

After the seminal amateur spirit, the group would only re-encounter Brecht's work in the 23rd year of its professional life, in 2005, with the adaptation of *Man Equals Man*, their second partnership with the director Paulo José. In politically troubled times, this artist with a background in bringing theater closer to Brazilian reality had worked in two key theater ensembles. At Teatro de Equipe (1958-1962), in Porto Alegre, he was one of the founders and acted alongside Paulo César Pereio, Ítala Nandi and others. And at Teatro de Arena (1953-1974), in São Paulo, in the first half of the 1960s, he worked with, among others, José Renato (1926-2011), Augusto Boal (1931-2009) and Gianfrancesco Guarnieri (1934-2006), experiencing the effects of the military coup in daily life.

"The truth is that we are always on the edge of a cliff"[6], said Paulo José in a conversation with Galpão's actors in 2002, referring to the anguish of defining what to do next: adapt a work of literature, create a script from a theme or face the challenge of staging a ready-made play. This was the starting point of a number of exchanges lasting four consecutive years (2002-2005), comprising a two-month immersion in the study of plays and experimentation with the creation of short scenes and performances – a collage that culminated in a rare single performance for thirty guests, to which we will return later on – a kind of warm-up for the staging of *The Inspector-General* (2003) and *Man Equals Man*. Paulo José said he admired the group for preserving a repertoire, for the way it "reconciled research, survival, popular theater, longevity"[7], virtues for which it has stood out in the Brazilian performing arts scene.

Nature or condition of the other

Between 1988 and 1990, a particular concentration of events broadened Galpão's horizons regarding its views of theater, infrastructure, and self-knowledge. The trunk firmly rooted in street and circus art grew new branches, strengthening the tree for seasons of verdant or wilted leaves, for life is a cycle. In 1988 the actors arrived in Peru to take part in the 8th International Group Theater Meeting, or Ayacucho Reunion, held between September 19 and 27 in the Andean village of Huampaní, 35 kilometers from Lima. Hosted by the Lima collective Cuatrotablas, directed by Mario Delgado (1947-2016), the event enjoyed the strong support of the director of the Danish group Odin Teatret, the Italian Eugenio Barba, whose thought, mainly related to theater anthropology, had influenced theater professionals in Latin America and the Caribbean since the mid-1970s. At that time Barba coined the term "third theater" (by association with Third World) to describe the

6. Eduardo da Luz Moreira, *Grupo Galpão: diário de montagem – Encontro com Paulo José*, Belo Horizonte: Edições CPMT, 2014, v. 5, p. 15.

7. *Ibidem*, p. 15.

sociopolitical perspective of forms of collective production, research, and creation, which raised suspicions of mimicking Odin Teatret's own techniques. Following the trend at that time, third theater culture was supposedly different from so-called commercial theater (New York Broadway and London West End, for example) or avant-garde theater (unconventional, leaning towards innovation, as in the work of the Irish playwright Samuel Beckett 1906-1989; however, on second thought, one could use the same yardstick to measure the legacy of the Englishman William Shakespeare, 1564-1616).

Galpão became wary of a Eurocentric bias and the recurrent emphasis on rituals and physical work in the shows, performances or interventions presented during those days by more than thirty groups, amidst the long-lasting program of training and reflexive practices. Eduardo Moreira remarked that *A comédia da esposa muda* (The Comedy of the Dumb Wife), the group's fifth show, produced in 1986, rocked the bodies and minds of those who attended the artistic retreat in Huampaní: "The audience, probably exhausted by so much 'brainy' theater full of anthropological manias and techniques, delighted in the gags and antics. I recall the overflowing joy and cheerfulness, with several people expressing themselves loudly"[8].

Mentor of the concept of "poor theater", reduced to the essences of actor and audience and stripped of other elements, the Polish director and thinker Jerzy Grotowski (1933-1999) – of whom Barba was an assistant in Poland before founding Odin Teatret in 1964 – was to be honored at the Ayacucho Reunion, but health conditions prevented him from attending. In 1989, the following year, the meeting between Grotowski and Galpão finally took place, and not only once. After a two-month tour of Italy, performing in at least fifteen cities at the invitation of an Italian theater association, the actors were welcomed by him at Centro per la Sperimentazione and Ricerca Teatrale di Pontedera, a small town in Tuscany where he had lived for the last three years and set up his international institute for advanced research initially called Workcenter of Jerzy Grotowski and, from 1996, Workcenter of Jerzy Grotowski and Thomas Richards. As happened with the other groups present, the actors honored him with a potpourri of folk songs.

"It was a strange recital. In fact, we feel like fish out of water. At the end, applause and a certain colonialist gaze of the old Europeans towards a Brazilian street theater group"[9], described Eduardo Moreira. The second meeting, albeit remote and even more formal, happened two weeks later in Modena, at a lecture by the English director Peter Brook dedicated to Grotowski, who was present. Brook described one of the last stages of the Polish playwright's career as "art as vehicle", in which the dramatic arts would be considered a channel for self-knowledge.

In this sense, Galpão's Peruvian and Italian ventures served as a counterpoint to their knowledge of how to organize, manage and produce collective theater.[10] A brave new world was thus unveiled,

8. Eduardo da Luz Moreira, *Grupo Galpão: uma história de encontros*, Belo Horizonte: DUO Editorial, 2010, p. 75.

9. *Ibidem*, p. 77.

10. At different times in its history, Galpão cooperated with other collectives from the city, state or country to strengthen group theater as one of the most relevant categories of contemporary Brazilian production. It was present at the 1st Brazilian Group Theater Meeting, in 1991, in Ribeirão Preto (SP), hosted by the local group Fora do sériO, alongside the iconic collectives Grupo Imbuaça (SE), Tribo de Atuadores Ói Nóis Aqui Traveis (RS) and Grupo Sobrevento (SP), among others. In the same year, it took part in creating the Minas Gerais Movement of Group Theater. The Cine Horto cultural center hosted the first two of the five editions of the meetings of Redemoinho – Brazilian Movement of Spaces for Theatrical Creation, Sharing and Research (2004-2008).

which enabled the verticalization of artistic practice and knowledge. From that viewpoint, in fact, "what fascinated us most was the way some groups were able to manipulate music scenically in their plays"[11], confessed Eduardo Moreira. Therefore, group intersections, whether direct or institutional, are driven by affectation, regardless of ideological or aesthetic affinities. As reported by the producer Daniele Sampaio in her dissertation[12], Grotowski had no qualms about negotiating funding for his research outside the United States directly with representatives of the Rockefeller Foundation. He exploited his recognition and reputation, contrasting the inviolable image of the monastic artistic genius.

The welfare state of part of Europe, inseparable from cultural appreciation, gave the group food for thought on their return. How to circumvent the hopelessness of public policies for theater in Brazil? The answer was their good old instinct of self-sufficiency. A street theater group also deserves a home, right? Acquiring their own premises became a pressing need for Galpão. Still in 1989, the fees from international tours financed part of the purchase of a former lumber warehouse located at number 3413 of Rua Pitangui, in the residential area of Sagrada Família, east end of Belo Horizonte. Pitangui is the name of the city in the center-west region of Minas Gerais where the actor Antônio Edson grew up. In Tupi-Guarani language "pitangui" means "red river" or "children's river". And at the end of the same street, at number 3613, the cultural center Galpão Cine Horto was inaugurated in 1998, in a former movie theater from the 1950s. A decade after learning about the relevance of performing arts in developed countries, with integrated public facilities and dedicated creative teams in charge of cultural and socio-educational initiatives, the Brazilian group embarked on an unusual venture, headed by the actor Chico Pelúcio, who saw the opportunity to carry out the parallel activities of manager and producer[13].

And speaking of parallel conditions, like Galpão, the Peruvian group Yuyachkani attended the Ayacucho Reunion in 1988[14] and made a tour of Italy in the following year. Founded in 1971 and one of the points of reference of group theater in South America – its name in Quechua means "I am thinking, I am recalling" – Yuyachkani refined over the years its identity and autonomy by building a repertoire, ensuring the continued training of its actors-creators and setting up its own premises to store its material and immaterial collection, train, rehearse, offer workshops and perform. Specifically about the meeting in Peru, the director and cofounder Miguel Rubio Zapata acknowledged the stimuli and sought to avoid prejudice by looking in the mirror and enhancing the workspace of his cultural group in the Magdalena del Mar neighborhood in Lima, as he wrote:

> Group theater cannot be associated with a single current nor has it anything to do with homogenization; on

---

11. *Ibidem.*

12. Daniele Sampaio da Silva, *Agentes invisíveis e modos de produção nos primeiros anos do Workcenter of Jerzy Grotowski*, master's dissertation, Campinas State University, 2018.

13. As this article addresses the group's artistic dimension, we chose not to examine one of their most successful initiatives, the creation of the Galpão Cine Horto cultural center. That would require specific space and essayistic breadth. It relates to running a facility open to artists, students, and the surrounding community; commitment to research, training, promotion and incentive to theater creation; a daily instigator and feeder of the group's actions and thoughts; a talent multiplication hub and decisive interlocutor in the different spheres of the city's theatrical production.

14. A second Brazilian play was performed at the Ayacucho Reunion in 1988, *Kelbilim, o cão da divindade* (Kelbilim, the Divinity Dog), directed by Luís Otávio Burnier and performed by Carlos Simioni, of LUME Teatro.

the contrary, it fosters, through exchange, the knowledge of differences: in this sense, the opening of the 1988 Ayacucho Reunion, by airing contradictions and discrepancies, results in a stimulus to continue the dialogue among our theater groups. The Reunion not only shows us that such dialogue is necessary, but also that it becomes possible to overcome prejudice and early exclusions[15].

According to Zapata, the historical foundations of the modern Latin American theater tradition experienced various stages without neglecting its audience, contexts, and diversities. To that end, the difficulty in assuming the assets and liabilities of this memory should not lead to a claim to be "modern", therein including the cost of recent history, as if it were possible to build what is new by omitting what has been lived. The groups made of their common experience a mode of production, "a category", as they once heard from the Colombian director Enrique Buenaventura (1925-2003), who systematized the collective creation process based on the experience of Teatro Experimental de Cali (TEC). "The group was the mother cell into which we got organized to generate this new theatricality we were crying out for"[16], diagnosed Zapata about the time in which prevailed a feeling of bonding and theater shared in the so-called boom of literature, dance, cinema, photography, visual arts, in short, all creative expressions "inventing dawns", as says a Nicaraguan popular song.

In the wake of the trends of the late 1980s and early 1990s – a period of transitions and trials that tested the firmness of the tracks that led the group to the current stage of the 21st century – Galpão allowed itself the first symbiosis outside the comfort zone of popular forms. A favored interlocutor in former creation processes, the director and playwright Eid Ribeiro, who had previously written *Corra enquanto é tempo* (Run While You Can, 1988) – a street play focusing on the rise of Pentecostal churches, a foretaste of the conservative phenomenon currently gaining ground in Brazil – proposed the challenge of staging *Álbum de família*, one of Nelson Rodrigues's mythical plays. It took nine months of research and creation to adapt the text and track down the author's entire oeuvre, including excerpts from newspaper columns and interviews duly included. The method of setting up individual or small-group workshops was diligently employed to create the scenes presented by the respective actors, a technique assimilated at a workshop with the director Ulysses Cruz attended by part of the cast at the 1986 UFMG Winter Festival, in the city of São João del Rei. Thus, Eid Ribeiro found fertile ground to give impressionistic tones to both visuality and acting, using Nelson Rodrigues as narrator and commentator of the performance.

Despite claiming that purists hated Galpão's version of *Álbum de família*, the critic Marcelo Castilho Avellar (1961-2011), a persistent spectator of the group's plays over three decades of cultural journalism, described the show as "one of the few moments of true expression in 1990", in his view a year of "rigid" and "uncreative" productions[17].

15. "El teatro de grupo no puede ser asociado a una sola corriente ni tiene nada que ver con la homogeneización; todo lo contrario, propicia, mediante el intercambio, el conocimiento de las diferencias: en este sentido, la apertura del Reencuentro Ayacucho '88, en ventilar las contradicciones y discrepancias, es un estímulo para continuar el diálogo entre nuestros teatros de grupo. El Reencunentro no sólo nos demuestra que ese diálogo es necesario, sino que empieza a ser posible superar el preconcepto y las exclusiones anticipadas."

16. Miguel Rubio Zapata, *Raízes e sementes: mestres e caminhos do teatro na América Latina*, translated by Léo Kildare Louback and Ana Carneiro, Jundiaí: Paco, 2017, p. 13.

17. Júnia Alves and Márcia Noé, *O palco e a rua: a trajetória do teatro do Grupo Galpão*, Belo Horizonte: Editora PUC Minas, 2006, p. 45.

Galpão's conscious predisposition to risk afforded the group a poetic orientation of which it would never lose sight, regardless of whether the compass pointed to street or stage, to popular or . . . An open risk, in short, as could not be otherwise. Its magnitude is in the orientation to theatricalities that encompass world theater, as in the venture of *Romeo and Juliet* (1992). Gabriel Villela took by the hand women and men eager for art made into a reason for living and at the height on their spiritual rather than biological youth. The director considered that encounter one of the most fruitful of his career, "a radical and rewarding experience, a virtuous immersion in Minas Gerais culture"[18]. And he added regarding one of the conceptual and practical findings:

> We learned that *Romeo and Juliet* is, within the bard's vast oeuvre, a tragedy of haste, in which the characters act vertiginously the whole time, plunging into situations of instability. The language of circus was therefore perfect. We set up a beam about two meters high and placed the cast up there, balancing themselves with the help of hand-colored parasols[19].

Without the disruptive *Álbum de família*, the astonishing synthesis of regional and universal cultures in the Brazilianized Shakespeare would never have happened. Nor would there have been the disturbing and obsessive staging of *Partido* (Split, 1999), directed by the actor Cacá Carvalho, another turning point. In the cooperative process of *Partido*, Cacá Brandão's dramaturgy produced a free adaptation of the novel *The Cloven Viscount*, by the Italian citizen of Cuban origin Italo Calvino (1923-1985). In this allegory, the title character takes part in a war between Turks and Christians and is struck on the chest by a cannonball, surviving with one half of the body associated with evil and the other with goodness. The reactions to the imbalances of this dual identity are narrated from the perspective of his nephew, a boy. The show had a somewhat indifferent response from audience and critics (despite its short career), equal perhaps to that of *Eclipse* (2011), directed by the Russian Jurij Alschitz, who was also responsible for concocting that jumble of tales and philosophical thoughts by the Russian writer Anton Chekhov (1860-1904). To address the man who does not recognize himself as a whole, Cacá Carvalho called on the actors to speak also for themselves on stage, incorporating reports and documents as a valuable subtext. Physical actions and gestural scores were exhaustively employed to invest the faces, bodies, props and set with duality, aided by the lighting design and makeup, especially visagism (delineation of the face). The only characters that are not split in the half-light ambiance are the viscount and the narrator boy.

Eduardo Moreira reported that, at the time, he and the other actors frequently referred to the exhaustion of the model of director "who manipulates the actors on stage like chess pieces"[20]. The work with Cacá would have revived the vital signs. Without making any concessions and unconditionally dedicated to experimentation, "it helped us be wary of emotions and deconstruct a certain romantic idealization of the world of theater"[21], commented Moreira, considering that the experience partly undermined the theatrical naiveness of all involved.

---

18. Dib Carneiro Neto and Rodrigo Audi, *Imaginai! O teatro de Gabriel Villela*, São Paulo: Edições Sesc SP, 2017, p. 46.
19. *Ibidem*.
20. Eduardo da Luz Moreira, *Grupo Galpão: uma história de encontros*, Belo Horizonte: DUO Editorial, 2010, p. 101.
21. *Ibidem*, p. 105.

> Cacá proved to us that the theater is always made of concrete things and that it is no use "interpreting" things like kindness, one must concretize goodness from an action. As in all valuable experimentation, the penny took some time to drop, and with hindsight I think *Partido* helped us to be simpler in things, to want to interpret less and be more. The actual script, often confused and full of obscure metalanguages, could have been better appropriated by the actors, which occurred gradually over time and with the succeeding performances[22].

Indeed, the level of critical awareness and the resolve to explore other possible worlds in performing arts were expanded from the late 1990s. It is symptomatic that some of Galpão's members firmly took over the reins of direction, taking turns at the helm they usually delegated to other professionals. For sure the call to direct, alongside training activities at Cine Horto, corroborated the refinement. Eduardo Moreira had remotely directed *Arlequim, servidor de tantos amores* (Harlequin, Server of So Many Loves, 1985) and Antônio Edson, *Foi por amor* (It was for love, 1987), as if probing personal styles. As of the next decade, the internally directed productions gained shape. In succession, Moreira directed *Um Molière imaginário* (An Imaginary Molière, 1997); Chico Pelúcio directed *Um trem chamado desejo* (A Train Called Desire, 2000); Júlio Maciel directed *Till, a saga de um herói torto* (Till, the Saga of a Crooked Hero, 2009); and Lydia Del Picchia and Simone Ordones directed *De tempos somos – um sarau do Grupo Galpão* (Of Time We Are – a Soirée by Grupo Galpão, 2014). The autonomy in nurturing languages denoted an intergenerational spectrum if we consider previous iconic artists like the groups Giramundo (created in 1970), Corpo (1975), Oficcina Multimédia (1977) and Ponto de Partida (1980), recalling other paradigms of the performing arts tradition in Minas Gerais.

22. *Ibidem*, pp. 104-5.

The transforming effects of music and noise

Taking a chronological leap to compose our cross-section – aiming for the entire theatrical world under analysis would be vain – the two most recent creations emblematically demonstrate the freedom employed in the ensemble's poetic system, alternating guest directors and actors taking turns in the role[23]. In *De tempos somos – um sarau do Grupo Galpão* and *Nós* (Us, 2016), the accumulated layers of person-artist and collective fed each other. The so-called speaker, the voice that expresses the poet's subjectivity, enabled the cast to balance interpretative and performative moments. To dance to the tune, as they say, choosing as a starting point its own resignified existence.

In *De tempos somos*, music, previously celebrated and omniscient in everything related to Galpão, becomes a structuring element. Mostly interpreted in their original arrangements, the 25 songs stirred the memories of spectators captivated by one or another theme of former plays or of the repertoire – from *A comédia da esposa muda* to *Tio Vânia – Aos que vierem depois de nós* (Uncle

23. Between 1982 and 2017, Galpão's 23 plays had the following directors: Fernando Linares, Paulinho Polika, Carmen Paternostro, Eid Ribeiro, Gabriel Villela, Cacá Carvalho, Paulo José, Paulo de Moraes, Jurij Alschitz, Yara de Novaes and Marcio Abreu, with Linares directing four plays, Villela, three and Ribeiro, two. Six actors directed plays: Eduardo Moreira, Antônio Edson, Chico Pelúcio, Júlio Maciel, Lydia Del Picchia and Simone Ordones, with Moreira directing two shows.

Vanya – To Those Who Came After Us, 2013), via a miscellanea from *Romeo and Juliet*. In the brief prose interventions in the lyrical-musical soirée, the tributes bound together with the affective itinerary, memories of people who interacted with a street play and experienced personal change through contact with theater, whether ephemeral or enduring. The direction by Lydia Del Picchia and Simone Ordones, who had already assisted in directing other shows, succeeds in extending the sensitive mantle of sonorities and songs over the audience. The lighting suspended above the actors' heads and part of the audience, as well as the footlights, created a mood of fraternal welcome.

The musical compilation provided a biographical summary of Galpão's art. A cultural manifestation of popular theater based on popular song, wherein lies perhaps the quintessence of the pulsations that drive it and also mobilize audiences alert to the readiness and aesthetic sophistication applied to the smallest details. We enjoy the poetic legacy of those scores inscribed in the vocal ranges and body structure of the cast, senses embedded in lyrics, music and melody. With its parade of instrumental landscapes, comical vignettes and occasional subtle choreography, the musical *De tempos somos* is a show that occupies conscientiously its place in the world. A most welcome path in the genre of musicals by a collective whose ability to listen is an asset.

The show *Nós*, in turn, echoed Cacá Carvalho's words during the creative debates of the staging of *Partido*, seventeen years earlier. "We must see more than mere stories... We must speak of ourselves in the play"[24], predicted the director in one of the first rehearsals, a sentence that became almost a mantra. The individuality advocated by Carvalho overflowed in what the cast was able to propose to another guest director, Marcio Abreu, of Companhia Brasileira de Teatro (PR). We are before a dramaturgical portrait of the interstices and idiosyncrasies re-elaborated as a scenic becoming. The friction and wear typical of any relationship are perceptible in this weave of intentionally loose threads. In the daily routine of half a dozen actors, such rows are a far cry from happy family commercials. An obstinate and self-critical writer, occasionally acting as artistic director in a company used to inviting directors from various generations, it is Eduardo Moreira, once again, who examines the daily negotiations in the face of Galpão's "excessively collective nature"[25]. When it comes to making decisions about the future, the group comes to a grinding halt. Deliberations are usually postponed because "all actors have the right to voice their opinion and vote, even if the level of participation is fairly different and unequal"[26]. The dynamics of close interaction common to any heterogeneous group. The problem is when the pores of perception are dulled.

As a reversed outsider, welcome and experienced in counterbalancing contradictions on and off stage, Marcio Abreu extracted autobiographical documents from the group members without slipping into psychologism. The "self" in *Nós* comes to the surface without any of the metalinguistic distancing resorted to in *Um trem chamado desejo* (2000). In that script by Luís Alberto de Abreu the decadent theater ensemble Alcantil das Alterosas resisted ruination through its art. But the struggles of coexistence did not open the wound as in the last play. The script co-authored

---

24. Carlos Antônio Leite Brandão, *Diário de montagem: Partido*, Belo Horizonte: Editora UFMG, 2003, p. 18.

25. Eduardo da Luz Moreira, *Grupo Galpão: diário de montagem – Um homem é um homem*, Belo Horizonte: Edições CPMT, 2014, v. 7, p. 18.

26. *Ibidem*.

by Marcio Abreu and Moreira puts on the spot the actress Teuda Bara, the group's "old aunt", who was 41 years old when the other founders were barely half her age. "That sassy, chubby lady was the very personification of happiness on stage. The joy of being there and the wisdom to laugh at herself in the midst of all difficulties. She ended up becoming a very strong image of Galpão, which remains to this day"[27], reported the journalist João Santos in her biography. Such statements are not there on the stage, but the fictional assembly to discuss her departure from the group reveals how conspicuous Teuda's presence is and leaves no-one indifferent[28] among her peers, concerned about her health, weight, the leg bone infection that made walking difficult. Sensitive and strained situations also overflowed from intimacy to harsh reality, social tensions in their raw state. The political situation and the polarization of intolerances following the melancholic impeachment process of President Dilma Rousseff, of the Workers' Party, became one of the flagrant indirect connections – a quality of polysemous work.

Almost all scenes in *Nós* are set in a kitchen. As we know from the plot, seven people express restlessness and displeasure as they prepare what would be the last soup, a meal that yields some hope despite the announcement that the world would or will come to an end. Cue for a flashback. On the night of August 15, 2002, the members of Galpão presented an impromptu rehearsal or performance stemming from the two-month work period with the actor and director Paulo José. Only about thirty spectators witnessed the sequence of scenes of family conflicts, pantomime sketch, fairytale excerpt, poetic rapture, an evocation of the composition *Pour Élise*, the humor of the German comedian Karl Valentin (1882-1948), in short, a purposely precarious pile-up. In the midst of this miscellaneous fair was prepared an Andalusian gazpacho, a vegetable soup shared at the end with the audience. "Eating gazpacho at the end of the presentation, we started thinking of the next steps. Could the scenes presented be turned into a play?"[29] asked Eduardo Moreira in the diary of that experience. Synchronicity of the eternal return in *Nós* or a 14-year delay.

I believe that the shows reviewed so far suffice to support the argument that Grupo Galpão can dispense with having to categorize its work as either popular or erudite. A binary perspective can hardly define a group that is funambulist by vocation. It cannot translate the complexity of each creation process distinguished for reconciling opposites. Neither the fullness of the artistic adventure of comprehensive commitment built up brick by brick in the other interfaces of artistic and cultural support, bringing together multiple professionals, students, and amateurs in its offshoots.

Let's take the example of the artist Helvécio Izabel. He has been the head set builder since 1994, when invited to work in the play *A rua da amargura – 14 passos lacrimosos sobre a vida de Jesus* (Bitterness Street – 14 Tearful Steps of the Life of Jesus). A self-taught artist, he took over the job in this production when it ended its debut run in Rio de Janeiro and moved on to Belo Horizonte.

---

27. João Santos, *Teuda Bara: comunista demais para ser chacrete*, Belo Horizonte: Javali, 2016, p. 173.

28. The fact that the co-founder Teuda Bara was invited at age 65 to perform in an epic performance of the Canadian company Cirque du Soleil, *Kà* (2006), in Las Vegas, directed by the Canadian Robert Lepage, one of the most singular performing artists of the second half of the 20th century, head of the collective Ex Machina, in Quebec, is an ironic example of the healthy promiscuity between popular theater and so-called avant-garde theater.

29. Eduardo da Luz Moreira, *Grupo Galpão: diário de montagem – Encontro com Paulo José*, Belo Horizonte: Edições CPMT, 2014, v. 5, p. 64.

But his first contact with the founders was at a workshop with the German artists, in 1982, which resulted in *The Good Person of Szechuan*. An actor himself, Helvécio joined Cia. Sonho & Drama and only resumed his contact with Galpão in the following decade. To build sets in public spaces, for example, he claims to guide himself by the wind so that everything is perfectly assembled. He and an assistant are also responsible for dismantling and storing equipment or materials. Helvécio is part of the number of agents who cooperate continuously with the artists of Rua Pitangui. The singer and vocal instructor Babaya has been a partner since 1988, with *Corra enquanto é tempo*. The production coordinator Gilma Oliveira arrived in 1996 for *Um Molière imaginário*. And among the constant creators are the music instructor and arranger Ernani Maletta, the music director Fernando Muzzi, the set designer Márcio Medina, the voice anthropologist Francesca della Monica and the consultant and cultural manager Rômulo Avelar.

The artistic partnership with Luís Alberto de Abreu, in turn, resulted in the scripts of *Till, a saga de um herói torto* (2009) and *Um trem chamado desejo* (2000). The affinity with this São Paulo author was not by chance. His career includes work with Grupo de Teatro Mambembe, of the director Carlos Alberto Soffredini (1939-2001); Teatro Popular do Sesi, directed by Osmar Rodrigues Cruz (1924-2007); Grupo de Teatro Macunaíma/Center for Theater Research, run by Antunes Filho; and Fraternal Companhia de Artes e Malas-Artes, directed by Ednaldo Freire, with whom he developed the Brazilian Popular Comedy project for over ten years. The publication of an anthology with four plays from that period was thus viewed by the critic Mariangela Alves de Lima, in the preface: "This theater does not want to reveal, but rather to confirm and exalt the richness and legitimacy of the public's culture. It does not teach one to live (as did the ideological groups), but celebrates the intelligence of how one lives"[30]. A precise nuance for an in-depth understanding of Galpão's soul.

On the other hand, the condition of a group based solely on actors is another peculiarity. Galpão started earning its place in the sun of the Brazilian imaginary in a decade in which the role of directors of both genres was considered hegemonic, although women were a minority; moreover, of the 23 plays staged so far, only four were written by directors. In the book *Teatro senza regista*, the Russian Jurij Alschitz reflected on the challenges of how to live together, to build a house beyond the metaphor, to concretize a language within a company or ensemble. For the Berlin-based director and educator, who rehearsed Galpão in the play *Eclipse*, inspired by Chekhov's plays and short stories, the nature of every group and actor has its own significance, something on the border between theater and life:

> The nature of a company always situates itself as the second author of the show and as its owner, since it alone exercises authority over the particular ties that are gradually transformed and continuously intensified during the show. Its unwritten laws, its particular, inimitable rhythms will be perceived by the spectator as the art of stage direction and masterly acting, but this is a half-truth because the spectator will simply observe the life of the company as an artistic action[31].

30. Mariangela Alves de Lima, *Apresentação*, in Luís Alberto de Abreu, *Comédia popular brasileira*, São Paulo: Fraternal Companhia de Artes e Malas-Artes, 1997, p. 11.
31. Jurij Alschitz, *Teatro sem diretor*, translated by Graziella Schettino Valente, Belo Horizonte: Edições CPMT, 2012, p. 47.

The Russian actor, director, and educator Constantin Stanislavski (1863-1938), creator of the studied and practiced worldwide acting method, wrote words that the future would turn out to be appliable to the Minas Gerais group: "If during the first year your group is formed by five or six people who share the same goal, dedicate themselves wholeheartedly and bind themselves ideologically and indissolubly, rejoice and know that your work is already half done"[32].

In a reflective text written in 2013, the year of the June protests all over Brazil, the actor-scribe Eduardo Moreira argued that the group, as usual, was experiencing a kind of artistic pendulum between rupture and expansion of its languages and their enhancement, coherent with the philosophy of thinking their artistic projects from the viewpoint of "what we are missing" or "what we lack"[33].

Fast-forward to two years ahead. During a visit to the 69th edition of the Avignon Festival in July 2015 as curator of the Belo Horizonte International Street & Stage Theater Festival (FIT-BH)[34], Eduardo Moreira described in Galpão's blog the crowded streets under the scalding summer sun where enthusiastic artists handed out pamphlets and fliers, seeking spectators keen to watch something among the hundreds of sessions on offer. He instantly related the scene to Galpão's struggles:

> This all makes me think of the absolutely anti-bourgeois nature on the theatrical activity. We are not celebrities but instead are always after the audience, trying to seek their attention, bring them into what we do, in a permanent game of seduction in which we are akin to conjurers, street vendors, prostitutes. Always trying to seduce the eyes of potential spectators. The actors in the streets of Avignon eagerly trying to captivate the audience reminded me time and again of this absolute essence of theater[35].

In April 2005, six months before the debut of the staging of Brecht's *Man Equals Man* under a circus canvas[36], Paulo José dispatched a letter to the cast from Paris, moved after visiting the Cartoucherie, the premises of Théâtre du Soleil in Bois de Vincennes, on the city's outskirts. The missive invited them to meditate on the theater's place and how to gather forces to have it seen, often rowing against the tide:

> The theater is always close to the sacred and also has its liturgy. It is not a religion, in fact it may be precisely the opposite, for while religion wants to elevate the spirit, detaching it from the body, theater wants to bring the spirit to everything that is physical, carnal,

---

32. *Ibidem*, p. 28.

33. Eduardo Moreira, "Teatro, crise e renovação", in *Subtexto – Revista de Teatro do Galpão Cine Horto*, n. 10, December 2013, p. 120.

34. Galpão was a forerunner of FIT-BH, now in its 14th edition in 2018. Before that, the group created and organized FESTIN, International Street Theater Festival, in 1992, with the support of the Municipal Culture Department, run by Berenice Menegale.

35. Grupo Galpão's blog, *Avignon ou a urgência da política*. Available at: <www.grupogalpao.com.br/blog/index.php/avignon-ou-a-urgencia-da-politica/>. Accessed on: May 29, 2018.

36. The opening run of *Man Equals Man* (2005) was performed inside a circus tent pitched in the external premises of Casa do Conde, a listed building from the late 19th century. *Rua da amargura* (1994) was also staged in a circus in Praça Juscelino Kubitschek, also in Belo Horizonte.

> and blends with the sublime those feelings called low, our weaknesses, villainies, passions. Nothing that is human is indifferent to us[37].

Excellent cue to evoke the experience of the French director Jean Vilar (1912-1971), founder of the Avignon Festival and the People's National Theater (TNP). A prodigious artist, thinker and cultural agitator in reconciling classical or present-day authors in the repertoire, he aspired to a theater intended for the greatest number of people and at the same time conforming to high artistic standards. He influenced aesthetic evolutions, institutional transformations and the renewal or emergence of groups such as Teatro de Arena e Teatro Popular do Sesi (which in recent years has sadly erased the term "Popular" from its birth certificate), both in São Paulo, or Théâtre du Soleil, to cite an example closer to Vilar.

In an interview at a festival in a rural region of France in 2013, Soleil's director Ariane Mnouchkine stated that "A popular show is a beautiful, readable show that addresses something that is important and concerns people"[38]. According to the biographer of the French group, the professor and researcher Béatrice Picon-Vallin, we cannot analyze Soleil's relationship with theater without considering from the outset its paratheatrical physical and manual work, body and spirit engaged in the same manner and collectively in everyday life. "That affords a totally different approach on stage", she said. That correlation seems clear to us regarding the Belo Horizonte ensemble. Another congruent aspect, by extension, is the objective understanding of the founder of Théâtre du Soleil of what the popular horizon means in her practice and thought. This attitude is not necessarily linked to an ideology but preserves heartfelt ties with a large and very diverse audience. As Béatrice Picon-Vallin explains:

> Mnouchkine uses today Antoine Vitez's formula, a theater that is "elitist for all". Which means both financially and intellectually to everyone, but of the highest level. A theater that is at once simple – of a simplicity acquired at the end of a long and complex journey, and not that with which one started out – and refined, in which each person, according to their age and origin, finds what they need[39].

The convergence of Galpão and Thêatre du Soleil at the end of this narrative is in no way go-getting. Regardless of the modes of production and creation that differentiate them, notably in survival conditions – on the one hand, systematic support by the French government, which recognizes the company's cultural relevance; on the other, the direct sponsorship of Petrobras since 2001, not free of uncertainties – both approach the inventive field of scenic utopia in transitions across popular theater. The two shows staged by the troupe in Brazil, *Les Ephemeres* in 2007 and *The Castaways of the Foil Espoir* in 2011, convinced us of those affinities in their stylistic and philosophical complexities, but absolutely capable of breathing life into incongruities or the senses, be they the most diaphanous, vivid and sublime of art and its craftsmen.

---

37. Eduardo da Luz Moreira, *Grupo Galpão: diário de montagem – Um homem é um homem*, Belo Horizonte: Edições CPMT, 2014, v. 7, p. 30.

38. Béatrice Picon-Vallin, *O Théâtre du Soleil: os primeiros cinquenta anos*, São Paulo: Edições Sesc SP e Editora Perspectiva, 2017, p. 47.

39. *Ibidem*, p. 318.

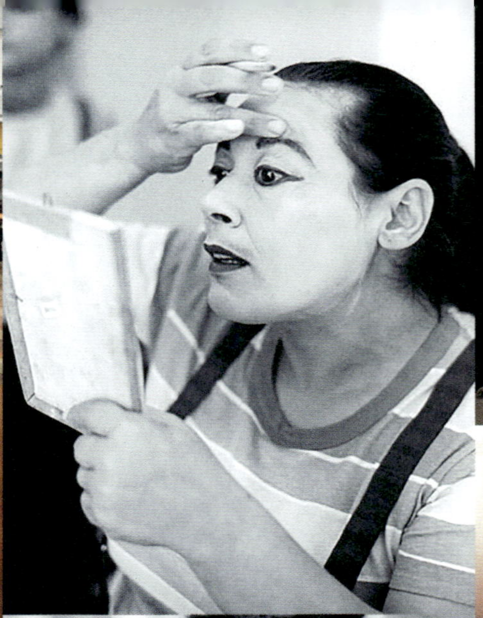

TRADITIONAL

OUTROS
GALPÃO
25

GALPÃO
GRUPO GALPÃO

GRUPO GALPÃO
GALPÃO
25
35
GRUPO GALPÃO
nós

OUTROS
nós
35
DE TEMPO

EQUIPE GRUPO GALPÃO

Gerente Executivo | FERNANDO LARA

Coordenadora de Produção | GILMA OLIVEIRA

Coordenadora de Planejamento | LARISSA SCARPELLI

Coordenadora de Comunicação | BÁRBARA PRADO

Coordenadora Administrativa | WANILDA D'ARTAGNAN

Coordenador Técnico e Técnico de Luz | RODRIGO MARÇAL

Produtora Executiva | BEATRIZ RADICCHI

Cenotécnico | HELVÉCIO IZABEL

Técnico de Som | FÁBIO SANTOS

Assistente Financeiro | CLÁUDIO AUGUSTO

Assistente Administrativa | ANDRÉIA OLIVEIRA

Assistente de Comunicação | LETÍCIA LEIVA

Assistente de Planejamento | EMILIANA NORMANDIA

Auxiliar Técnico | WILLIAM TELES

Auxiliar Administrativo | RAYANE GREGÓRIO

Recepcionista | CÍDIA EDVANIA SANTOS

Serviços Gerais | DANIELLE RODRIGUES

Gestor Financeiro de Projetos | ARTMANAGERS

Assessor Contábil | MAURÍCIO SILVA

EQUIPE GALPÃO CINE HORTO

Direção Geral | CHICO PELÚCIO

Conselho Gestor | BETO FRANCO, CHICO PELÚCIO e LYDIA DEL PICCHIA

Coordenação Geral | CHICO PELÚCIO

Coordenação de Produção | BERNARDO GONDIM

Coordenação Técnica | ORLAN TORRES (SABARÁ)

Técnico | WELLINGTON SANTOS (BAIANO)

Coordenação de Comunicação | ISRAEL DO VALE E PICNIC DIGITAL

Coordenação de Planejamento | VINICIUS SANTOS

Assistente de Planejamento e Projetos | TANIA ARAUJO

Coordenação do Centro de Pesquisa e Memória do Teatro (CPMT) | MARCOS COLETTA

Bibliotecário do Centro de Pesquisa e Memória do Teatro (CPMT) | TIAGO CARNEIRO

Coordenação Pedagógica | LYDIA DEL PICCHIA

Coordenação Pedagógica dos Cursos, Oficinas e Projetos Especiais | FÁBIO FURTADO

Coordenação Pedagógica dos Núcleos de Pesquisa | CAMILA MORENA

Equipe Pedagógica | CAMILA MORENA, CRISTIANO PEIXOTO, FÁBIO FURTADO, GLÁUCIA VANDEVELD, JULIANA MARTINS, KELLY CRIFER, LEANDRO ACÁCIO E LETÍCIA CASTILLO

Secretaria de Cursos | JOSÉ JUNIOR

Coordenação do Projeto Sociocultural Conexão Galpão | REGINALDO SANTOS

Atores-monitores | DHIONATAN VICTOR MILITANI DE SOUZA, MARGARETH CARDOSO SERRA E PAULA LIBÉRIA

Coordenação Administrativo-Financeira | MARIA JOSÉ DOS SANTOS

Auxiliar Administrativo | LEANDRO DIAS

Coordenação Operacional | LUCAS PEREIRA DE ALMEIDA

Assessoria Contábil | INFORGRUPO E MAURÍCIO SILVA

Serviços Gerais | JUAREZ PEREIRA e LARA VOGUE DA SILVA DA COSTA

Portaria | ALAN JOHN RODRIGUES

CRÉDITOS COMPLEMENTARES

Fotos | p. 5 (abertura) - BIANCA AUN

pp. 342-343 (mosaico retratos) - BIANCA AUN

pp. 344-345 (mosaico retratos) - ACERVO GALPÃO, BIANCA AUN E GUTO MUNIZ

pp. 346-347 (equipe Grupo Galpão) - FERNANDO LARA

pp. 348-349 (Galpão Cine Horto) - FERNANDO LARA

Agradecemos a todos os fotógrafos que gentilmente nos cederam fotos e tornaram este livro possível.

Todos os esforços foram realizados com intuito de obtermos a permissão dos detentores dos direitos autorais e de imagem das fotos que compõem este livro. Caso recebamos informações complementares, elas serão devidamente creditadas na próxima edição.

Fonte Rotis Semi Sans
Papel capa: Supremo Alta Alvura 300 g/m²
miolo: Alta Alvura 120 g/m²
Impressão Gráfica e editora Pifferprint Ltda.
Data março de 2021

MISTO
Papel produzido a partir de fontes responsáveis
FSC® C044162